LOUISA HEATON

Le défi d'une maman

Traduction française de
CHRYSTELLE POULAIN

BLANCHE

HARLEQUIN

Collection : Blanche

Titre original :
SINGLE MOM'S ALASKAN ADVENTURE

HARPERCOLLINS FRANCE
83-85, boulevard Vincent-Auriol, 75646 PARIS CEDEX 13
Service Clients — www.harlequin.fr
ISBN 978-2-2805-1254-1 — ISSN 0223-5056

Édité par HarperCollins France.
Composition et mise en pages Nord Compo.
Imprimé en janvier 2025 par CPI Black Print (Barcelone)
en utilisant 100% d'électricité renouvelable.
Dépôt légal : février 2025.

FSC
www.fsc.org
MIXTE
Papier issu de sources responsables
FSC® C159065

Pour limiter l'empreinte environnementale de ses livres, HarperCollins France s'engage à n'utiliser que du papier fabriqué à partir de bois provenant de forêts gérées durablement et de manière responsable.

1

Quand Charlie Griffin avait planifié son voyage à destination de Vasquez, Alaska, on lui avait expliqué qu'elle devrait changer d'avion une fois.

Le premier vol s'était déroulé normalement. Sa fille Alice, ravie de l'aventure, avait admiré le ciel par le hublot, puis elle avait regardé un dessin animé. Charlie avait donc supposé que la suite du trajet se passerait de la même manière. Elle avait eu tout faux.

À l'arrivée de la correspondance, un homme d'âge mûr prénommé Chuck les avait accueillies, brandissant une pancarte à leur nom. Mais au lieu de les guider vers un tarmac, il les avait fait sortir sur le parking, où il s'était arrêté devant un gros 4x4.

— Nous devons continuer en avion ! protesta Charlie alors que, déjà, il chargeait leurs bagages dans le coffre.

Chuck se mit à rire.

— C'est exact. L'hydravion vous attend dans la baie, répliqua-t-il d'un ton joyeux.

— Le... L'hydravion ?

— Bien sûr. Il n'y a pas d'aéroport à Vasquez. Là-bas, on décolle et on atterrit sur l'eau. Personne ne vous l'avait dit ?

— Euh... Si, sûrement.

En réalité, elle ne savait plus. Quand elle avait lu l'annonce pour ce poste de médecin, Vasquez lui était apparue comme la solution à tous ses problèmes. Cette ville isolée, située à l'extrême nord-ouest du continent américain, représentait un refuge idéal. Elle ne connaissait personne là-bas. Elle n'aurait plus à craindre que sa vie soit livrée en pâture à des voyeurs en mal de sensations fortes.

Comme elle hésitait, Chuck explora la poche de son bermuda froissé, en sortit un papier qui ne l'était pas moins, et le lui tendit.

— Tout ça doit vous sembler bizarre, dit-il gentiment. Tenez, c'est le numéro du cabinet médical. La secrétaire vous confirmera mon identité.

Sur ces mots, il alla s'asseoir au volant du 4x4 et Charlie se hâta de comparer le numéro inscrit sur le feuillet avec celui enregistré dans son portable. Ils étaient identiques, mais ces dernières années, elle avait appris à se méfier de tout le monde. Un petit appel ne coûtait rien.

Quelques instants plus tard, la réceptionniste lui confirma qu'effectivement Chuck avait bien été mandaté pour les accueillir. Le moteur de la voiture tournait déjà quand elle y fit monter Alice, avant de s'installer à son tour.

— Sommes-nous loin de la baie ?

— Il y en a pour vingt minutes environ, sauf embouteillage, répondit Chuck.

— Merci de nous conduire là-bas.

— Avec plaisir.

Elle le vit sourire dans le rétroviseur intérieur et se traita d'idiote. Mais comment aurait-elle pu savoir ? Son billet mentionnait une « prise en charge en transit » sans autres précisions. Le voyagiste aurait pu se montrer plus clair !

Toujours enthousiaste, Alice commença à s'extasier sur le paysage. Charlie se réjouissait de la voir si heureuse, mais elle se crispa de nouveau lorsque Chuck s'arrêta finalement sur un quai, devant un vieux coucou qui semblait avoir connu des jours meilleurs.

— Ooooh ! Maman, c'est notre avion ?

— Euh…

Était-ce de la *rouille* qu'on distinguait sur la carlingue ? Non, ce devait être de la saleté…

— Oui, c'est le nôtre, confirma Chuck. Je vous présente le meilleur hydravion de la côte alaskaine.

— Je me demande à quoi ressemble le pire, marmonna Charlie.

Elle aurait voulu partager la joie de sa fille, mais c'était impossible. Quel adulte sensé monterait de bon cœur dans cet engin ?

N'ayant pas le choix, elle suivit Chuck qui, déjà, emportait les plus gros bagages. Mais alors qu'elle tirait deux petites valises derrière elle, ses talons hauts glissèrent sur les planches du ponton et elle se mordit la lèvre. Il ne manquerait plus qu'elle s'étale, là, devant tout le monde. Elle lâcherait les valises, qui finiraient dans les eaux sombres de la baie…

Bizarrement, elle fut presque soulagée de voir les portes de l'hydravion s'ouvrir. Chuck installa d'abord Alice, puis il l'aida à monter.

— Bouclez vos ceintures, vous deux ! dit-il d'un ton gai.

Sans autre commentaire, il prit place dans le cockpit.

— Attendez, c'est vous, le pilote ?

Il éclata de rire et leva les pouces.

— Comment avez-vous deviné ?

Après avoir mis son casque, il appuya sur plusieurs boutons. Quelques voyants s'allumèrent et enfin il démarra. Néanmoins, le moteur s'étouffait et il dut s'y reprendre à trois fois avant qu'un vrombissement ne déchire le silence.

Les mains crispées sur l'accoudoir, Charlie inspira profondément. Alice semblait de plus en plus excitée par cette aventure. Elle devait éviter de lui transmettre sa peur.

— Combien de temps mettrons-nous ?

— Environ une heure et quart, répondit Chuck.

— Ça va, je devrais survivre, maugréa-t-elle.

— You-hou ! s'écria Alice, alors que l'hydravion décollait après deux soubresauts sur les vagues.

Débrouillez-vous pour qu'on arrive entières, Chuck. Si ce n'est pas trop demander.

Charlie n'avait jamais été sujette au mal de l'air, mais là, elle se sentait oppressée. Entre les turbulences et le bruit assourdissant de l'hydravion, elle n'était pas sûre de finir le trajet sans être malade.

— Comment avez-vous eu l'idée de venir à Vasquez ? questionna Chuck par-dessus son épaule. La ville est très loin de tout.

— Justement, c'est ce qui m'a plu. Je voulais changer d'air.

— Question changement, vous allez être gâtée, répliqua-t-il, hilare. Vous n'imaginez pas à quel point la vie est particulière dans ce trou perdu.

Tant mieux. Je ne rêve que de cela.

— Vous avez Internet, tout de même ?

— Bien sûr. En théorie du moins, car le réseau nous joue souvent des tours. La plupart des gens ont gardé leur bonne vieille radio à la maison, au cas où.

— Les secours s'en servent encore ?

— Bien plus que vous ne croyez.

Elle eut un sourire ravi. Loin de l'inquiéter, ce manque de fiabilité d'Internet la réjouissait. C'était même la meilleure nouvelle de la journée.

— À part piloter, que faites-vous dans la vie, Chuck ? demanda-t-elle, soudain plus à l'aise.

— J'élève des huskies. J'organise des balades touristiques en traîneau. Les meilleurs chiens participent à des courses.

— Tu as des chiens ? s'exclama Alice, qui adorait les animaux.

Depuis que Charlie lui avait parlé de la faune sauvage d'Alaska, son but était d'en voir un maximum.

— J'en ai quarante-deux, annonça Chuck.

— Waouh ! Maman, il a quarante-deux chiens !

— J'ai entendu, chérie. Quel est l'intérêt d'en avoir autant, Chuck ? Vous ne devez pas croiser des foules de touristes...

Le pilote s'esclaffa dans son casque.

— J'ai pas mal de chiots en ce moment. J'ai quelques lignées de champions et les petits se vendent bien. Quand ils auront tous rejoint leur famille, je n'en aurai plus que seize.

Incrédule, Charlie secoua la tête.

— Avec tous ces amis à quatre pattes, avez-vous encore le temps de voir des humains ?

— Notre monde est petit, c'est une chance, répondit Chuck en riant. La plupart des habitants de Vasquez résident au centre-ville, sauf quelques familles qui préfèrent la solitude des grands espaces. Ceux-là, on ne les croise pas beaucoup.

— Vous connaissez bien le Dr Clark, mon futur patron ?

Quand elle avait lu ses mails, ce dernier lui avait paru sympathique. Il lui avait bien précisé qu'elle remplacerait une généraliste pendant son congé de maternité, et qu'il ne pouvait lui offrir qu'un contrat à durée déterminée. Ce qui lui convenait parfaitement : elle avait la bougeotte ces temps-ci...

— Eli ? Il est génial. C'est le meilleur médecin qu'on ait eu depuis longtemps.

Eli. Elle avait connu un garçon prénommé Eli autrefois, dans une autre vie. Elle avait gardé un souvenir doux-amer de cette époque, mais beaucoup d'eau avait coulé sous les ponts. Elle avait avancé, et lui aussi sans doute.

— J'emmène parfois Eli chez les patients en hydravion lorsqu'on ne peut pas les atteindre en voiture ou en traîneau, précisa Chuck.

— N'y a-t-il pas de service d'ambulance ?

— C'est moi, l'ambulancier.

Charlie leva les yeux au plafond. Elle avait voulu du dépaysement. Elle allait être servie.

La descente sur Vasquez avait commencé et Alice admirait le paysage, le nez collé au hublot. Avec ses sommets enneigés, ses lacs et ses collines verdoyantes qui se découpaient en contrebas, cet endroit était à couper le souffle. Comment ne pas être sensible à la beauté grandiose de ces espaces infinis ?

Charlie était sûre qu'ici elle vivrait plus libre. Elle n'aurait pas à jongler avec les réseaux sociaux ni avec la curiosité infernale des gens. Peut-être même pourrait-elle redevenir la femme gaie et sereine qu'elle était avant de rencontrer Glen ?

— Maman, j'ai vu un ours ! s'écria Alice en pointant une grosse tache brune qui se déplaçait le long d'une rivière.

— Ce pourrait être un élan ou un wapiti, mon cœur.

— Tu aimes les ours, Alice ? questionna Chuck.

— Oh oui ! C'est mon animal préféré.

— Il y a pas mal de grizzlis autour de Vasquez. Mais il ne faudra jamais t'en approcher, d'accord ? Surtout si tu vois une maman avec ses petits. Les animaux sauvages ne sont pas aussi gentils que tes peluches. Promets-moi de faire attention.

— D'accord. C'est promis.

Charlie accueillit cet avertissement avec inquiétude, puis elle se ressaisit. Il suffirait qu'elle se montre vigilante. Ce qu'elle était toujours, et plutôt deux fois qu'une.

— Est-ce Vasquez qu'on aperçoit là-bas ?

— Tout à fait. On arrive à la maison.

Vue d'en haut, la ville – bâtie sur une langue de terre – semblait émerger du lac. Des prairies verdoyantes entouraient les quartiers les plus excentrés et, au-delà, on distinguait une immense forêt traversée par une rivière, ainsi que d'imposants contreforts rocheux.

— Préparez-vous. Ça va tanguer, avertit Chuck.

Charlie resserra promptement la ceinture d'Alice, puis fit de même avec la sienne. Elle vit alors les bâtiments se rapprocher au fur et à mesure que Chuck pivotait vers la baie. Il y avait le restaurant Clark, l'épicerie Clark, le bed and breakfast Clark...

Son futur patron devait avoir une grande famille. Ou alors, il s'agissait d'un nom répandu à Vasquez.

Absorbée par ses pensées, elle réalisa soudain que l'eau se rapprochait très vite. Mais elle n'eut pas le temps d'avoir peur : après deux légers soubresauts, l'hydravion se posa plus doucement qu'elle n'aurait osé l'espérer. Puis il glissa à vitesse réduite vers la jetée, où Chuck coupa enfin le moteur.

Le pilote désembarqua le premier et arrima l'hydravion à l'aide d'une grosse corde. Puis il vint chercher Alice pour la déposer sur la jetée, avant d'aider Charlie à descendre.

— Le patron est là, dit-il.

Tout sourire, il fit un grand signe à quelqu'un qui se trouvait sur le quai.

Dans son dernier mail, le Dr Clark avait promis de venir les chercher, Alice et elle, pour les conduire à leur logement. Il avait mis à leur disposition un cottage qui appartenait à sa mère.

Soucieuse de faire bonne impression, Charlie ajusta ses lunettes au-dessus de sa tête, lissa son chemisier et se retourna. Mais en une fraction de seconde, le sourire mourut sur ses lèvres. Eli Johns ? *Eli ?*

Il n'était pas si grand et surtout pas si musclé à l'époque, mais c'était bien lui. Elle aurait reconnu cet air malicieux et ces yeux rieurs entre mille.

Le garçon qui avait passé des heures à la taquiner à l'orphelinat se tenait là, au bout du quai. Contrairement à elle, il avait eu la chance d'être adopté. Ils s'étaient perdus de vue, mais elle ne l'avait jamais oublié. Sauf qu'aujourd'hui il s'appelait Eli Clark, et c'était son patron.

Et comme autrefois lorsqu'il lui avait fait une bonne blague, il affichait un sourire moqueur.

2

Eli aurait voulu dire une foule de choses, mais les mots se bousculaient dans sa tête. Incapable de les maîtriser, il s'agenouilla devant la fille de Charlie, qui était le portrait craché de sa mère.

La puce avait de longs cheveux châtains, de beaux yeux noisette, des traits fins et réguliers. Elle semblait un peu timide, mais elle avait un joli sourire qui, lui aussi, n'était pas sans rappeler celui de Charlie enfant.

— Coucou, toi. Comment t'appelles-tu ?

— Alice.

— Enchanté, Alice. Et lui, qui est-ce ? demanda-t-il en montrant l'ours en peluche qu'elle serrait contre son cœur.

— Monsieur Câlinou.

— Monsieur Câlinou ? C'est un joli nom, dis-moi.

Levant les yeux, il vit à quel point Charlie semblait choquée. Pour lui donner un peu de temps, il reporta son attention sur Alice.

— Il a l'air très gentil, cet ours. Puis-je lui serrer la patte ?

Avec un rire timide, Alice lui tendit son doudou. Il prit la patte en peluche, l'air solennel.

— Enchanté, Monsieur Câlinou. J'espère qu'Alice et toi vous vous plairez à Vasquez. Moi, je m'appelle Eli. On va bientôt aller voir votre nouvelle maison.

Il se releva et focalisa son attention sur Charlie. Il avait toujours été un peu plus grand qu'elle, mais là, il la dépassait d'une vingtaine de centimètres. Elle paraissait presque fragile à côté de lui.

— Quand j'ai lu ton nom, j'ai espéré revoir la Charlie que je connaissais, dit-il simplement.

— Ah oui ! tu as espéré ? Nous avons échangé une dizaine de mails. Tu aurais pu me dire qui tu étais.

Il lui sourit.

— J'ai voulu te faire la surprise.

— Tu as réussi, riposta-t-elle d'un ton sec.

À voir son visage fermé et son regard fuyant, la surprise n'était pas bonne.

À l'orphelinat d'Anchorage où ils avaient grandi, elle le menaçait d'un coup de poing chaque fois qu'il la taquinait un peu trop. Et là encore, il avait envie de rire. C'était plus fort que lui.

Même si le plaisir ne semblait pas partagé, il était heureux de la revoir. Ils avaient un passé en commun. Elle connaissait son histoire. Il se réjouissait de pouvoir renouer des liens car il avait gardé un bon souvenir d'elle.

— Tu n'es pas contente ? demanda-t-il.

— Je n'ai aucune raison de l'être.

Pour la première fois, elle le regarda droit dans les yeux. Alors, soudain, il réalisa combien elle avait changé. La fillette maigrichonne de douze ans était devenue une femme superbe, gracieuse et élégante. Son chemisier et sa jupe soulignaient ses courbes pleines. Quant à ses talons hauts… Depuis quand n'avait-il pas vu ce genre de chaussures ? À Vasquez, tout le monde portait des sneakers ou des boots !

Pour éviter de la fixer, il s'obligea à regarder la baie derrière elle. La petite Charlie Griffin avait beau s'être métamorphosée en bombe atomique, il n'avait aucun droit d'avoir ce genre de pensées. D'abord, parce qu'elle était son employée. Ensuite, parce qu'elle était maman.

Il se demandait d'ailleurs pourquoi elle était venue sans conjoint, mais il ne poserait pas la question. Avec le temps, il finirait bien par le savoir. Les choses se révélaient toujours à un moment ou un autre. Et dans l'immédiat, il l'enviait surtout d'avoir une fille.

Comme il avait rêvé de fonder une famille ! Entouré d'amour par les Clark, il avait très jeune eu envie de bâtir un foyer heureux. Il avait prévu de se marier, d'avoir beaucoup d'enfants. Un vœu qui ne serait, hélas, jamais exaucé.

— Les retrouvailles sont censées être de bons moments, non ? demanda-t-il pour couper court à ces pensées amères.

Le sourire de Charlie n'atteignit pas son regard.

— Il paraît, oui, maugréa-t-elle.

Elle empoigna une valise et fit un pas de côté, dans l'intention évidente de le contourner. Mais à cet endroit, la jetée en bois se rétrécissait en courbe et une des roulettes se prit dans les lattes : la valise bascula dans l'eau, entraînée par son poids. Incapable de la retenir, Charlie poussa un cri.

— Oh non !

Elle tomba à genoux, bras en avant, pour essayer de récupérer son bagage. Et comme souvent, Eli ne put s'empêcher de voir l'aspect comique de la situation. Si Charlie n'avait pas été contrariée, l'incident ne se serait jamais produit.

— As-tu besoin d'aide ? demanda-t-il.

— Surtout pas. Je me passerai de tes services, merci.

— Comme tu veux.

Les bras croisés sur la poitrine, il la regarda se démener comme une diablesse. Mais elle eut beau se contorsionner et même s'allonger à plat ventre, rien n'y fit. Avisant alors un bâton qui traînait, elle s'en empara pour tenter de ramener la valise vers elle… et ne réussit qu'à l'éloigner davantage vers les eaux plus profondes de la baie.

— Et merde !

— Tu as un dit un gros mot, maman.

Elle pivota vers sa fille.

— Désolée, trésor.

Croisant son regard ulcéré, Eli décida qu'il était temps d'intervenir. Elle ne s'abaisserait jamais à lui demander son aide, mais il ne pouvait pas la laisser perdre ses affaires.

D'un geste prompt, il délaça ses boots.

— Qu'est-ce que tu fabriques ? s'exclama Charlie.

— Je te donne un coup de main.

Comme toujours, l'eau serait froide. Elle ne se réchauffait jamais beaucoup, même les jours ensoleillés comme celui-ci. Il avait l'habitude.

Il ôta rapidement ses chaussettes, mais ne prit pas la peine de relever son jean. À quoi bon puisqu'il finirait mouillé ?

Sans perdre une seconde, il se laissa glisser dans l'onde fraîche. Il avait de l'eau jusqu'à la taille quand, enfin, il atteignit son but.

Charlie n'en croyait pas ses yeux.

Malgré sa haute stature, Eli avait dû se mouiller jusqu'au ventre pour récupérer sa valise. Et même si sa gentillesse la touchait, elle était surtout impressionnée par le spectacle qui s'offrait à sa vue.

Très grand et musclé, Eli avait un physique incroyable. Des tatouages de style tribal transparaissaient sous la chemise qui lui collait à la peau. De longues mèches brunes et une barbe de trois jours complétaient ce look de héros des temps modernes. Quand avait-il changé à ce point ?

Pendant qu'elle s'interrogeait, il avait soulevé sa valise sans sourciller. Il revenait maintenant vers la rive, les cuisses moulées par son jean détrempé, en toute décontraction.

Quand il se rapprocha, elle vit qu'il portait un morceau de turquoise, accroché à un lacet de cuir, autour du cou. Ce pendentif arrivait à la lisière de son torse musclé, où se devinait une légère toison mate...

Une vague de chaleur insensée déferla sur elle. Elle inspira à fond et baissa les yeux.

— Merci, bafouilla-t-elle quand il déposa sa valise sur le ponton.

— Mais de rien.

À son sourire, elle comprit qu'il s'était rendu compte de l'effet qu'il produisait sur elle. Aussitôt, une nouvelle flambée de colère l'envahit. Elle attendit qu'il ait renfilé ses chaussettes et ses boots, puis se planta devant lui, les poings sur les hanches.

— Tu avais prévu de nous conduire à notre logement, mais ne t'inquiète pas, je peux me débrouiller. Tu es trempé.

Elle ne put s'empêcher de promener le regard sur sa poitrine, son ventre plat, et plus bas encore, jusqu'à ses cuisses fermes.

— Tu as besoin de te changer, conclut-elle, les joues en feu.

Mais que lui arrivait-il, à la fin ? Elle ne voulait pas ressentir ce genre de choses pour Eli. Il avait toujours eu le don de l'énerver, mais là, c'était le bouquet !

— Un peu d'eau n'a jamais tué personne, répondit-il d'un ton gai. Allez, on y va.

Empoignant les plus grosses valises, il se dirigea vers le quai, traversa la rue et s'arrêta près d'un grand camion à plateau garé devant le restaurant Clark. Comment pouvait-il paraître à l'aise dans des vêtements mouillés ? Personnellement, Charlie détestait cela. Elle avait dû gérer une urgence médicale sous la pluie, une fois, et en avait gardé un mauvais souvenir.

Eli, lui, avait l'air serein. Sa réaction ne l'étonnait guère : il avait toujours eu un côté aventureux. Rien ne l'effrayait à l'époque et il ne semblait pas avoir beaucoup changé.

Il ouvrit la portière côté passager avec une courbette, au grand amusement d'Alice.

— Je vous en prie, mesdames.

Alice grimpa la première dans la cabine. Elle serait donc assise au milieu, ce qui n'était pas pour déplaire à Charlie. Mieux valait éviter tout contact physique avec Eli. Jamais elle n'aurait cru réagir de cette manière en sa présence !

Au moment de boucler sa ceinture, elle s'aperçut que ses mains tremblaient. Si quelqu'un lui avait dit qu'un jour elle serait puissamment attirée par Eli Johns, elle lui aurait ri au nez. Un scénario aussi improbable aurait relevé de la science-fiction. Et pourtant...

— Prêtes ? demanda-t-il.

Elle opina et força un sourire sur ses lèvres. Puis elle fixa la route, luttant contre l'envie de regarder les mains d'Eli posées sur le volant. Il arborait une série de vieux bracelets usagés en cuir et en tissu au poignet droit. On devinait des avant-bras bronzés et musclés, sexy à souhait, sous le tissu mouillé de la chemise.

Stop. Arrête un peu.

— Ma mère est passée au cottage, dit-il. Elle a fait les lits, mis des fleurs fraîches. Elle a même rempli le réfrigérateur.

« Ma mère. »

Charlie accueillit ces deux mots tout simples avec un coup au cœur.

À l'orphelinat, à Anchorage, on expliquait aux plus grands qu'ils avaient peu de chances d'être adoptés. En tant que préadolescents, Eli et elle s'étaient faits à cette idée, mais pour lui, les choses avaient bien tourné.

La première fois, le couple de visiteurs avait discuté avec le personnel. La seconde fois, ils avaient apporté des cadeaux aux enfants. Ils étaient restés trois jours et, en participant à des activités ludiques, avaient semblé se prendre d'affection pour Eli. Ils avaient fini par l'inviter chez eux durant les congés d'été. Et à la rentrée, il n'était pas revenu.

Charlie l'avait beaucoup envié à l'époque, un sentiment dont elle avait eu honte. Alors, pour refréner sa jalousie, elle avait posé le moins de questions possible. Elle s'était consolée en se disant qu'au moins elle serait tranquille : il ne l'embêterait plus avec ses blagues stupides. Après avoir passé des années sur le qui-vive, à guetter le moment où il ferait sa prochaine farce, elle allait souffler un peu.

La réalité, hélas, avait été bien différente. Au bout de quelques semaines, elle s'était aperçue qu'il lui manquait. Sans lui, la vie avait perdu ses couleurs.

En tant que pensionnaires les plus âgés, Eli et elle s'étaient habitués à prendre les nouveaux sous leur aile. Les petits s'en allaient les uns après les autres, mais eux restaient toujours. Et finalement, elle s'était retrouvée seule au milieu de jeunes gamins, sans lien de complicité possible.

Brillante élève, elle avait compensé sa peine en se plongeant dans le travail. Les années avaient passé. Elle avait obtenu une bourse pour la fac de médecine de Seattle. Elle avait commencé sa carrière là-bas, à l'intérieur du continent. Elle avait presque oublié Eli.

Tout était dans le « presque ».

— Il faudra me dire comment joindre ta mère, que je puisse la remercier, répondit-elle enfin.

— Oh ! tu la verras sûrement ! À quelle école es-tu inscrite, Alice ?

Charlie croisa le regard incertain de sa fille et eut un sourire rassurant.

— Elle ira à Pelican Point.

— Je m'en doutais. Figure-toi que ma mère est institutrice là-bas. Elle sera probablement la maîtresse d'Alice. Elle s'occupe des plus petits.

— Ah, d'accord.

Perturbée par cette information, Charlie s'absorba dans la contemplation du paysage. Vasquez était une jolie bourgade avec ses rues coquettes et ses demeures élégantes bordées de jardins bien entretenus. Depuis qu'ils traversaient le centre-ville, beaucoup de gens faisaient des signes à Eli au passage du camion. Sans doute était-il très apprécié dans cette communauté perdue au milieu de nulle part.

Plus jeune, il avait eu un faible pour le rap, les jeux vidéo et l'informatique. Il s'était toujours plu à Anchorage, et pourtant, il semblait apprécier de vivre dans ce « désert ». Il avait bien dû partir à la fac, pourtant. Où avait-il étudié ? Au fond, elle ne savait plus rien de lui.

Heureusement qu'elle avait signé un contrat à durée déterminée. Ces quelques mois risquaient de mettre ses nerfs à rude épreuve…

— Voilà, nous y sommes.

Perdue dans ses réflexions, elle n'avait pas remarqué qu'il se garait devant un joli cottage en bois. Des potées de fleurs luxuriantes pendaient sous le porche, lequel semblait faire le tour de la maison. Elle avisa un banc verni, un hamac, des jardinières posées un peu partout. Cet endroit était ravissant !

Après avoir descendu les valises, Eli récupéra la clé sous le paillasson. Pourvu qu'il n'entre pas ! Elle n'avait nul besoin d'avoir un Apollon chez elle, même cinq minutes. Travailler avec lui serait largement suffisant. Et puis, elle avait besoin de se poser, de s'occuper d'Alice et de défaire ses bagages.

Il ouvrit la porte, s'effaçant pour les laisser entrer. Alice se rua à l'intérieur en poussant des cris de Sioux, mais Charlie resta sur le seuil et lui prit la clé des mains.

Quand leurs doigts se frôlèrent, un délicieux courant électrique la parcourut. Elle se raidit, sous le choc.

— Merci de nous avoir conduites jusqu'ici. Je ne veux pas te retenir plus longtemps. On se voit au cabinet lundi matin ?

— Absolument. On ouvre à 8 heures. J'espère que tu es prête pour la médecine générale, version Vasquez. Tu risques d'avoir des surprises.

Que voulait-il dire ? Le travail d'un médecin était le même partout, pour autant qu'elle sache.

— Bien sûr, je suis prête, assura-t-elle.

— Super ! Eh bien, je te laisse. À plus, Charlie.

Il arborait le même sourire malicieux qu'à douze ans et une nouvelle fois, elle se troubla. Mais heureusement, la voix d'Alice interrompit ce tête-à-tête.

— Maman, tu viens voir le jardin, dis ?

— J'arrive, mon cœur… Excuse-moi.

Sans autre forme de cérémonie, elle entra dans la maison et ferma la porte. Eli pouvait disparaître. Elle n'avait pas besoin de ses services.

Pourvu que les prochains mois passent vite ! Elle n'avait pas commencé, mais elle avait déjà hâte de partir pour une nouvelle destination, très loin d'Eli Johns – Clark – et de son sourire moqueur.

3

Le dispensaire était le plus grand bâtiment de Vasquez.

De plain-pied et tout en longueur, il s'adossait à une petite montagne verdoyante. Deux ambulances étaient garées sur le parking, et en s'arrêtant sur une place réservée aux médecins, Charlie dut admettre qu'elle se sentait nerveuse.

En théorie, elle n'avait aucune raison d'appréhender. Elle avait de l'expérience. Elle était capable de s'adapter très vite. Ici comme ailleurs, il lui suffirait de se montrer agréable avec ses collègues et efficace au travail.

Sauf qu'ici, justement, la situation était différente.

Une demi-heure plus tôt, elle avait déposé Alice à l'école. Sa fille était en deuxième année de maternelle et jusqu'à présent elle s'était bien acclimatée partout. Charlie lui avait appris à être autonome, à avoir confiance en elle. Elle essayait de lui faire comprendre, avec des mots adaptés à son âge, que le monde pouvait être hostile. On n'apprenait jamais ces choses-là assez tôt...

Au départ, Alice ne s'était pas rendu compte qu'elles déménageaient beaucoup. Mais cette année-là, pour la première fois, elle avait eu l'air fâchée de quitter ses amis. Charlie lui avait promis qu'elle s'en ferait d'autres et que tout se passerait bien à Vasquez. L'accueil réservé par Mme Clark lui avait donné raison.

La mère adoptive d'Eli les avait reçues avec chaleur dans la cour de l'école.

— Charlie, Alice ! Quelle joie de vous rencontrer ! Eli m'a beaucoup parlé de vous.

« Ah bon ? » avait pensé Charlie. « Première nouvelle. Qu'a-t-il bien pu raconter ? »

— Es-tu prête, Alice ? avait demandé Mme Clark en s'agenouillant devant sa nouvelle élève. On va faire plein de choses rigolotes.

— Je suis très contente, avait répondu Alice avec son enthousiasme habituel.

Mme Clark s'était relevée, tout sourire.

— J'espère que vous êtes bien installées.

— Le cottage est super, avait répondu Charlie. Merci d'avoir anticipé notre arrivée, j'ai vraiment apprécié. Il faudra me dire combien je vous dois pour les courses.

— Rien du tout, voyons. C'était bien le moins.

— Vraiment, cela me gêne.

— Tut, tut. Je ne veux pas d'argent et c'est mon dernier mot. En revanche, cela me ferait plaisir que vous veniez dîner à la maison ce soir. J'aimerais qu'on puisse faire plus ample connaissance : 18 heures, cela vous irait ? Mes petits-enfants seront là. Alice pourra jouer avec eux.

Charlie s'était sentie coincée. Un refus direct aurait sans doute vexé Mme Clark.

— Mais... je vous serai encore plus redevable.

— Dans ce cas, préparez un plat vite fait, une entrée ou un dessert, avait suggéré la mère d'Eli en souriant.

— Euh, je... D'accord, ça marche.

Elle avait embrassé Alice et avait pris congé, désarçonnée par cette invitation. Mme Clark avait l'air très sympathique, mais Charlie n'aimait pas qu'on lui accorde autant d'attention. Depuis la naissance d'Alice, elle socialisait peu. Elle n'avait pas l'habitude de fréquenter des gens solaires, chaleureux. Trop de gentillesse lui donnait envie de prendre ses jambes à son cou.

Interrompant ses réflexions, elle descendit de voiture, marcha vers l'entrée du dispensaire et franchit la grande baie coulissante. Alors, d'un coup d'œil circulaire, elle inspecta le vestibule.

Agencée de manière classique, la réception était équipée d'un large comptoir situé face à la porte. Sur la droite, on trouvait une salle d'attente – pour l'instant vide. Sur la gauche, avant le couloir, plusieurs panneaux signalaient l'accès à la radio, à la petite chirurgie, à l'hospitalisation de jour et aux consultations classiques.

L'espace était clair, lumineux, bien agencé. Agréablement surprise, Charlie s'avança vers la réceptionniste, une dame d'âge mûr qui, lunettes sur le bout du nez, était absorbée dans la résolution d'un sudoku.

— Bonjour. Je suis le Dr Charlotte Griffin. Je pense que le Dr Clark m'attend.

La dame sursauta et leva la tête.

— Oh ! vous êtes la doctoresse qui remplace Nancy ! Bienvenue, docteur. Je suis Dorothea, mais tout le monde m'appelle Dot. On s'est parlé au téléphone l'autre jour.

La standardiste avait l'air adorable. Charlie hocha la tête en souriant.

— Merci. Je n'ai vu personne dans la salle d'attente. Est-ce normal ? Peut-être les consultations ne sont-elles pas ouvertes ?

— Si, elles le sont, mais vous savez, les gens d'ici ont la peau dure. Il faut bien, avec un pareil climat. On ne se rue pas chez le médecin à la moindre migraine ou à chaque petit rhume. Pour passer la porte du dispensaire, il faut être en sang ou au bord du malaise.

Dorothea s'esclaffa, puis reprit :

— On n'a qu'une exception, c'est notre Stewie. Vous ne tarderez sûrement pas à le rencontrer. Il est un peu hypocondriaque sur les bords. On a l'habitude.

— J'ai hâte de le voir, répondit Charlie avec un sourire amusé. Mais en attendant, où puis-je trouver le Dr Clark ?

— Il est dans son bureau. Longez le couloir, c'est la dernière porte à droite.

— Merci beaucoup, Dot. À tout à l'heure.

Dans le couloir, Charlie sentit des papillons danser au creux de son estomac. Un filet de sueur s'écoula le long de son dos et elle se mordit la lèvre. Elle devenait ridicule. Elle n'avait aucune raison de se mettre dans des états pareils à cause d'Eli.

Fais comme si tu ne le connaissais pas. Concentre-toi sur le travail. C'est facile, non ?

Arrivée au bout du corridor, elle redressa les épaules et prit une profonde inspiration. La porte du bureau était ouverte et elle s'avança, certaine de trouver Eli à sa table de travail ou au téléphone. Mais quelle ne fut pas sa surprise de le découvrir par terre, torse nu, en train de faire des pompes !

Pour la première fois de sa vie, elle se surprit à regarder un homme sous toutes les coutures, à son insu. Comment faire autrement ?

Le corps bronzé d'Eli évoquait la perfection des statues grecques. Chaque muscle saillait sous l'effort. Ses longs cheveux dénoués frôlaient le sol quand il descendait vers le tapis. Il portait un tatouage tribal sur chaque bras, et en haut du dos, le caducée symbole de la médecine.

Charlie se donna une petite tape sur la joue, puis elle humecta nerveusement ses lèvres sèches.

— Hmm. Bonjour.

Eli se releva en grognant et pivota pour lui faire face. Il avait les joues rougies par l'effort, mais il affichait un sourire étincelant.

— Bonjour, chère collègue ! Désolé pour l'accueil. J'aime bien commencer la journée par du cardiotraining.

Charlie songea qu'il y avait d'autres façons plus agréables de stimuler le cœur, mais elle balaya ces pensées importunes. Elle devait se montrer professionnelle, surtout en ce premier jour de travail.

— Mon sport du matin consiste à faire lever Alice et à la préparer pour l'école, répliqua-t-elle.

Le sourire charmeur reparut sur les lèvres d'Eli. Elle sentit son cœur s'emballer, tenta de se calmer... Néanmoins, elle était si furieuse qu'elle obtint l'effet inverse !

Pendant qu'elle rassemblait ses esprits, Eli avait récupéré sa serviette abandonnée sur une chaise. Après s'être essuyé, il attrapa un flacon d'eau de Cologne posé sur la table, s'en aspergea – précaution inutile car il sentait déjà très bon –, et enfin, il prit sa chemise et l'enfila.

Gênée, elle se détourna. Sa réaction était un peu idiote puisqu'elle l'avait vu à moitié nu, mais s'habiller était un geste intime. Elle préférait ne pas le voir faire ce genre de choses. Elle était déjà assez perturbée comme cela.

— Assieds-toi, je t'en prie, dit-il.

Pivotant, elle se rendit compte qu'il s'était installé derrière son bureau. Elle prit place dans le fauteuil opposé et attendit.

— Puis-je t'offrir un thé ou un café, Charlie ?

— Non, merci, c'est gentil. J'ai bu un café avant de partir.

— D'accord. Eh bien, on peut s'y mettre. J'ai pensé que la première semaine, tu pourrais me seconder dans mes rendez-vous et aussi sur les hospitalisations. Comme cela, tu verras toutes les facettes de notre travail. Je t'ai fait fabriquer un passe. Tiens.

Joignant le geste à la parole, il sortit une carte magnétique d'un tiroir et la lui donna.

— Avec ça, tu as accès à tout le bâtiment. Il suffit de la glisser dans la fente des différents lecteurs.

— Super. Merci beaucoup.

— Comme je te l'ai expliqué par mail, il faut t'attendre à sortir. En cas de besoin, on effectue des visites à domicile. Il arrive aussi qu'on intervienne sur des accidents.

— Oui, Chuck m'en a parlé.

— Il est génial, celui-là. T'a-t-il raconté que j'ai presque dû l'amputer d'une jambe ?

— Euh... non.

— Il attend le moment propice, rassure-toi. Il aime beaucoup en parler à table.

Eli secoua la tête en riant, puis se mit debout.

— Si je te faisais visiter les locaux ?

Soulagée, elle se leva.

— Avec plaisir. J'ai hâte de commencer.

Charlie avait érigé un mur invisible entre eux. Eli l'avait senti dès qu'elle était entrée dans son bureau ce matin-là.

Attentive aux explications qu'il lui donnait, elle affichait une posture toute professionnelle. Néanmoins, il aurait aimé qu'elle se déride un peu. Il trouvait difficile de se montrer amical envers une personne qui répondait par des signes de tête ou des sourires crispés.

Mais elle finirait par se détendre, cela ne faisait aucun doute. Contrairement aux grandes villes, tout le monde se connaissait à Vasquez. Nombre de familles y étaient implantées depuis plusieurs générations. Et vu les conditions de vie, la solidarité n'était pas un vain mot. Dans cette bourgade isolée, s'appuyer les uns sur les autres était impératif. Charlie s'en rendrait compte bien assez tôt.

Il aurait pu la mettre en garde, mais il préférait lui laisser découvrir les choses par elle-même. Et dans l'intervalle, il veillerait au grain. Il ferait en sorte que rien de fâcheux ne leur arrive, à Alice ou elle. Il s'abstiendrait juste de le lui dire, car elle n'était pas du genre à accepter qu'il joue les chevaliers servants.

— Je vais te montrer ton cabinet, dit-il. C'est là que tu passeras le plus clair de ton temps.

— Et toi, où passes-tu le tien ?

— Dans mon cabinet aussi. Mais en plus, j'opère au bloc en cas d'urgence.

— Waouh ! rien que ça !

— On doit porter plusieurs casquettes ici. Parfois, on n'a pas le temps d'attendre l'hélicoptère. Sinon, on perdrait des malades. Quand une vie est en jeu, je fais le maximum pour sauver la personne. Ensuite, je passe le relais aux secours.

— Quel a été ton dernier sauvetage, par exemple ?

— Hmm... Cindy Kramer, je pense. Elle attendait des triplés et on avait tout prévu pour un accouchement à terme. Mais pas de chance, ces petits farceurs ont voulu sortir à vingt-huit semaines. Et là, clairement, on n'aurait pas pu gérer trois prémas de cinq cents grammes. Donc, j'ai retardé le travail et j'ai demandé aux secours aériens de se bouger. Heureusement, ils sont arrivés dans l'heure.

— Un soulagement, en effet.

Ils étaient arrivés devant le bureau de Charlie. Il s'effaça pour la laisser entrer.

— Voilà ta salle de consultation.

Tandis qu'elle inspectait la pièce, il l'observa. Elle avait toujours eu un visage expressif et sur ce point elle n'avait pas changé. Quant au reste... Il avait toujours pensé qu'elle serait jolie une fois débarrassée de son acné juvénile, mais il n'aurait pas cru qu'elle deviendrait aussi renversante !

Ce matin-là, ses longs cheveux châtain foncé étaient maintenus en arrière par deux élégantes barrettes. Un simple trait d'eye-liner soulignait ses yeux bruns, les faisant paraître immenses. Il avait conservé l'image d'une gamine filiforme et, là encore, il la trouvait presque trop mince. Avait-elle gardé sa nature anxieuse ? Il avait toujours eu l'impression qu'elle vivait sur les nerfs et qu'elle épuisait ses réserves d'énergie...

Pendant qu'il l'observait, elle avait contourné sa table de travail. Et soudain, elle s'arrêta en fronçant les sourcils. Puis elle se pencha pour prendre la grenouille en plastique qu'il avait posée sur le clavier de l'ordinateur.

— Sérieusement, Eli ?

Il éclata de rire. Elle n'avait pas oublié.

— C'est mon cadeau de bienvenue, en souvenir du bon vieux temps.

— Du « bon vieux temps ». On ne doit pas avoir la même vision des choses.

— Allez, Charlie. Reconnais que cette histoire était drôle.

— Parle pour toi. J'ai dû appeler au secours. Un adulte est allé remettre cette pauvre bestiole dans la mare.

Il secoua la tête. Le matin de son départ chez les Clark, il avait glissé une grenouille entre les draps de Charlie en guise de cadeau d'adieu. Il savait qu'elle la trouverait rapidement car elle faisait toujours son lit avec soin. Il avait pensé qu'au moins elle se souviendrait de lui. Il avait eu tellement peur de la quitter. Tellement peur qu'elle ne l'oublie...

— Cela va-t-il être comme ça tous les jours ? demanda-t-elle, très sèche.

— Peut-être pas tous les jours quand même.

Il avait répondu sur le ton de la plaisanterie, mais visiblement, la mayonnaise ne prenait pas. Charlie continuait de froncer les sourcils en le fixant.

— Je suis ici pour travailler, Eli. Je ne suis pas venue rejouer nos scènes d'enfance. Tu as peut-être trouvé cette époque sympathique, mais moi, non. Oublions le passé, d'accord ? J'apprécierais que tu ne parles pas de notre histoire commune. Personne n'a besoin de savoir qu'on se connaissait.

Trop tard. Il avait déjà tout raconté à ses parents adoptifs, mais le moment aurait été mal choisi pour l'avouer.

— D'accord, répondit-il simplement.

Un lourd silence tomba, bientôt interrompu par le buzz de l'Interphone.

— Un patient a dû arriver, expliqua-t-il. Allez, viens.

Ils se dirigèrent ensemble vers sa salle de consultation. C'était de loin sa pièce préférée au dispensaire. Il avait tapissé les murs de photographies prises dans les environs : paysages, animaux sauvages, cadres offerts par ses parents adoptifs... On le voyait sauter en parachute, faire du paddle au milieu du lac, nourrir un bébé loup dans un refuge pour animaux. Il avait toujours aimé la nature et il ne s'en lasserait jamais !

Comme si cette collection de belles images ne suffisait pas, sa mère avait voulu qu'il expose quelques coupes et médailles gagnées lors de compétitions sportives. N'étant pas du genre à s'afficher, il avait accepté uniquement pour lui faire plaisir. Et c'est ainsi que, sur une étagère, s'alignaient le trophée du meilleur coupeur de bois, le diplôme de troisième à l'Iron Man d'Alaska en 2022 et quelques décorations récompensant ses résultats en sports extrêmes.

— C'est à toi, tout ça ? demanda Charlie, l'air stupéfait.

— Ma mère a insisté pour que j'en expose quelques-uns. Il y en a d'autres chez moi, répondit-il, amusé.

Après son adoption, sa maman avait commencé à lui créer un « cabinet de souvenirs ». Chaque fois qu'il réussissait quelque chose, elle lui fabriquait un certificat et lui offrait un cadeau. Il s'était dit qu'elle voulait juste se montrer gentille, mais au fil du temps, il avait compris que ces encouragements l'aidaient à progresser. Il avait pris confiance en lui. Il avait rejoint des clubs sportifs, des organisations caritatives. Grâce à elle, il s'était construit une vie saine et enrichissante.

À la fac de médecine, d'aucuns avaient cru qu'il échouerait car il passait trop de temps à faire du sport. Il avait, au contraire, terminé major de sa promotion. Il s'était constitué un réseau d'amis impressionnant. Il avait reçu une telle attention de la gent féminine qu'il en avait été gêné, d'autant plus qu'à l'époque sa priorité était ailleurs.

Il avait dû lutter contre le cancer. Et après la rémission, il s'était lancé encore plus à fond dans l'activité physique. Il avait seulement perdu *la* chose qui comptait le plus pour lui : la possibilité d'avoir des enfants. Il était devenu stérile...

Il entra son mot de passe dans l'ordinateur et consulta la liste qui s'affichait en temps réel. La patiente qui venait d'arriver, Camille Henriksen, souhaitait consulter pour une blessure à la main.

— Elle est adorable, dit-il à Charlie. Elle a quatre-vingt-huit ans. Elle et Marvin, son époux, vivent en Alaska depuis les années 1960.

Il se leva puis, posté sur le seuil du cabinet, appela Mme Henriksen d'une voix forte. Quand elle s'avança dans le couloir, il remarqua qu'un torchon maculé de sang recouvrait sa main gauche.

— Camille ! Qu'avez-vous encore fabriqué ?

La vieille dame haussa les épaules.

— Oh ! c'n'est rien du tout ! J'étais en train de nettoyer du poisson et le couteau a glissé. Ça doit vraiment être une bricole, mais comme je n'suis pas à jour de vaccination, Marv a fait tout un foin pour que je vienne ici.

— Il a eu raison. Entrez et asseyez-vous, qu'on puisse regarder ça tranquillement. Ce matin, je montre le cabinet à notre doctoresse remplaçante, le Dr Charlie Griffin. Ça ne vous ennuie pas qu'elle reste avec nous ?

Camille agita sa main bandée en souriant.

— Enchantée, Charlie. On est toujours content de voir de nouvelles têtes, par ici. C'est plutôt rare.

— Enchantée, madame Henriksen.

— Appelez-moi Camille, je vous en prie.

La patiente gagna la zone d'examen à pas lents, puis se laissa tomber dans un fauteuil.

— Ouf ! Ça fait une trotte jusqu'ici. Je commence à traîner la patte, moi.

Réprimant un sourire, Eli tendit une paire de gants à Charlie. Avant d'enfiler les siens, il rassembla sur un plateau stérile le matériel dont il pourrait avoir besoin : désinfectant, compresses, ciseaux et bandages. Puis, quand tout fut prêt, il se pencha sur Camille.

— Voyons un peu... Je vais retirer ce torchon, d'accord ?

— Fais ton boulot, mon petit gars. Un vieux machin comme moi en a vu d'autres.

— Vous êtes la plus jeune d'entre nous, répliqua-t-il en riant.

C'était devenu un rituel : chaque fois que Camille mentionnait son âge, il lui sortait cette réplique. Le but était de la détendre et, cette fois encore, elle s'esclaffa.

Néanmoins, il craignait le pire car l'octogénaire avait toujours tendance à minimiser ses problèmes. Un jour, elle avait déclaré avoir « un peu chaud » alors que sa température frôlait les 41° C. Une autre fois, comme elle se plaignait de « petites démangeaisons », il lui avait diagnostiqué le plus gros zona qu'il ait jamais vu de sa carrière. Et ce matin, le torchon ensanglanté ne lui disait rien qui vaille.

Très délicatement, il déroula le tissu... et entendit Charlie lâcher un « oh ! » de stupéfaction. En guise de « bricole », Camille s'était coupé le bout de l'index gauche !

— C'n'est pas si grave, déclara la patiente. Recouds-moi, fais-moi une piqûre et qu'on n'en parle plus.

— Où est le bout du doigt, Cam ?

Elle grimaça, l'air un peu gêné.

— Il est tombé sur le carrelage et tu connais Sookie. Quand je cuisine, elle me tourne toujours autour.

— Qui est Sookie ? interrogea Charlie.

— Notre labrador. Elle a huit ans, c'est notre bébé... Donc, elle a chipé le morceau de doigt et a filé dans le jardin. Le temps que Marv me bande la main et qu'on sorte, elle l'avait bien mâchonné. Il était en charpie, alors je l'ai jeté.

— À la poubelle ? questionna Eli, incrédule.

— Ben oui. Cela n'aurait servi à rien que je l'apporte dans cet état. Recouds-moi vite, que je puisse partir. J'ai toute la cuisine à nettoyer et Marv n'a rien à manger pour ce midi.

— Exceptionnellement, il piochera dans le congélateur. Je ne peux pas juste recoudre, Camille. Il faudra sûrement faire une petite greffe de peau. Je vais devoir en prélever quelque part.

— Ça a l'air compliqué ! Je...

— C'est indispensable, coupa-t-il d'un ton sévère.

Camille parut enfin réaliser qu'elle n'avait pas le choix. Elle secoua la tête et soupira.

— Si je comprends bien, je suis là pour un moment ?

— Oui, on va vous garder un peu, répondit-il, avec douceur cette fois. Je vais appeler Marv pour lui expliquer la situation. S'il est trop déboussolé, j'enverrai quelqu'un lui porter un sandwich ou un plat du traiteur. Qu'en dites-vous ?

L'octogénaire lui tapota le bras de sa main valide.

— J'en dis que tu es un gentil garçon. Comme d'habitude, tu es adorable avec moi.

— Vous le méritez, Camille... Bon, je vais nettoyer ce vilain bobo et mettre un bandage propre. Ensuite, Diana, notre infirmière, vous emmènera passer une radio. Et enfin, si cela vous dit, on vous installera confortablement devant la télé le temps que je prépare l'intervention.

Dix minutes plus tard, après le départ de Camille vers le service de radio, Eli pivota vers Charlie en souriant.

— Avant que tu ne poses la question : oui, les gens de Vasquez sont tous comme ça.

— Non, mais j'hallucine. Elle n'avait pas l'air contrariée le moins du monde d'avoir perdu un bout de doigt.

— Elle n'y peut rien, donc elle l'accepte. Tout ce qui compte pour elle, c'est d'aller retrouver Marv.

Ensemble, ils nettoyèrent et rangèrent le matériel. Ils venaient juste de terminer quand les résultats de la radio arrivèrent.

Par chance, l'os était intact. La réparation s'annonçait sous les meilleurs auspices.

— Tu m'assistes, Charlie ? proposa-t-il.

— Je suis là pour ça.

— Je n'en attendais pas moins de toi. Allez, au travail. Ne faisons pas attendre Camille trop longtemps.

Trois minutes suffirent à Eli pour se métamorphoser en chirurgien.

Charlie le trouvait très impressionnant avec les cheveux attachés et le visage à demi couvert. Mais ses yeux gris, eux, avaient gardé le même éclat. Elle savait qu'il souriait derrière son masque, et un long frisson la parcourut à cette pensée.

Elle ne voulait pas de ses regards complices. Elle n'avait pas besoin de ses sourires de connivence. Moins les gens en savaient sur elle, moins ils essayaient de se rapprocher, mieux elle se portait. C'était aussi valable pour Eli.

Postée face à lui de l'autre côté de la table d'opération, elle prit la main valide de Camille.

— Le plus pénible sera l'injection d'anesthésique, dit-elle d'un ton doux. Ensuite, vous ne sentirez plus rien.

Eli avait choisi d'utiliser la technique du ring block, ou anesthésie en bague, sous échoguidage. Très doucement, il piqua donc de chaque côté du doigt, à la base de la paume, afin de bien endormir les nerfs dorsaux et palmaires.

Quand il eut fini, Camille esquissa un sourire tremblant.

— J'ai eu moins mal quand je me suis coupé le doigt !

— Cela ne m'étonne pas, répondit Charlie, compatissante. Si vous vous allongiez un peu ? Essayez de penser à quelque chose d'agréable. Faites comme si vous étiez à la plage, en train de lire un roman tout en buvant un bon cocktail.

— Ha ha ! J'aimerais mieux qu'un beau jeune homme agite un éventail en plumes d'autruche à côté de moi.

— Choisissez l'image que vous préférez, pourvu qu'elle vous fasse du bien, répliqua Eli en riant.

Charlie aimait bien Camille. L'octogénaire avait du punch et semblait aborder la vie sans se poser de questions. Elle lui demanderait sa recette à l'occasion...

— Et si c'était Marv qui tenait cet éventail ? suggéra-t-elle.

— Ma chérie, ce serait moins drôle ! Je le connais par cœur. Je préférerais voir un bel Apollon bien musclé.

La vision d'Eli à moitié nu, en train de faire des pompes, imprégna la conscience de Charlie. Il avait beaucoup changé sur le plan physique, mais au niveau mental, il était resté le même. Il avait toujours eu tendance à voir le bon côté de la vie, à chercher de la légèreté en toutes choses. Et rien que pour cela, il représentait un danger. Elle était trop sensible pour le laisser approcher.

S'il n'était pas devenu médecin, elle l'aurait bien vu humoriste. En tout cas, son choix de carrière l'étonnait. Elle s'en serait souvenue, s'il lui en avait parlé.

Elle, en revanche, n'avait jamais imaginé faire autre chose. Elle avait eu l'impression qu'en devenant médecin elle donnerait un sens à sa vie. Et au fil des années, elle avait tenu ce cap.

Jamais elle n'aurait cru devenir maman si jeune, mais c'était arrivé et à présent Alice était sa priorité absolue. Cet amour inconditionnel, unique, n'avait aucun équivalent. Voilà pourquoi elle vivait dans la crainte de ne pas pouvoir protéger sa fille de tous les dangers qui existaient en ce bas monde.

Retombant sur terre, elle s'aperçut qu'Eli travaillait vite et bien. Facétieux comme toujours, il faisait rire Camille en lui contant les derniers potins. Tout le monde semblait se connaître à Vasquez. Question tranquillité, on pouvait repasser !

Le temps de finir l'opération, de trouver un voisin pour raccompagner Camille et de lui donner les consignes de sortie, deux personnes s'étaient présentées à la réception. La première, une jeune femme, pianotait sur un clavier d'ordinateur portable.

Un pansement ensanglanté lui couvrait le côté droit du crâne. L'autre patient, un monsieur, avait surélevé la jambe gauche sur un tabouret. Sa cheville semblait avoir doublé de volume.

Charlie se tourna vers Eli, consternée.

— Y a-t-il un microclimat propice aux accidents ici ? Personne ne vient jamais... disons, pour une angine ?

Il arqua les sourcils en souriant.

— À ton avis ?

4

Quand Charlie arriva à l'école, Alice se précipita vers elle, une grande peinture à la main. Son œuvre du jour représentait deux personnages tracés en violet, rouge et vert.

— Maman, regarde ce que j'ai fait !

— Bravo, mon cœur. C'est très joli. C'est nous deux ?

— Non, c'est moi avec la maîtresse.

Charlie s'efforça de masquer sa surprise. Mme Clark devait être formidable pour avoir fait la conquête d'Alice aussi rapidement !

Sur le chemin de la maison, sa fille lui raconta sa journée avec un enthousiasme débordant. Cette école était « mieux que l'autre », les enfants s'étaient montrés « trop gentils », les activités étaient toutes « super bien »... Et malgré sa joie – et son soulagement – que tout se soit déroulé à merveille, Charlie ne put réprimer un pincement au cœur.

C'était la première fois en deux semaines qu'Alice passait la journée entière sans elle. Elle avait cru, et même espéré lui manquer un peu, mais cela n'avait pas été le cas.

Tu essaies toujours de la rendre autonome. De quoi te plains-tu ? Elle sait que tu es son point d'ancrage. La seule personne sur qui elle doit compter. Cela ne change rien.

— On dîne chez Mme Clark ce soir, annonça-t-elle à Alice, alors qu'elles arrivaient chez elles.

— C'est vrai ? Ouiiii ! Elle est trop, trop gentille.

— Elle a l'air, en tout cas… Bon, ce n'est pas tout ça, mais chacun doit apporter quelque chose.

— Comme des tartines au beurre de cacahuètes ?

Charlie secoua la tête en souriant.

— Mon cœur, cela ne se fait pas d'emporter des tartines chez les gens. Aimerais-tu que je cuisine des enchiladas au poulet ?

— Oh oui ! Je peux aller jouer dehors en attendant, dis ?

— Bien sûr, ma puce.

Le jardin, entièrement clos, était sûr. Il n'y avait ni point d'eau ni rochers sur lesquels Alice risquait de s'ouvrir la tête – comme la patiente à l'ordinateur de ce matin-là. L'espace se résumait à deux pelouses agrémentées de jardinières. C'était un terrain de jeu idéal pour une enfant de quatre ans et demi.

Rassurée sur ce point, Charlie s'attela à la préparation de son plat.

L'un dans l'autre, sa première journée au travail s'était bien passée. Les patients semblaient beaucoup apprécier Eli, qui les appelait tous par leur prénom et vice versa. Mais pour sa part, elle n'avait pas l'habitude d'une pareille familiarité. Elle aimait bien qu'on lui donne du « Dr Griffin ». Elle s'était toujours dit que garder une distance professionnelle avec les malades s'imposait. Pourrait-elle s'habituer à ce que les gens l'appellent Charlie ?

Quoi qu'il en soit, Eli était un médecin doué et talentueux. Il maniait l'aiguille et le scalpel avec une habileté stupéfiante. Qui plus est, il ne se montrait pas avare en explications afin que les patients comprennent ce qui se passait. Elle l'aurait trouvé parfait s'il n'avait pas été aussi provocateur… et aussi séduisant.

Jamais elle ne pourrait s'attacher à un homme tel que lui. C'était hors de question. D'abord parce qu'Alice était sa priorité. Ensuite parce que Glen, son ex-mari, l'avait dégoûtée des relations amoureuses. Le célibat lui convenait très bien. Eli avait beau être charmant, elle ne lui laisserait aucune opportunité de l'atteindre. Elle menait sa vie en solo avec Alice et ne changerait rien.

À moins qu'Alice ne te laisse tomber pour Mme Clark.

À quoi songeait-elle, voyons ? La fatigue lui brouillait l'esprit ! Plus vite elles s'éclipseraient du fameux dîner, mieux cela vaudrait.

— On ne va pas rester longtemps, chérie. Tu as école demain. Et rappelle-toi, on va chez ta maîtresse. Donc, tu dois toujours l'appeler « madame Clark ».

— D'accord, répondit Alice d'un ton résigné.

La maison des Clark était plus vaste que les autres demeures de Vasquez. Tout en bois blanc, elle semblait de construction récente ou alors elle avait été fraîchement repeinte. Le porche abritait une balancelle, des lampions et des jardinières garnies de fleurs que Charlie ne connaissait pas. Allongé sur le sol, un labrador marron commença à remuer la queue en les voyant arriver.

— Regarde, maman, un toutou !

Alice voulut lui lâcher la main, mais elle la retint fermement. Elle lui avait répété maintes fois de ne pas approcher les animaux inconnus. Et comme par un fait exprès, les Clark avaient un chien, « détail » qui allait les rendre encore plus populaires. Alice en réclamait un depuis des mois, mais Charlie n'avait jamais cédé.

— Il faut se méfier, dit-elle d'un ton sévère.

La porte, décorée d'un panneau « bienvenue » en fleurs séchées, s'ouvrit sur une Mme Clark toute souriante.

— Coucou, vous deux ! Tu peux aller caresser Mitch, Alice. Il adore les câlins.

Résignée, Charlie lâcha sa fille, qui se précipita vers le labrador en courant. Dès qu'elle se fut agenouillée près de lui, il lui donna de grands coups de langue.

— Mon cœur, ne le laisse pas...

Trop tard. Alice avait éclaté de rire en sentant Mitch lui lécher la figure. Charlie risquait de passer pour une enquiquineuse si elle la rappelait.

— Bonsoir, dit Mme Clark. La queue de Mitch est plus efficace qu'une sonnette. Dès qu'on l'entend battre sur les planches, on sait que quelqu'un arrive.

Charlie monta l'escalier du porche en forçant un sourire sur ses lèvres. Alors, à sa grande surprise, Mme Clark se pencha et l'embrassa légèrement sur la joue.

— Comment allez-vous, ma chère ?

— Très bien, merci. Alice est revenue enchantée de l'école.

— Et pour vous, tout s'est bien passé au cabinet ? Entrez donc, enchaîna Mme Clark, glissant le bras sous le sien. Eli nous a raconté sa journée, mais j'ai hâte de connaître vos impressions.

— Eli... est là ?

— Bien sûr ! Alice, ma chérie, viens donc avec nous. Mitch va te suivre et tu pourras lui donner un biscuit pour chien. Et au fait Charlie, il faudra m'appeler Gayle, d'accord ?

— Euh... d'accord.

Son hôtesse l'entraîna vers le salon, un grand espace décoré avec un goût exquis. Tout, des canapés en tissu aux bibliothèques en bois clair, en passant par les lampes crème et les coussins rayés, témoignait du raffinement des propriétaires. Néanmoins, Charlie n'eut guère le temps d'admirer les lieux car elle eut l'impression d'être emportée par un tourbillon. Il y avait foule dans cette pièce !

Un peu étourdie, elle se retrouva au milieu d'un groupe animé. Elle fit connaissance avec le père d'Eli – un homme charmant. Quant aux autres, elle renonça à mémoriser leurs noms. Jamais elle ne pourrait retenir qui était un cousin, une tante, un neveu ou un voisin. C'était mission impossible. Elle avait d'ailleurs mieux à faire. Elle devait surveiller Alice qui... Où était-elle ?

— Ne vous inquiétez pas, Alice est partie jouer dans le jardin avec Mitch et les enfants, dit Gayle en réponse à sa préoccupation. Laissez-moi donc vous débarrasser, ajouta-t-elle en lui prenant son plateau des mains. Hmm ! ça sent bon !

Charlie voulut répliquer, mais les mots s'étranglèrent dans sa gorge. Eli venait d'apparaître près d'elle, très séduisant en jean et chemise en lin beige, une bière à la main.

— Salut, dit-il en souriant.

À son grand désarroi, elle se sentit rougir.

— Bonsoir, Eli.

— Ça doit être génial d'être réunis après tant d'années ! s'exclama Gayle. Vous avez sûrement un tas de choses à vous raconter... Mais je manque à tous mes devoirs. Que puis-je vous offrir, Charlie ? Nous avons du vin blanc, du punch, des jus de fruits...

— Je ne bois pas d'alcool. Un jus d'orange m'ira très bien, merci beaucoup.

— Adjugé, vendu. Je reviens tout de suite.

Tenant son plateau devant elle, Gayle se fraya un chemin parmi les invités. Charlie secoua la tête, de plus en plus oppressée par la vue de tout ce monde.

— Vous fêtez quelque chose ? demanda-t-elle. Un anniversaire, peut-être ?

— Pas du tout. C'est juste une soirée tranquille.

— « Tranquille » ? On ne doit pas avoir la même définition de ce mot.

Il s'esclaffa.

— Chez nous, on apprécie de se réunir en famille.

— Ah bon ?

Mal à l'aise, elle croisa les bras sur la poitrine. Elle n'était pas habituée à ces choses-là. Son ex-époux non plus n'avait pas de famille proche. Ils s'étaient mariés à la mairie avec deux témoins.

— Écoute, Charlie. Tu es très tendue, mais essaie de relâcher la pression. Profite, déstresse !

— Je ne suis pas tendue, rétorqua-t-elle.

— Non ? Qu'est-ce que ça doit être quand tu l'es...

— Crois-le ou non, je sais me montrer sociable.

— Oh ! mais j'en suis sûr ! Ce qui te gêne, c'est la curiosité ou la familiarité des gens. Tu as eu l'air sidérée quand M. Worth t'a appelée « Charlie » au lieu de « docteur ». Dès que quelqu'un franchit la limite, tu te hérisses. J'ai pu le constater en t'observant aujourd'hui. Tu croises les bras et tu regardes la porte comme si tu voulais fuir. Détends-toi. Personne ne va te mordre.

Furieuse qu'il ait si bien décrypté son langage corporel, elle décroisa les bras… et les recroisa illico, ne sachant que faire de ses mains. Il éclata de rire.

— Stop, Eli.

Au lieu de se taire, il rit de plus belle. Elle eut alors la tentation d'aller chercher Alice et de partir, mais elle se retint. Si elle prenait la fuite, il aurait gagné. Or, elle ne voulait pas lui donner raison.

Il avait eu la chance d'être adopté. Il était bien entouré, elle, non. Ce n'était tout de même pas sa faute.

— Je fais de mon mieux, dit-elle d'un ton calme.

Le temps parut suspendre son cours. Quand Eli la dévisagea, elle eut alors l'impression qu'il lisait jusqu'au tréfonds de son âme. C'était comme s'il voyait le chagrin, les humiliations, la solitude qu'elle avait endurés. Elle se sentait nue sous ce regard intense…

— Tenez, Charlie, votre jus d'orange.

Elle pivota, prit le verre des mains de Gayle comme un automate et la remercia.

— Eli, arrête de monopoliser notre invitée ! ordonna sa mère. Je voudrais qu'elle fasse la connaissance de Gran.

Sans avoir le temps de dire « ouf », Charlie se sentit entraînée vers la cuisine, où une petite dame aux cheveux gris s'employait à préparer des cookies au chocolat.

— Gran, je te présente Charlie. C'est la nouvelle collègue d'Eli au dispensaire.

De manière automatique, Charlie tendit la main. Mais Gran la regarda bizarrement, s'avança et la prit dans ses bras.

— Enchantée, Charlie. Est-ce le diminutif de Charlotte ?

Surprise, elle tapota le dos de la vieille dame, puis s'écarta en souriant.

— Oui, c'est bien cela.

— J'aurais voulu appeler ma fille Charlotte, mais mon mari – paix à son âme – n'aimait pas ce prénom. Alors on l'a baptisée Gayle... Oh ! là là ! Eli nous avait caché que vous étiez si mignonne !

Gênée, elle ne sut que répondre. Devait-elle se réjouir du compliment ou être déçue parce qu'Eli n'avait fait aucune allusion à son physique ?

Allons, pas de bêtises. Elle n'avait nul besoin de son approbation. C'était pour elle, et uniquement pour elle, qu'elle entretenait sa silhouette. Dans ce but, elle pratiquait le yoga et le Pilates à la maison. Elle courait deux fois par semaine. Elle essayait de manger sainement. Et pour le look, elle se faisait couper les cheveux tous les deux mois.

Elle avait besoin de sentir nette, fraîche, élégante. Surtout après la trahison de Glen et...

Non. Elle ne voulait plus penser à lui. Elle avait dû prendre des décisions radicales à cause de ce sinistre individu, et surtout à cause de ses actes insensés. Il lui avait assez pourri la vie comme cela.

— Faites-vous de la pâtisserie ? demanda Gran.

Elle s'efforça de basculer dans l'instant présent.

— Cela m'arrive, oui.

— Quel est votre dessert préféré ? Attention, il n'y a qu'une seule bonne réponse, ajouta la vieille dame, taquine.

Elle eut l'impression de subir un examen de passage. Un peu paniquée, elle dit ce qui lui passait par la tête :

— La tarte aux pommes.

Gran la dévisagea, puis lui tapota le bras en riant.

— C'est parfait, vous appréciez les classiques. Vous êtes une femme de goût. Et si vous n'avez rien contre les cookies, j'apprécierais un petit coup de main.

Incapable de refuser, Charlie prit le tablier que Gran lui tendait et s'en ceignit la taille. À partir de ce moment-là, elle perdit la notion du temps. La mère de Gayle avait apparemment décidé de faire des gâteaux pour un régiment, ce qui ne l'empêchait pas de bavarder non-stop entre deux conseils culinaires.

Au départ mal à l'aise, Charlie se détendit très vite car Gran avait un réel talent de conteuse. Le récit de sa romance avec George avant leur mariage, lorsqu'il escaladait la treille de sa chambre tous les soirs, rien que pour lui voler un baiser, était vraiment savoureux. Que cette histoire semblait douce ! Charlie aurait payé cher pour vivre des choses aussi simples...

Autrefois, les cercles se limitaient à une rue, un quartier ou un village. Mais à présent, avec les réseaux sociaux, on pouvait se retrouver affiché sur la Toile, devant le monde entier, jusqu'à la fin des temps.

— À table, mesdames les pâtissières.

Elle sursauta. Depuis quand Eli les observait-il ?

Les joues en feu, elle se détourna pour aller se laver les mains.

— Puis-je aider à quelque chose ? demanda-t-elle sans se retourner.

— Tu en as assez fait, tu es notre invitée ! Gran, tu n'aurais pas dû la faire travailler autant. On a eu une journée chargée au dispensaire.

— N'importe quoi, mon petit Eli. Cette jeune dame a de l'énergie à revendre. Vous m'aidez à mettre les cookies sur des assiettes, Charlie ?

— Avec plaisir.

Elle se réjouissait en fait de pouvoir se rendre utile. Le malaise qui l'avait submergée en arrivant avait disparu, au point qu'à présent elle se sentait beaucoup plus sereine. En cuisinant avec Gran, elle s'était mise à voir les choses de manière positive. Tout le monde - Gayle et sa mère en particulier - l'avait accueillie avec chaleur. Elle ne faisait pas partie de la famille, mais on aurait pu croire le contraire. Cela méritait bien qu'elle se déride, non ?

Elle suivit Gran et repéra des tables de pique-nique dressées sous l'arrière-porche. La plupart des convives étaient déjà assis et elle se glissa sur un siège entre Eli et Gayle.

Loin de chercher la compagnie de sa mère, Alice s'était installée au bout, à la table des enfants. La puce riait de bon cœur, ravie de pouvoir piocher dans les plats car, ici, la règle était simple : petits et grands se servaient de tout, un peu, au fur et à mesure que les mets défilaient sous leur nez.

Charlie se laissa tenter par une salade de pâtes aux poivrons et par de la laitue agrémentée d'oignons, de bacon et de croûtons grillés.

— Hmm, c'est excellent, dit-elle à Gayle. Cela vous arrive-t-il souvent de réunir de grandes tablées comme celle-ci ?

— Oui, on le fait à la moindre occasion. Pour les anniversaires, les anniversaires de mariage, les diplômes, les fêtes de fin d'année, sans compter les jours ordinaires comme aujourd'hui, répondit son hôtesse en riant.

— Cela doit vous prendre beaucoup de temps et d'énergie.

— Pas du tout. Au contraire, on s'y met tous ensemble, c'est très sympa. Chez nous, la famille est une valeur essentielle. On montre aux gens qu'on les aime et qu'on a envie de les voir.

Gayle se pencha vers elle, puis reprit :

— Le quotidien est dur, mais la solidarité n'est pas un vain mot à Vasquez. Tout le monde se soutient en cas de problème. La famille nous rend plus forts, quelles que soient les surprises que la vie nous réserve.

Charlie opina en souriant. Ces gens vivaient d'une manière très différente, voire opposée à la sienne. Elle répétait souvent à Alice qu'il fallait se méfier de tout et qu'on ne pouvait compter que sur soi-même. Où se situait la vérité ?

— L'amour d'une famille est quelque chose que nous avons eu envie de partager, mon mari et moi, expliqua Gayle. Voilà pourquoi nous avons voulu adopter un enfant après avoir eu les nôtres. Il y a tellement de gamins sur cette planète qui attendent qu'on leur donne cette chance !

— C'est vrai, répliqua-t-elle sobrement.

— Avoir Eli parmi nous est un bonheur de tous les instants. Il y a eu des hauts et des bas, mais si c'était à refaire, je signerais des deux mains.

« Des hauts et des bas » ? Charlie avait pourtant l'impression que tout s'était déroulé à merveille...

— Nous avons eu le coup de foudre pour Eli, si je puis dire, enchaîna Gayle. Il est tellement exceptionnel ! On a su tout de suite que ça marcherait. Sa façon de croquer la vie à pleines dents est contagieuse. Il a le sourire vissé aux lèvres en permanence, comme si quelque chose le poussait vers le bonheur. On l'a senti dès notre première rencontre. Mais vous le savez bien. Vous avez grandi ensemble.

— Oui, tout à fait.

Gayle avait raison : Eli possédait une vitalité indéniable. Néanmoins, ce charisme avait beaucoup déstabilisé Charlie autrefois, et dix-huit ans plus tard, elle n'était guère plus à l'aise.

Par-dessus le marché, la gentillesse de sa famille l'embarrassait un peu. Cette soirée lui faisait prendre conscience de ce qu'elle n'avait pas eu. Autant l'admettre, elle se sentait un peu triste.

— Il nous a parlé de la grenouille, chuchota Gayle avec des mines de conspiratrice. Il ne nous avait jamais raconté ça. On l'a appris la semaine dernière.

— Vous a-t-il dit qu'il a récidivé aujourd'hui ? Il a posé une grenouille en plastique sur mon bureau.

— Eli !

Gayle lança un regard navré à son fils... qui, naturellement, éclata de rire. Leur complicité était flagrante et faisait plaisir à voir. Dans cette histoire, les liens du cœur avaient pris le pas sur les liens du sang. Résultat, il était devenu un Clark jusqu'au bout des ongles.

Charlie s'était toujours demandé quel effet cela pouvait faire d'intégrer une famille inconnue. Les gens vous acceptaient-ils vraiment pour ce que vous étiez ? La relation de confiance et d'amour pouvait-elle pallier le manque de liens biologiques ?

Elle avait sous les yeux une partie de la réponse. Dans certains cas, comme celui d'Eli, cela fonctionnait très bien. Question de personnes, de timing. Le style décontracté d'Eli, sa manière de voir le bon côté des choses avaient dû jouer un rôle essentiel dans son adaptation à Vasquez.

Quoi qu'elle puisse penser, elle devait lui reconnaître ce mérite. Cela lui faisait un peu mal de l'admettre, mais il n'avait pas que des défauts. Loin de là.

5

Eli terminait ses dix kilomètres de jogging matinal lorsque, descendant la rue du dispensaire, il avisa Charlie qui tenait Frank Schwarz, un pêcheur de Vasquez, par le coude.

« Tenait » était à vrai dire un bien grand mot. Car en se rapprochant, il entendit Frank protester avec vigueur :

— Pas si vite, m'dame ! J'n'irai pas plus loin.

— Monsieur, soyez raisonnable. Il faut entrer pour que je vous soigne.

Eli se précipita et leva les deux mains.

— Attends, Charlie. Frank déteste les hôpitaux et les cabinets médicaux.

— Mais il est blessé ! s'exclama-t-elle, montrant le gros hameçon planté dans le cou du pêcheur.

Eli avait relevé ce « détail ». La plaie saignait et l'éternelle chemise bleue de Frank était déjà bien tachée au col.

— J'ai vu, répondit-il d'un ton calme. Mais malgré cela, Frank n'entrera pas. Tous les gens qu'il aimait sont décédés ici ou dans d'autres hôpitaux. Et par-dessus le marché, il a la phobie des aiguilles.

— D'accord, je vois. Mais il faudra bien retirer ce... truc.

— Ah bon ? Je pensais le laisser repartir avec, tiens !

Il sourit au duo qui le regardait, l'un avec méfiance, l'autre avec une exaspération non dissimulée.

— Viens donc t'asseoir là sur le banc, Frank. Comment est-ce arrivé ?

— J'étais sur le pont du *Molly*, je déplaçais des filets, je rangeais des caisses... À un moment j'ai glissé sur une plaque d'huile et je suis tombé. En me relevant, je me suis aperçu que l'hameçon s'était pris dans mon cou. Je suis descendu du bateau. Je voulais rentrer à la maison et le retirer moi-même, mais je suis tombé sur cette petite dame qui arrivait à pied. Elle a fait un raffut pas possible pour que je monte dans sa voiture et que je vienne ici. J'ai accepté, parce que sinon, je crois qu'on y serait encore !

Eli s'esclaffa.

— Oui, elle peut être têtue quand elle veut. Mais là, elle a bien fait d'insister. L'hameçon s'est logé tout près de la carotide et par-dessus le marché il ne doit pas être très propre. On va inciser correctement et te prescrire des antibiotiques.

— J'ai horreur d'avaler des cachets.

— Il faudra faire une exception, d'accord ? Et avant toute chose, j'aimerais que tu passes un scanner. L'insertion a l'air superficielle, mais je dois m'en assurer. T'es-tu cogné la tête en tombant ?

— Je n'crois pas.

— As-tu perdu connaissance ?

— Non plus. Je refuse d'entrer là-dedans. C'est là... que ma Jane nous a quittés. On allait fêter notre quarante et unième anniversaire de mariage, imaginez un peu.

L'épouse de Frank était décédée d'une rupture d'anévrisme foudroyante, trois ans plus tôt. Eli n'avait même pas eu le temps de prévenir les secours aériens.

— Je sais, répondit-il gentiment. Mais le scanner ne prendra que cinq minutes, promis. Comme ça, je visualiserai bien la plaie.

— Et on pourra mieux vous soigner, insista Charlie.

Eli la regarda et lui sourit. Il la trouvait très belle avec ses longs cheveux dénoués et ses joues rosies par le vent. S'il n'avait pas eu un patient à soigner, il lui aurait proposé de boire un café. Il aurait essayé de la garder cinq minutes avec lui, juste pour le plaisir de sa compagnie.

— Alors Frank, tu viens ? reprit-il. On va se dépêcher. Et pour la suite, je passerai chez toi tous les deux jours, histoire de contrôler la cicatrisation. J'apporterai un pack de bières, ajouta-t-il avec un clin d'œil.

— Il devra éviter l'alcool avec les antibiotiques, protesta Charlie.

— Je les garderai pour la fin du traitement, bien sûr.

Frank hésita, puis poussa un grand soupir.

— J'accepte à une condition : je n'irai pas en salle d'attente.

— Aucun problème. J'ouvrirai la cour intérieure. Tu pourras t'asseoir sur un banc en attendant qu'on prépare l'intervention.

Pendant que Frank réfléchissait, Eli croisa le regard médusé de Charlie. Elle trouvait sans doute qu'il en faisait trop, mais tant pis. Elle finirait par comprendre qu'à Vasquez on pratiquait la médecine autrement. Frank n'était pas le seul à se montrer méfiant et craintif, alors il s'adaptait. L'essentiel était de réussir à soigner les gens.

— OK. Allons-y, décida Frank.

Il se fit encore un peu tirer l'oreille pour les suivre vers la salle de radio. Lorsqu'ils arrivèrent, une manipulatrice le prit tout de suite en charge. Eli s'aperçut alors que Charlie essayait d'attirer son attention, et il l'entraîna dans le couloir.

— As-tu perdu l'esprit ? lança-t-elle. Ce gars a besoin d'un vaccin antitétanique, d'antibios, sans parler d'une intervention chirurgicale. Et toi, tu transformes le jardin en salle d'attente et tu lui promets un pack de bières ?

— Du calme, déstresse. Je lui donnerai le meilleur traitement qu'il acceptera de recevoir.

— « Qu'il acceptera de recevoir » ? Je rêve ! En tant que médecins, on se doit d'être clairs et professionnels avec nos patients. Je suis désolée qu'il ait la phobie des hôpitaux et des aiguilles, mais c'est la première fois que j'entends un collègue offrir de l'alcool à quelqu'un pour l'encourager à se soigner.

— Peut-être n'as-tu pas travaillé aux bons endroits, alors.

Elle pratiquait une médecine de ville classique, lui non. À Vasquez, garder les gens en bonne santé relevait parfois du tour de force. Beaucoup de patients étaient des durs à cuire doublés de têtes de mule. Il devait faire avec. Il n'avait pas le choix.

Et quand lui-même avait combattu le cancer… Jamais il n'oublierait le soutien qu'il avait reçu. Ici, au milieu de nulle part, on regardait la mort en face et on relevait la tête. C'était une question de survie.

Chacun à son niveau donnait le meilleur pour aider autrui, d'où sa manière de résoudre le problème de Frank. Il l'écoutait, il prenait sa peur en compte. Il lui offrait quelque chose en échange de sa confiance. C'était ainsi qu'il obtiendrait les meilleurs résultats.

— Aux bons endroits ? répéta-t-elle, l'air énervé. Les gens doivent comprendre les enjeux de chaque situation. Pourquoi Frank est-il tombé ? Le crois-tu sur parole quand il affirme ne pas avoir perdu connaissance ? Il a peut-être menti pour sortir d'ici plus vite.

— Hmm, j'en doute. De toute manière, je vais garder un œil sur lui.

— Quoi ? Il a besoin d'être hospitalisé pour des examens.

— Ne t'inquiète pas. Je passerai chez lui, ou sur le quai s'il est déjà dans son bateau, tous les matins pendant mon jogging. C'est le maximum que j'obtiendrai de sa part. Il faut que tu le comprennes.

— Tu ne prends pas son cas assez au sérieux.

Il lui sourit.

— Et toi, tu le prends trop au sérieux. La vie citadine t'a rendue… sèche et fermée.

— Sèche et fermée ? répéta-t-elle, les mains sur les hanches. N'importe quoi !

Elle était belle à couper le souffle quand son regard lançait des éclairs. Force était d'admettre qu'il la provoquait délibérément, rien que pour le plaisir de l'entendre rouspéter.

Néanmoins, leur chamaillerie dut s'interrompre car Frank surgit près d'eux.

— La dame a terminé. Où est cette cour ?

Eli pivota vers Charlie en souriant.

— Ma distinguée collègue va t'y emmener. Charlie, si tu tenais compagnie à Frank ? Vous pourriez papoter tranquillement, tous les deux, pendant que j'étudie les radios.

Il lut la frustration dans son regard, mais comme il le prévoyait, elle n'osa pas protester. Au contraire, elle força un sourire poli sur ses lèvres.

— Je vais vous montrer, monsieur. C'est par ici.

Quand elle s'éloigna la tête haute, il ne put s'empêcher d'admirer sa jolie chute de reins et le balancement gracieux de ses hanches. Comme autrefois, elle se montrait fière et combative dans l'adversité. Et pourtant, quelque chose en elle avait changé. Sous son air déterminé, il avait cru lire la peur à plusieurs reprises depuis quelques jours.

Que craignait-elle ? Que fuyait-elle ? Serait-il capable de la protéger ?

Ou alors était-ce lui, le problème ?

6

Ce mercredi midi, Charlie avait choisi de rejoindre le centre-ville après ses consultations matinales.

Comme tous les jours, elle avait droit à une heure de pause, luxe auquel elle n'était pas habituée. Dans les hôpitaux ou les cabinets des grandes agglomérations, les médecins déjeunaient souvent sur le pouce – quand ils avaient le temps. Ils étaient toujours débordés ou en retard, suivant un rythme effréné dont elle-même avait fait l'expérience.

Mais ici, à Vasquez, la vie s'organisait d'une autre façon. Elle pouvait respirer entre deux patients et sortir prendre l'air le midi, bonheur dont elle ne se privait pas. Au fil des jours, les gens la reconnaissaient, si bien qu'à présent elle ne pouvait pas faire vingt mètres sans répondre à un « bonjour » ou s'arrêter pour faire un brin de conversation.

Aux abords du restaurant Clark, un homme âgé qu'elle ne connaissait pas souleva sa casquette en la voyant.

— Bonjour, Charlie. Comment allez-vous ?

— Très bien, merci, répondit-elle, un peu gênée de ne pas pouvoir l'appeler par son nom. Et vous ?

— Bien, bien.

Mais aussitôt, le vieil homme grimaça et s'appuya un peu plus fort sur sa canne.

— Vous êtes sûr ? Vous n'avez pas l'air en forme.

— J'ai un peu mal à l'estomac, ce n'est rien. Je m'en vais justement à la pharmacie acheter des antiacides.

Elle bascula sur-le-champ en mode médecin. Le visage blême du vieux monsieur et la sueur qui perlait à son front ne lui disaient rien qui vaille.

— Depuis quand avez-vous ces douleurs ?

— Cela fait à peu près une heure, et cette cochonnerie ne veut pas partir.

Il grimaça encore, puis se frictionna la poitrine.

— Venez donc vous reposer un moment, suggéra-t-elle.

Elle le guida vers la terrasse du restaurant et, dès qu'il fut assis, elle s'agenouilla pour lui prendre le pouls. Stella, la gérante, les rejoignit au bout de quelques instants.

— Stewie ? As-tu un problème ? Tu te sens mal ?

C'était donc le fameux Stewie, le patient hypocondriaque dont Dot avait parlé. Mais cette fois, les symptômes ne correspondaient pas à une maladie imaginaire ou à une crise d'angoisse...

— Pourriez-vous appeler le dispensaire et demander à Eli de venir immédiatement, s'il vous plaît ? Dites que c'est pour un IDM, il comprendra.

Elle n'avait pas voulu prononcer le mot « infarctus », mais elle était presque certaine du diagnostic.

Une fois Stella partie, elle serra la main du patient.

— Nous allons faire quelque chose, Stewie. Vous allez me regarder et respirer avec moi tranquillement, d'accord ?

— Oui, mais... Que se passe-t-il ?

— Je pense que votre cœur vous joue des tours.

Le vieil homme déglutit péniblement.

— Vous... croyez ?

— On le saura dès qu'Eli nous aura rejoints. Avez-vous la nausée ? Avez-vous mal à la mâchoire, dans le cou ou dans le bras gauche ?

— Un tout petit peu dans le bras, mais c'est très léger. Si je faisais une crise cardiaque, je serais par terre en train de me cramponner la poitrine, non ?

— Les symptômes ne ressemblent pas toujours à ceux qu'on nous montre à la télévision. Parfois, ils sont plus discrets.

— Discrets, chez moi ? Ce serait nouveau… Oh !

Stewie se frictionna de nouveau la zone du cœur, puis il posa sa canne sur la table.

— J'étais persuadé que c'était un problème digestif. J'ai mangé beaucoup de scones ce matin. Ma femme est un vrai cordon-bleu.

— Vous avez de la chance, répondit-elle gentiment.

— Ma chance, c'est surtout de vous avoir croisée dans la rue.

Elle lui tapota la main.

— Je m'occupe de vous, soyez tranquille. Allez, on respire…

Docile, le vieil homme l'imita, puis il esquissa un sourire.

— Eli m'a beaucoup parlé de vous. Il est ravi de vous avoir engagée.

— Ah bon ? Il est sympa…

— Oui, c'est un bon petit gars. Il nous soigne depuis qu'il est installé, ma femme et moi. Quel dommage qu'il ait vécu tous ces malheurs ! Le pauvre ne méritait pas ça. Mais heureusement, il s'en est bien tiré.

Elle supposa que Stewie parlait de l'orphelinat et de l'adoption.

— M. et Mme Clark sont très gentils, dit-elle, sincère.

— Vous aussi, murmura Stewie.

— Merci, chuchota-t-elle. Vous êtes adorable.

Alors qu'elle encourageait son patient à respirer, un fourgon médical se gara le long du trottoir. Eli se précipita hors du véhicule, imité par Diana qui l'accompagnait.

— Stewie, qu'est-ce qui vous prend ? demanda-t-il d'un ton affectueux. J'envoie mes collègues en pause, et vous, vous leur donnez du travail !

Le vieil homme s'esclaffa, ce qui n'empêcha pas Eli de lui placer un masque à oxygène sur le visage. Dans la foulée, il prit le stéthoscope que lui tendait Diana et procéda à une auscultation minutieuse. Charlie comprit à son regard qu'elle avait vu juste : Stewie faisait bel et bien une crise cardiaque.

— On va vous conduire au dispensaire, dit-il d'un ton calme.

— Quelqu'un peut-il prévenir ma Joan ? murmura Stewie.

— Bien sûr, répondit Charlie. Je l'appellerai en arrivant.

Dès qu'il fut installé sur un brancard à l'arrière du fourgon, Charlie s'assit près de lui. Diana laissa le chauffeur – un aide-soignant du dispensaire – démarrer, puis elle posa une perfusion au patient, tandis qu'Eli le plaçait sous monitoring.

Charlie était vraiment peinée pour Stewie, lequel semblait aussi chaleureux que tous les habitants de Vasquez. Même allongé sur une civière, il trouvait encore le moyen de sourire.

— Vous êtes une gentille petite, dit-il en lui tapotant la main. S'il vous plaît, n'effrayez pas trop ma Joan, d'accord ?

— Je ferai attention, c'est promis.

— Votre Joan a du caractère, déclara Eli. Elle n'est pas du genre à paniquer.

Stewie s'esclaffa derrière son masque.

— On est mariés depuis près de cinquante ans, vous savez. Et on ne s'est pas disputés une seule fois. Jamais.

Charlie eut un sourire attendri. Qui ne rêverait pas d'un bonheur sans nuages ? Quelle joie cela devait être de trouver son alter ego, d'être apprécié pour soi-même et d'aimer la personne en retour de manière inconditionnelle ! La vie devait se dérouler sereinement, dans les bons comme dans les mauvais jours. Elle avait cru pouvoir vivre cela avec Glen, mais le rêve s'était mué en cauchemar…

— Surtout, dites-lui bien que je l'aime, demanda Stewie.

— Vous lui direz vous-même, assura Eli.

Le cœur de Charlie se serra. Le vieil homme la regardait avec une intensité bouleversante, et elle eut l'impression qu'il connaissait déjà l'issue, et qu'il l'acceptait.

En tant que médecin, elle se battrait pour le sortir de là, mais si les choses tournaient mal, elle respecterait sa volonté.

— Je lui dirai, articula-t-elle sans prononcer les mots.

Elle lui saisit la main. Il lui sourit, ferma les paupières… et soudain, l'alarme du monitoring déchira le silence.

— Fibrillation ventriculaire ! cria Eli.

Déjà, il aplatissait les mains sur le torse de Stewie pour commencer le massage cardiaque.

— Où en sommes-nous, Max ?

— On arrive dans une minute, répondit le chauffeur.

— Je te donne trente secondes. Fonce !

Par réflexe, Charlie brancha le défibrillateur. Le temps que Max se gare, elle eut le temps d'administrer deux chocs, sans résultat. Puis elle reprit les compressions thoraciques pendant qu'Eli ouvrait le hayon et aidait les aides-soignants, accourus sur le parking, à sortir la civière.

Quand ils arrivèrent en salle de soins, l'écran du monitoring affichait une ligne plate. Charlie continua le massage, encore et encore, tandis qu'Eli se chargeait d'injecter de l'épinéphrine. Mais hélas, rien ne se produisit. Et quand il regarda l'horloge, elle sut ce qu'il allait dire.

— On devrait arrêter, chuchota-t-il. Si tout le monde est d'accord, bien sûr.

Sans interrompre le massage, Charlie scruta les visages autour d'elle. Diana et ses collègues opinèrent gravement.

Elle leva les mains, puis recula.

— Je suis d'accord.

— Heure du décès, 13 h 22, murmura Eli. Veux-tu que j'appelle Joan ?

— Non. J'avais promis à Stewie. C'est à moi de le faire. Je vais lui demander de venir. Je ne veux pas lui annoncer la mauvaise nouvelle au téléphone.

Ils sortirent tous les deux à pas lents dans le couloir.

— Ça va, Charlie ?

— Pourquoi cela n'irait-il pas ? J'ai déjà perdu des patients. Et j'en perdrai encore, hélas.

— Peut-être, mais ici, on est tous proches les uns des autres. Quand quelqu'un s'en va, on se soutient. Je ne voudrais pas que tu mettes tes émotions sous le tapis, que tu continues le travail comme si de rien n'était, et que tu fondes en larmes une fois rentrée à la maison.

— Dans ce cas, ce serait plutôt à moi de m'inquiéter. Je ne connaissais pas Stewie, toi oui. As-*tu* besoin de faire une pause ? Je pourrais assurer tes rendez-vous de l'après-midi...

— Tu es gentille mais ça ira, merci. J'aimerais juste être présent quand tu parleras à Joan. Elle se sentira mieux de voir un visage familier.

— Bien sûr, c'est normal.

Quand Joan arriva, ils l'accueillirent dans la salle réservée aux familles.

— J'arrive trop tard, pas vrai ? s'exclama l'épouse de Stewie. Vous faites tous les deux une drôle de tête.

Charlie l'invita à s'asseoir puis, avec douceur, lui résuma les événements dramatiques qui venaient de se produire.

— Mon Stewie... s'est-il effondré dans la rue ?

— Non, madame. Je l'ai croisé devant le restaurant. On a commencé à discuter, j'ai vu qu'il ne se sentait pas bien et j'ai appelé Eli. On a vraiment fait le maximum, mais hélas, on n'a pas pu le ranimer.

Les yeux de la vieille dame se remplirent de larmes et Charlie serra les poings sous la table. Elle devait rester forte, professionnelle. C'était le meilleur moyen de ne pas céder à l'émotion.

— Et dire qu'on avait failli ne pas se marier ! déclara Joan dans un sanglot.

— Ah bon ? répondit-t-elle pour l'encourager.

— Au début, je ne l'appréciais pas. Il était très beau, mais je le trouvais trop imbu de sa personne. J'avais l'impression qu'il jouait avec moi. Et puis un jour, il m'a invitée à sortir. J'ai appris qu'en fait c'était un pari lancé par ses copains, alors je l'ai envoyé promener.

— Quand avez-vous changé d'opinion ? demanda Eli d'un ton doux.

Joan secoua la tête, les larmes ruisselant sur ses joues.

— Presque cinq ans plus tard. Il s'était engagé dans l'armée et il était parti à l'étranger. Il avait découvert le monde, vu du pays. Suite à une blessure, il est finalement rentré. À son retour, il est aussitôt venu me voir. Il m'avait beaucoup écrit pendant ses missions. Il me disait qu'il pensait à moi, que cela l'aidait à tenir quand les choses étaient trop dures... Je m'étais mise à le considérer différemment et à l'apprécier. Quand je l'ai revu, je me suis rendu compte que j'étais tombée amoureuse de lui en son absence. Si seulement j'avais accepté de sortir avec lui la première fois ! On aurait gagné cinq ans, imaginez un peu. On était si bien ensemble. On ne s'est jamais disputés.

— Il me l'a dit dans la voiture, tout à l'heure, murmura Charlie. Il voulait absolument que je vous transmette un message : « Dites-lui bien que je l'aime. » Ce sont les derniers mots qu'il a prononcés. Il vous aimait très fort, Joan. Et ses dernières pensées ont été pour vous.

— Je... n'imagine pas la vie sans lui. On n'a jamais été séparés en presque cinquante ans. Comment vais-je faire ?

— Vous ne serez pas seule, assura Eli. Il y a vos enfants, vos petits-enfants, vos amis. Vous serez bien entourée.

La malheureuse eut un sourire triste.

— Mais au bout du compte, je serai seule le soir chez moi. La place de Stewie dans le lit sera vide.

Quand la voix de Joan se brisa sur ces mots, Charlie oublia ses règles et sa posture professionnelle. Elle se leva pour entourer les épaules de la vieille dame, imitée par Eli qui s'était placé de l'autre côté.

Dans le mouvement, leurs mains se frôlèrent et malgré sa tristesse elle eut l'impression de recevoir une décharge électrique.

Les joues en feu, elle retira sa main et tenta de se concentrer sur Joan, mais rien n'y fit. Elle sentait le regard intense d'Eli peser sur elle, et tout à coup, ce fut plus qu'elle n'en put supporter. Elle pressa une dernière fois l'épaule de Joan, puis elle s'écarta.

— Je... vais aller vous chercher un thé, bafouilla-t-elle. Cela vous fera du bien.

Dans la cuisine, elle s'adossa au plan de travail et ferma les paupières. Que lui arrivait-il ? Jamais elle ne s'était sentie aussi proche de quelqu'un que là-bas, dans cette pièce, avec Eli. Elle avait eu l'impression qu'ils pensaient, qu'ils éprouvaient les mêmes choses au point d'être en symbiose totale. Mais cela ne devait pas se produire. Elle ne *pouvait pas* se rapprocher de lui, d'autant moins qu'elle allait partir...

Avec des gestes mécaniques, elle prépara le thé, ajouta du lait et du sucre sur le plateau. S'activer, s'occuper les mains l'avait toujours détendue. Or, elle en avait besoin. Bouleversée par le chagrin de Joan, elle s'était sentie étouffée par la présence d'Eli. Elle était devenue une cocotte-minute émotionnelle qui ne demandait qu'à exploser.

D'habitude, elle éprouvait toujours de l'empathie pour les patients et leurs familles, mais elle arrivait à garder une attitude professionnelle. Qu'y avait-il de différent cette fois ? Pourquoi cette histoire lui faisait-elle tant de peine ?

Était-elle triste d'avoir vu un amour merveilleux se terminer brutalement ? Triste pour elle-même parce qu'elle ne connaîtrait jamais cette chance ? Désolée pour Alice, laquelle n'avait pas demandé à grandir sans père ?

Joan avait mené une vie simple. Elle avait toujours vécu au même endroit, avec le même homme. Et Charlie avait beau se répéter qu'elle n'avait pas besoin de tout cela, peut-être aspirait-elle, au fond, à un peu de stabilité ? Elle ne pourrait pas continuer longtemps à emmener Alice de New York à Toronto, de Chicago à Los Angeles...

Elle regagna la salle des familles à pas lents, inspira à fond et poussa la porte.

Eli et Joan étaient assis côte à côte sur le sofa. La vieille dame parlait de son époux et Eli l'écoutait, l'air grave. Pour ne pas les interrompre, Charlie déposa son plateau sur la table basse, puis elle alla s'asseoir près de la fenêtre. Sans doute se porterait-elle mieux en gardant ses distances...

— Quelqu'un pourrait-il vous reconduire chez vous ? demanda-t-elle quand Joan eut fini son thé.

— Mes enfants sont trop loin. Eli les a prévenus, mais ils en auront chacun pour deux à trois heures de route... Peut-être Connie, ma voisine ?

— Bonne idée, approuva Eli. En attendant qu'elle arrive, Diana restera ici avec vous. On va aller la chercher. Et si vous avez besoin de quoi que ce soit, n'hésitez pas.

Sur un dernier regard compatissant à Joan, Charlie le suivit dans le corridor.

— Es-tu sûre que ça va ? demanda-t-il.

Sa sollicitude lui faisait plaisir, mais elle se sentait trop vulnérable pour l'accepter.

— Très bien, répliqua-t-elle avec un sourire de façade. Je vais chercher Diana.

Et sans lui laisser le temps de répondre, elle tourna les talons et descendit le couloir.

Eli était en train de couper du bois quand son portable se mit à sonner. Il le tira de sa poche, lut le numéro de sa mère sur l'écran et décrocha.

— Oh ! chéri, je suis contente que tu répondes ! s'exclama-t-elle.

J'ai un petit problème et papa est parti monter un hangar chez Evan. Il ne rentre pas avant ce soir.

— Que se passe-t-il ?

— Charlie m'a téléphoné. Son robinet de cuisine fuit. Elle a coupé l'eau, mais on ne peut pas la laisser dans l'embarras. J'ai contacté Pete : il est parti en vacances chez sa sœur. Il ne rentre que la semaine prochaine.

Si le plombier de Vasquez était en congé, cela ne laissait pas beaucoup d'options.

— Aucun souci, je vais passer chez elle. Rappelle-la et dis-lui que j'y serai dans dix minutes.

— Que ferais-je sans toi, mon cœur ?

Il éclata de rire.

— Je me le demande.

Il raccrocha, entassa les bûches qu'il avait fendues sous son appentis, puis il renfila sa chemise. L'idée de rendre visite à Charlie un samedi matin n'était pas pour lui déplaire. Il allait enfin revoir Alice, qu'il n'avait pas croisée depuis le fameux dîner chez ses parents.

Toutefois, il avait entendu beaucoup de bonnes choses sur la fillette. Sa mère la trouvait non seulement adorable, mais très intelligente. Alice avait un langage très développé, une bonne capacité de raisonnement et beaucoup d'imagination. Et surtout, elle s'épanouissait dans les activités artistiques.

Seule son attitude inquiétait un peu les enseignantes car elle se montrait réservée. Elle s'isolait parfois pour jouer seule malgré les encouragements des adultes. « Elle a peur de perdre ses amis au prochain déménagement », avait expliqué sa mère.

Eli avait répondu qu'Alice s'en sortirait. Si elle était aussi débrouillarde que Charlie, elle tirerait toujours son épingle du jeu…

Arrivé devant le cottage, il entendit de la musique à l'intérieur. Quand Charlie vint lui ouvrir, elle avait un torchon à la main.

— Salut ! Tu es devenu plombier ?

— Hello, Charlie. Oui, c'est ton jour de chance.

Enchanté de la voir, il lui sourit. Elle était ravissante en salopette et T-shirt noir moulant. Quelques mèches rebelles s'échappaient du bandana rouge qui protégeait ses cheveux, et il sentit une vague de tendresse déferler sur lui.

— Tu répares les humains *et* les robinets, maintenant ? commenta-t-elle.

— Je trouve les robinets plus faciles à soigner.

— Mais bien sûr.

Lorsqu'elle s'effaça pour le laisser entrer, elle détourna le regard. Elle avait les joues pivoine et il dissimula un sourire, ravi de l'effet qu'il produisait sur elle. Si elle avait su combien il était perturbé, lui aussi ! Ils étaient dans le même bateau...

— Où est Alice ? demanda-t-il.

— Dans sa chambre.

— A-t-elle fait une bêtise ? Est-elle punie ?

— Pas du tout. Elle aime bien jouer tranquillement. Là, elle est en train de dessiner. Va lui dire bonjour si tu veux.

— Avec plaisir.

Charlie semblait surprise qu'il ait envie de voir sa fille. Pourtant, c'était bien le cas !

Il longea le couloir et s'arrêta devant la plus petite chambre, sur laquelle était fixée une jolie plaque en bois portant le prénom d'Alice. La fillette poussa un cri de joie lorsqu'il entra.

— Eli !

— Coucou, coquine. Comment vas-tu ?

Elle bondit sur ses pieds et se précipita vers lui. Il la souleva de terre.

— Waouh ! Tu as grandi depuis la dernière fois.

Elle éclata de rire.

— Tu veux voir mon dessin ?

— Bien sûr que je veux le voir.

Dès qu'il l'eut posée, elle courut vers son petit bureau. Eli s'aperçut que Charlie les avait rejoints.

— J'ignorais que vous étiez devenus copains, tous les deux.

— Eli m'a montré ses dessins rigolos l'autre soir, chez Mme Clark, expliqua Alice.

— Ah bon ? Quel genre de dessins ?

— J'ai fait pas mal de croquis d'animaux, expliqua-t-il. L'idée, c'est de partir de formes géométriques. Un rectangle pour le corps du chien, d'autres rectangles pour les pattes et la queue, un rond pour la tête. Cette technique donne une base, et ensuite, c'est facile de broder par-dessus.

— Alice a quatre ans et demi, voyons.

— Oui, et alors ? Elle est très douée. Son niveau en dessin ne correspond pas à son âge. Tu devrais l'encourager à se perfectionner, peut-être même l'inscrire à un cours.

Il lut dans son regard qu'elle n'appréciait pas cette suggestion.

— J'essayais juste de rendre service, dit-il d'un ton calme.

— Si tu veux te rendre utile, viens réparer mon robinet, répliqua-t-elle, puis elle tourna les talons.

Il reporta son attention sur Alice, qui n'en avait pas perdu une miette.

— J'aimerais beaucoup que tu me fasses un dessin pendant que je bricole dans la cuisine.

Le visage de la fillette s'illumina.

— D'accord ! Tu veux quoi ?

— Hmm. Pourrais-tu dessiner un dragon ?

— Avec des flammes qui sortent de sa bouche ?

— Ce serait parfait. À tout à l'heure, ma puce.

De retour à la cuisine, il trouva Charlie occupée à sortir des tasses du placard.

— Veux-tu un café ? proposa-t-elle.

— Si tu en prends un, volontiers.

Après avoir ouvert la vanne sous l'évier, il inspecta le robinet.

L'eau s'était remise à couler abondamment dès qu'il avait rétabli l'alimentation.

— Ce n'est rien. Il suffira de remplacer la rondelle.

— Super. Tu me rassures.

Il se mit à genoux, referma la vanne, puis explora sa trousse à outils.

— C'est bon, j'ai des rondelles. Passe-moi un torchon, s'il te plaît. Histoire que je n'abîme rien avec mes outils.

— Oh ! d'accord... Tiens.

Le bac étant protégé, il commença à dévisser le robinet. Charlie avait fait chauffer de l'eau minérale et préparait maintenant deux tasses de café en poudre.

— Qui t'a appris tout ça ? demanda-t-elle.

— Mon père. Il est très bricoleur. Quand ils tenaient l'hôtel, maman et lui, il réparait les choses lui-même pour faire des économies. Plomberie, charpente, électricité : il sait tout faire, et avec talent bien sûr.

— Je l'ai trouvé très sympa l'autre soir.

— Oh oui ! Il est adorable.

Il s'activa un moment en silence. Puis Charlie reprit la parole :

— Tu as eu beaucoup de chance, Eli.

— J'en suis conscient. T'ai-je manqué après mon départ ?

Il avait posé sa question d'un ton badin, mais elle le gratifia d'un regard noir.

— Tu plaisantes ? J'ai eu la paix. J'ai enfin pu dormir tranquille, sans me demander si tu allais mettre du poil à gratter dans mes chaussettes ou me lancer une bombe à eau !

Il eut un sourire triste. Il avait oublié beaucoup de choses de cette époque tant il avait l'impression d'avoir vécu deux vies. Néanmoins, il se rappelait cette histoire de bombe à eau.

Mis au défi par ses amis, il l'avait lancée depuis la fenêtre du dortoir. Il savait que Charlie allait être furieuse. Il s'était senti mal à l'aise, mais il n'avait pas osé refuser car les autres affirmaient qu'il était amoureux d'elle. Alors il avait agi pour avoir la paix...

— Je suis désolé, dit-il doucement. Je n'ai jamais voulu te faire de peine.

— Eh bien, c'est raté.

Il réfléchit un instant, puis il eut un sourire entendu.

— Aimerais-tu te venger, là, maintenant ?

— Au risque de te décevoir, je n'ai pas de bombe à eau.

— Non, mais tu as un tuyau d'arrosage.

Charlie lui lança un regard incrédule.

— N'importe quoi.

— Je suis sérieux.

Il remonta le robinet et vérifia que tout fonctionnait. C'était bien le cas. Le changement de rondelle avait fait son œuvre.

— Et un problème réglé, un ! On y va ? ajouta-t-il, désignant la porte qui donnait sur le jardin.

Charlie secoua la tête. Pour lui montrer qu'il ne plaisantait pas, il pointa les index vers ses yeux, puis il sortit.

Une fois dehors, il ouvrit le robinet relié au tuyau d'arrosage, tendit le jet à Charlie qui le suivait en maugréant. Et enfin, il alla se placer au milieu de la pelouse.

— Vas-y. Prouve-moi que tu es capable du pire.

En ce jour de repos, Charlie avait prévu de faire le ménage, puis d'aller explorer Vasquez à pied avec Alice. Jamais elle n'aurait cru finir la matinée en brandissant un jet d'eau sur Eli.

Le mitigeur offrait des possibilités multiples. Elle pouvait le régler sur « brume », « douche », « pression douce », « très haute pression »... Eli semblait motivé pour se faire arroser, mais oserait-elle ? Ses vêtements allaient être trempés...

— Allez, venge-toi, lança-t-il en riant.

Elle se rappela le jour de son arrivée. Il n'avait pas hésité à sauter dans la baie pour récupérer sa valise. Il les avait conduites au cottage, Alice et elle, tout dégoulinant. Pour lui, « un peu d'eau » ne signifiait rien.

Plus elle y pensait, plus l'idée de prendre sa revanche la séduisait. Après tout, il l'aurait voulu.

Lentement, elle leva le jet et le dirigea sur lui. Il opina en guise d'encouragement, et, souriant en retour, elle tourna la buse sur « haute pression », puis le visa en pleine poitrine.

— Oh !

Saisi par l'eau froide, il avait poussé une exclamation indignée. Toutefois, il ne tenta pas de s'échapper. Au contraire, il éclata de rire tandis que l'eau lui éclaboussait le visage et le cou.

Charlie aurait voulu rester de marbre, mais comment garder son sérieux devant un pareil spectacle ? Elle fut prise d'un fou rire si incontrôlable qu'elle eut bientôt mal aux côtes.

Elle coupa le jet, posa le tuyau sur la terrasse et se pencha en avant, les mains sur les genoux. Elle inspira plusieurs fois, puis se redressa en voyant Eli approcher. Il avait l'air si drôle qu'elle recommença à rire… jusqu'à ce que, soudain, le souffle lui manque.

Il avait glissé les mains dans ses cheveux pour écarter les mèches humides de son visage et ce geste, en apparence anodin, lui avait fait l'effet d'un uppercut. Elle le désirait tellement qu'elle ne savait plus où regarder. Sa chemise bleue lui collait à la peau, son jean détrempé épousait ses cuisses musclées… C'était infernal !

— Maman, vous faites quoi là-bas ?

Elle se retourna vivement. Alice les observait depuis le seuil, abasourdie.

— Rien, ma puce. On a eu un problème avec le tuyau.

Alice reporta son attention sur Eli et éclata de rire.

— Oh ! là là ! T'es tout trempé !

— Ce n'est pas grave, répondit-il en souriant.

— Je vais mettre tes vêtements dans le sèche-linge, dit Charlie.

— Mais non, ne t'embête pas.

— Ce qui m'embêterait, c'est que tu repartes mouillé pour la deuxième fois en huit jours. Allez, entre.

Il la suivit sans plus discuter et gagna la salle de bains.

— Prends des serviettes, fais comme chez toi. Tu me donneras tes vêtements quand tu seras sec.

Lorsqu'il ressortit quelques instants plus tard, torse nu, il portait un drap de bain rose noué autour de la taille.

Regarde-le. Qu'est-ce qui t'a pris ?

Malgré elle, elle inspecta chaque centimètre carré de son torse, descendit jusqu'à son ventre plat. Elle força un sourire sur ses lèvres lorsqu'il lui tendit sa pile de linge.

— Je n'ai pas précisé, mais tu aurais pu utiliser mon peignoir.

Il secoua la tête.

— Je l'ai essayé. Il est beaucoup trop petit pour moi.

Évidemment. Elle aurait dû s'en douter.

— Je reviens tout de suite, dit-elle, puis elle tourna les talons.

Elle passa dans la buanderie, où elle régla le sèche-linge sur le programme rapide de trente minutes en espérant que cela suffirait. Pouvait-elle rester cachée là pendant une demi-heure ? Plier du linge, peut-être ?

Non. Elle entendait Alice parler avec Eli. Si elle ne les rejoignait pas, ils allaient se poser des questions.

— Ce dragon est génial. Merci beaucoup, Alice, disait-il.

— Voyons voir..., intervint Charlie en entrant dans la cuisine. Mais oui, trésor ! Ces flammes sont impressionnantes. Tu as beaucoup de talent. Tu n'arrêtes pas de faire des progrès.

Radieuse, sa fille se tourna vers Eli.

— Tu vas l'accrocher sur ton réfrigérateur ?

— Non, je vais faire mieux. Je vais l'encadrer et le mettre dans mon salon. Quand tu seras devenue une artiste célèbre, je pourrai dire à tout le monde : « Regardez, j'ai une de ses œuvres d'enfance. »

Alice sautilla sur place, puis elle courut vers la porte.

— Je vais t'en faire un autre. J'ai plein d'idées.

Elle disparut comme une tornade et Charlie se retrouva seule avec Eli.

— Ta fille est géniale, dit-il. Tu as beaucoup de chance d'avoir fondé une famille.

— Tu en as une aussi.

— C'est vrai, et je les adore. Ils sont formidables.

Elle ne doutait pas de sa sincérité, mais elle lui trouva l'air un peu triste. Où était le problème ?

— Aurais-tu préféré qu'ils t'adoptent plus jeune ?

— Ç'aurait été encore mieux, mais je ne vais pas me plaindre.

Comme elle aurait voulu en savoir davantage ! Néanmoins, elle préféra couper court à cette proximité dangereuse et recula vers le plan de travail.

— Aimerais-tu un café chaud ? On n'a pas bu le premier.

— Volontiers, merci.

Ravie d'avoir trouvé une occupation, elle vida et rinça les mugs, puis remit de l'eau à chauffer. Tout, plutôt que rester plantée devant Eli. C'était beaucoup trop gênant.

— Pourquoi es-tu venue à Vasquez ?

La question la fit sursauter. Elle pivota vers lui et haussa les épaules.

— J'avais besoin de changer d'air. Je n'en pouvais plus des grandes villes.

— Ah bon ? Qu'est-ce qui t'embêtait au juste ?

Elle sentit ses joues s'enflammer au souvenir de Glen. Il l'avait filmée à son insu, sous la douche et dans leur chambre. Quand elle l'avait quitté, il avait partagé ses vidéos sur les réseaux sociaux. Elle s'était sentie humiliée, salie et honteuse.

Glen, en revanche, avait trouvé ce petit jeu très drôle. Il s'était moqué d'elle. Voilà pourquoi elle supportait mal qu'on la taquine ou qu'on plaisante sur son compte. Or, Eli était le roi de la blague…

Elle aurait pu lui en parler, mais il n'aurait sans doute pas compris. De plus, elle craignait qu'il n'explore Internet pour chercher les fameuses vidéos. Elles avaient été retirées sur ordre d'un juge, mais si certaines copies traînaient encore ?

Le pire pour Charlie avait été d'affronter le regard de ses collègues de Seattle. Elle se sentait bien à l'hôpital où elle travaillait. Elle envisageait d'y poursuivre sa carrière. Mais suite à ce scandale, elle était partie. Elle n'avait jamais cessé de bouger depuis, au cas où cette histoire la rattraperait.

— Je n'ai pas spécialement envie d'en parler.

— Pourquoi ? S'est-il passé quelque chose ?

— Tu poses beaucoup de questions.

— Auxquelles tu évites de répondre.

— Je ne tiens pas à te raconter ma vie.

— C'est dommage, répliqua-t-il avec un sourire malicieux. Je sais très bien écouter les gens. Et puis, ne dit-on pas qu'un problème partagé est à moitié résolu ?

— Eh bien, *on* a tort. Dans mon cas, le partager ne ferait qu'empirer les choses.

Parce qu'elle avait la sensation d'étouffer, elle passa dans le salon. Là, elle s'assit sur le canapé en évitant le regard d'Eli qui l'avait suivie.

— Je sais ce qu'il te faut, dit-il en s'installant sur une chaise près de la fenêtre.

— Ah bon ? Quoi ? riposta-t-elle sèchement.

Elle s'en voulut de paraître agressive, mais il commençait à toucher sa vieille blessure du doigt. Or, elle ne comptait pas la laisser se rouvrir.

— Tu as besoin de te détendre.

— C'est ton diagnostic ?

— Absolument. Tu es trop stressée. Il faudrait que tu explores les beautés de Vasquez et que tu en profites pour relâcher la pression.

— Tu as quelques suggestions à me faire, je suppose ?

— J'ai surtout une idée. Le week-end prochain, on pourrait

aller à Lawton Lake avec Alice. Je prendrais les paddles, on pique-niquerait… Je suis sûr qu'à la fin de la journée ta tension aura descendu de quelques crans.

L'idée semblait séduisante, mais pouvait-elle accepter ? Cette escapade ne serait-elle pas trop dangereuse ? Elle risquait de baisser la garde, de laisser tomber ses barrières…

Elle se traita d'idiote. Rien ne pourrait se produire en présence d'Alice. Elle se posait trop de questions inutiles.

— D'accord. C'est très gentil, merci de l'avoir proposé. J'ai toujours rêvé de faire du paddle.

Le visage d'Eli s'éclaira d'un sourire irrésistible.

— Super. Tu verras, on va bien s'amuser.

7

Jusqu'à présent, Eli s'était toujours senti à l'aise avec son corps.

Lors de son traitement contre le cancer, il avait appris à bien se connaître. Puis, une fois guéri, il s'était lancé dans la pratique intensive du sport pour reprendre des forces et modeler sa silhouette. Il connaissait par cœur les exercices permettant d'entretenir le système cardiovasculaire. Il appréciait le yoga, le stretching, la musculation. Il voyait son physique comme une machine bien réglée et il en était fier.

Sauf que la machine avait eu des ratés ce matin-là, dans la cuisine de Charlie.

Quand il s'était retrouvé seul avec elle, vêtu de ce simple drap de bain, son corps lui avait joué des tours. Il avait eu une érection. Il avait dû se concentrer sur sa respiration profonde pour se sortir de ce mauvais pas.

Soulagé, il l'avait vue partir vers le salon. Il l'avait suivie, mais il s'était assis loin d'elle, avec l'espoir que le cycle du sèche-linge se termine rapidement. Elle avait dû se demander pourquoi il restait si loin. Elle semblait totalement inconsciente de l'effet qu'elle lui faisait !

Lui, en tout cas, ne s'étonnait pas de ses propres réactions. Il avait toujours admiré Charlie, même quand ils étaient plus jeunes. À l'époque, il avait combattu cette attirance par son humour potache, mais il savait déjà à quoi s'en tenir.

Cependant, beaucoup d'eau avait coulé sous les ponts. Charlie avait changé. Elle était devenue encore plus belle, et surtout, plus inaccessible. Pourquoi restait-elle sur la défensive ? Pourquoi n'arrivait-elle pas à lâcher prise ? Elle ne s'était libérée qu'une fois, au moment où elle l'avait arrosé.

Comme il avait aimé l'entendre rire aux éclats ! Ce son clair, joyeux et cristallin lui avait semblé très différent des sourires polis dont elle le gratifiait au dispensaire. Il rêvait de l'entendre encore. Il voulait voir le beau visage de Charlie s'illuminer. Il rêvait qu'elle s'écroule, hilare, dans ses bras. Sauf qu'elle ne semblait guère apprécier ses plaisanteries.

Déjà, à l'orphelinat, elle demeurait insensible à son humour. Quand les autres s'esclaffaient, elle lui jetait des regards noirs. Il s'était dit que faire le pitre n'était pas le meilleur moyen de la conquérir, et il avait commencé à changer d'attitude. Puis les Clark étaient arrivés. On lui avait annoncé qu'il allait partir. Il avait fait une dernière mauvaise blague à Charlie en guise de cadeau d'adieu...

Aujourd'hui, heureusement, il la voyait avec un regard d'adulte. Et même si son naturel taquin revenait parfois au galop, il devait faire attention. Charlie avait souffert. Elle ne cachait pas ses faiblesses sous un masque de clown comme lui, mais au fond, ils se ressemblaient. Ils avaient chacun traversé des épreuves et n'accordaient leur confiance à personne. À une énorme différence près : il avait des parents, elle non.

Un tintement en provenance de la buanderie l'arracha à ses pensées.

— Je vais voir si tes vêtements sont secs.

Charlie s'était levée tel un ressort et il eut un petit sourire. Elle était aussi gênée que lui, cela ne faisait aucun doute.

Une minute plus tard, elle reparut, sa pile de linge dans les bras.

— Tiens, c'est bon.

— Merci beaucoup.

Il gagna la salle de bains, s'habilla rapidement et étendit sa serviette sur le séchoir. Quand il ressortit, l'air soulagé de Charlie l'amusa.

— Merci pour le robinet, dit-elle. C'est gentil d'être venu tout de suite. Tu dois avoir plein de choses à faire le samedi.

— Ne t'inquiète pas, c'est normal. Bon... On se voit lundi ?

— Bien sûr.

Il alla récupérer sa trousse à outils dans la cuisine, puis se dirigea vers la porte.

— Dis au revoir à Alice pour moi, d'accord ?

— Ça marche, je lui dirai.

Elle ouvrit la porte, visiblement enchantée de le voir partir. Mais au moment de franchir le seuil, ce fut plus fort que lui. Il avait senti le désir bouillonner entre eux. Il l'avait invitée à sortir le week-end suivant. Ils ne pouvaient pas se quitter comme cela.

Il se rapprocha d'elle, puis il inclina la tête et l'embrassa sur la joue en espérant la faire réagir. Ce fut bien le cas : elle rougit comme un coquelicot et baissa le nez vers ses chaussures.

Le commentaire malicieux qu'il avait imaginé ne vint pas. Il se retrouva figé sur place, incapable d'articuler un mot. Il ne put qu'esquisser un signe de tête, avant de mobiliser l'énergie nécessaire pour sortir.

Il monta dans son 4x4 puis démarra sans tarder, l'esprit en ébullition, le corps en feu. Et il se promit de donner à Charlie un baiser beaucoup moins chaste dès que l'occasion se présenterait.

8

— Si vous saviez comme je suis contente d'avoir une doctoresse en face de moi !

Ce matin-là, Charlie consultait seule pour la première fois depuis son arrivée. Après une semaine d'observation, elle s'était familiarisée avec le dispensaire. Elle avait maintenant une idée précise de ce qu'Eli appelait « la médecine générale, version Vasquez ».

Teresa Muller, sa patiente, la regarda d'un air entendu.

— J'adore Eli, mais parfois, c'est mieux de discuter entre femmes, vous comprenez ?

— Bien sûr. Qu'est-ce qui vous amène aujourd'hui ?

— J'aurais besoin d'un traitement pour la ménopause. Du moins, je pense.

— Ah, d'accord. Je lis sur votre fiche que vous avez cinquante et un ans, donc en effet c'est possible. Décrivez-moi vos symptômes.

— J'en ai tellement que je ne sais pas par où commencer. Le pire, ce sont les bouffées de chaleur. On dirait qu'un radiateur s'allume dans ma poitrine. Ça remonte le long du cou, je deviens écarlate et je transpire comme au sauna.

Mme Muller se pencha en avant, puis ajouta :

— Je n'suis pas une gravure de mode, entendons-nous bien, mais quand cette cochonnerie me prend, j'ai l'air affreuse. En plus, ça n'fait pas de bien à mon couple. C'est devenu tout bizarre là-bas en dessous, si vous voyez ce que je veux dire.

Charlie opina en souriant.

— Vous avez des problèmes de sécheresse ?

— Ne m'en parlez pas ! C'est pire que le Sahara. Et ça fait mal quand, enfin… vous savez. Mon Greg est très patient et super compréhensif, mais j'ai dû lui dire tellement de fois d'arrêter que maintenant il n'ose plus m'approcher.

— Avez-vous essayé les lubrifiants ?

— Oui, j'en ai commandé sur Internet. Ça n'fonctionne pas trop mal, mais pour le romantisme, on repassera. Les hormones de substitution pourraient m'aider, non ?

— Sans doute, approuva Charlie. Ne vous inquiétez pas, on va arranger tout cela. Avez-vous remarqué d'autres choses ?

— Oh ! que oui ! Je suis fatiguée. J'ai mal partout. J'ai des migraines, moi qui n'en avais presque jamais eu. Et le pire, c'est que je ronchonne sans arrêt. D'après Greg, je deviens un ours alors que j'étais toute gentille cinq minutes avant.

— Vous avez donc des sautes d'humeur ?

— Oui, malheureusement. Je ne me reconnais plus, Charlie. Je voudrais qu'on me rende l'autre Teresa, celle qui vivait sans se soucier de rien. Cela fait peur de devenir une autre personne, je vous le garantis.

— J'en suis convaincue, répondit-elle gentiment.

Elle-même aurait voulu retrouver l'insouciance de sa vie avant Glen. Elle n'aimait pas la femme qu'elle était devenue. Elle avait toujours été nerveuse, mais là, sa méfiance tournait à l'obsession…

Balayant ces pensées, elle demanda à Teresa de s'asseoir sur la table d'examen. Elle l'ausculta, contrôla sa tension, puis la fit descendre et la pesa. D'après le dossier, il n'existait aucun antécédent familial d'infarctus, d'embolie ou de cancer. Rien ne contre-indiquait la prescription d'hormones.

Elle rédigea l'ordonnance, puis insista sur la surveillance nécessaire.

— Vous devrez consulter régulièrement pour vérifier vos seins, expliqua-t-elle. Et surtout, ne dépassez pas le délai préconisé entre deux mammographies. Nous vérifierons également la tension et le rythme cardiaque. Quoi qu'il en soit, je vous ai prescrit la dose minimale. Vous me direz dans un mois si vous sentez une amélioration. Dans le cas contraire, on augmentera la posologie. Ou bien on arrêtera le traitement s'il y a trop d'effets indésirables.

— Merci beaucoup, Charlie. Vous êtes super... Au fait, vous plaisez-vous à Vasquez ? C'est une jolie ville, non ?

— Oui, magnifique.

— Allez-vous rester longtemps ?

— Trois ou quatre mois, maximum. Je remplace Nance pendant son congé de maternité.

— Quel dommage, vous êtes tellement gentille ! J'espère qu'on trouvera un moyen de vous garder. Qui sait ? Il peut se passer beaucoup de choses en trois mois, conclut Teresa en souriant.

— Oui, c'est vrai, admit-elle.

Elle raccompagna sa patiente jusqu'à la porte, l'esprit tout à cette réflexion. Pourrait-elle se cacher éternellement à Vasquez ? Quel effet cela ferait-il de s'y installer pour de bon ? De toute manière, la question ne se posait pas. Nance allait revenir et il n'y avait pas la patientèle suffisante pour trois médecins généralistes.

Une seule conclusion s'imposait : elle devrait bientôt chercher du travail. Elle avait toujours trouvé assez vite, mais Alice était maintenant scolarisée. Elle ne pourrait donc pas accepter n'importe quoi, n'importe où.

N'ayant plus personne à accueillir, elle rédigea ses notes et nettoya sa table d'examen. Puis elle décida d'aller prendre un café pour ne pas tourner en boucle sur ces perspectives d'avenir peu réjouissantes.

Sur le chemin de la cuisine, elle marqua une pause devant

le cabinet d'Eli. Il riait aux éclats, sans doute avec un patient, et soudain, elle sentit des papillons danser au creux de son estomac.

Elle avait réagi de la même manière deux jours plus tôt, quand il l'avait embrassée sur la joue. Elle n'avait plus su où se mettre, plus su où regarder. Heureusement, il était parti, mais elle était restée là, à regarder le vent jouer dans sa longue chevelure tandis qu'il marchait d'un bon pas vers son 4x4.

Le laisser à moitié déshabillé devant moi, pendant une demi-heure. J'étais vraiment tombée sur la tête.

Perdue dans sa rêverie, elle sursauta quand la porte s'ouvrit d'un coup. Elle s'était appuyée contre le montant sans y faire attention. Du coup, elle avait failli basculer vers l'avant !

— Oh ! pardon ! Je...

Eli et son patient – un vieux monsieur qui s'appuyait sur une canne – la dévisagèrent. Puis ils échangèrent un regard entendu, et elle devina à quoi ils pensaient. Ils croyaient qu'elle écoutait aux portes.

— J'allais justement frapper, reprit-elle d'un ton ferme.

— As-tu besoin de quelque chose ? demanda Eli.

Le patient souleva sa casquette, sourit de nouveau et recula d'un pas.

— Bonne journée, miss. Merci pour tout, Eli.

— Mais de rien. Ménagez ce genou, Sam.

Après le départ du vieil homme, Charlie resta plantée là, l'esprit confus. Son cerveau s'était-il mis au ralenti ? Elle n'arrivait plus à parler. Et Eli qui la fixait toujours...

— J'ai réfléchi, pour le week-end prochain. Je ne pense pas pouvoir aller au lac.

— Oh ! C'est dommage.

— Oui, je... dois garder du temps pour Alice. Elle va à l'école toute la journée. Le soir, elle se couche tôt. J'aimerais me consacrer à elle le week-end.

Le sourire d'Eli lui indiqua qu'il n'était pas dupe. Il *savait* qu'elle utilisait sa fille comme un mauvais prétexte.

— Tu commences à prendre peur, répondit-il. Mais pour te rassurer, je ne voyais pas cela comme un rendez-vous galant. Je voulais aller faire du paddle, et avec Alice justement. Je n'ai pas d'intentions cachées.

— Tant mieux. Tu perdrais ton temps.

Là, c'était son tour d'être déçue. Avait-elle rêvé ? Elle avait pourtant cru qu'elle lui plaisait. Elle avait une imagination fertile, mais tout de même !

Eli fit un pas en avant.

— Si j'avais voulu te séduire, j'aurais tenté ma chance samedi, quand j'étais à moitié déshabillé dans ta cuisine.

Elle recula, les joues en feu. Pourquoi évoquait-il cette scène ? Voulait-il la provoquer, la mettre dans l'embarras ? Il avait employé le mot « séduire » à dessein, cela ne faisait aucun doute.

— C'est bon à savoir, articula-t-elle d'une voix rauque.

Cette proximité ne lui valait rien. Son rythme cardiaque s'était emballé, elle avait chaud partout.

Alors qu'elle luttait pour reprendre le contrôle, Eli recula, l'air satisfait. Il avait atteint son but. Il s'était amusé à ses dépens, comme d'habitude. Elle n'était pas un jouet !

Elle tenta de maîtriser sa colère et le toisa froidement.

— Si cela ne t'ennuie pas, j'emmènerai Alice faire du paddle moi-même.

— D'accord. Pas de souci. Je comprends.

Eli avait voulu en avoir le cœur net.

Il sentait depuis le début que sa relation avec Charlie était spéciale. Elle venait de lui en donner la confirmation.

Ce lien intime n'était pas uniquement lié au passé. Il était beaucoup plus fort, plus charnel qu'un simple souvenir. Ces curieuses vibrations se manifestaient chaque fois qu'ils se trouvaient dans la même pièce. Il en avait déjà eu conscience autrefois, mais à l'époque, ils étaient jeunes.

Après son adoption, il avait voulu oublier ce « béguin d'enfance », sachant qu'il ne reverrait plus Charlie. Pourtant, il n'avait jamais pu tourner la page. Elle avait été la première fille à capturer son cœur. Même s'ils s'étaient perdus de vue, elle y avait toujours gardé sa place. Et aujourd'hui, elle était là, près de lui.

En toute logique, il aurait dû s'en tenir là. Il l'avait entendue dire qu'elle souhaitait avoir « une grande famille », chose qu'il ne pourrait jamais lui donner. Pourtant, il continuait d'espérer. Il rêvait d'aller plus loin avec elle. Pouvait-il lui proposer une relation brève, légère et sans attache ? Il doutait qu'elle accepte, mais savait-on jamais ? De toute façon, elle allait partir.

Son but n'était pas de profiter de la situation, au contraire. Il la respectait énormément. Et pour cette raison, il voulait lui proposer de vivre quelques mois, quelques semaines de bonheur. Il la trouvait si fermée par moments qu'il se sentait prêt à tout pour la rendre heureuse. Si seulement elle pouvait quitter Vasquez avec le cœur plus léger !

Sa gorge se noua. Oui, elle allait partir. Supporterait-il de la perdre une deuxième fois ? Il le faudrait bien. Comme vingt ans auparavant, il refermerait ce chapitre et la boîte à émotions qui l'accompagnait...

— Merci quand même, dit-elle. C'était gentil de le proposer.

Il n'hésita qu'une seconde.

— J'ai une autre proposition à te faire.

Elle le considéra d'un air méfiant.

— Ah bon ? Laquelle ?

— Entre, viens t'asseoir. On va fermer la porte, ajouta-t-il en souriant.

Si elle refusait, il aurait l'air idiot, mais il était prêt à courir le risque. Il n'avait rien à perdre.

9

Avec un peu d'appréhension, Charlie s'installa face à Eli qui était allé s'asseoir derrière son bureau.

— On devrait se marier, déclara-t-il.

Elle le dévisagea, ébahie. Une violente décharge d'adrénaline venait de la secouer. Était-il devenu fou ?

— Quoi ?

— On devrait se marier, répéta-t-il, son éternel sourire aux lèvres.

Elle secoua la tête.

— Ah oui ! c'est encore une de tes blagues ! Je te reconnais bien là. Tu es toujours partant pour une bonne tranche de rigolade. Ce sera sans moi, merci.

Elle bondit sur ses pieds, prête à sortir, mais il leva les deux mains.

— D'accord, je suis désolé. Je n'ai pas pu m'en empêcher. Tu as l'air tellement tendue…

— On se demande bien pourquoi.

— Je te présente mes excuses. Tu me pardonnes, Charlie ?

Il avait l'air si honteux qu'elle sentit sa colère s'évaporer. Ils travaillaient ensemble. Lui faire la guerre ne donnerait rien de très constructif.

— Oui, mais à une condition. J'aimerais que tu sois sérieux.

— La vie est trop courte pour se prendre au sérieux. Il faut bien s'amuser de temps en temps.

— Si tu le dis... Bref. Tu voulais me parler de quelque chose, je crois. Fais vite, les patients risquent d'arriver.

Il pianota sur son clavier, puis tourna l'écran de l'ordinateur vers elle. Depuis sa salle, il avait accès aux caméras de la zone d'attente. Et bien sûr, la pièce était vide. Elle ne pouvait pas prendre les malades comme prétexte pour s'échapper.

— Je voudrais qu'on parle de nous, Charlie.

De nous ? Quel « nous », au juste ?

Voulait-il évoquer des souvenirs d'enfance ? Ou alors, aborder leur situation professionnelle actuelle ? La faible charge de travail certains jours ne justifiait pas la présence de deux personnes. Mais elle n'était pas prête à partir...

Depuis leur arrivée, Alice était heureuse comme un poisson dans l'eau. Elle s'était bien adaptée à l'école. Elle aimait beaucoup Mme Clark. Comment réagirait-elle à un nouveau déménagement ?

Et d'ailleurs, il n'y avait pas qu'Alice dans la balance. Charlie se sentait plus heureuse à Vasquez qu'elle ne l'avait été depuis longtemps. Bien sûr, elle devait composer avec Eli, mais le reste ne lui apportait que des satisfactions. Les patients étaient gentils. Tout le monde l'avait accueillie à bras ouverts. Où retrouverait-elle cette chaleur humaine, cette impression d'appartenir à une communauté ? Elle se demandait parfois quel effet cela ferait de rester ici pour toujours.

— Où veux-tu en venir ? demanda-t-elle, le cœur battant.

— Je t'aime bien, Charlie, et je crois que c'est réciproque, déclara-t-il.

— J'ai connu pire, comme collègue, en effet.

— Je ne parlais pas du travail. Je pense qu'on est tous les deux attirés l'un par l'autre.

Elle jugea inutile de nier : il avait tout compris. Néanmoins, elle préférait les approches classiques, comme aller prendre un verre ou dîner au restaurant. Ensuite, si l'alchimie fonctionnait, elle acceptait d'autres rendez-vous, jusqu'à ce que le « plus si affinités » se produise... ou pas. Elle avait d'ailleurs connu peu d'hommes, et surtout, elle n'avait fréquenté personne après Glen. Elle était vaccinée !

— Tu t'y prends comme un éléphant dans un magasin de porcelaine, répliqua-t-elle, embarrassée.

— Je préfère être franc plutôt que tourner autour du pot. Que veux-tu, je suis du genre direct.

— D'accord, mais dis-moi une chose. Es-tu sincère, ou alors cherches-tu simplement une distraction ? Tu ne peux sortir avec personne ici. Toutes les femmes sont les patientes du dispensaire.

Il se leva, contourna le bureau puis se posta près d'elle. Il la dominait de toute sa hauteur et l'éclat de son regard gris déclencha en elle un long frisson.

— Je suis sincère. Je pense que tu le sais. Nous sommes deux adultes responsables, Charlie. On pourrait peut-être passer à l'étape suivante sans se poser trop de questions ?

Elle se mit debout pour mieux lui faire face. Elle aurait voulu se sentir plus forte, plus solide.

— Tu as dit que tu n'essaierais pas de me séduire, bafouilla-t-elle.

— Je n'ai pas menti. Je pensais à une histoire ponctuelle, sans attache. Puisqu'on s'apprécie, pourquoi pas ? Quand tu partiras, nous n'aurons ni remords ni regret. On restera amis. On sera contents d'avoir passé de bons moments ensemble.

— Tu voudrais qu'on ait une brève liaison, rien d'autre ?

Il s'avança d'un pas en regardant sa bouche avec insistance.

— Rien d'autre, confirma-t-il. Alors, Charlie Griffin ? Qu'en penses-tu ?

Eli s'attendait à recevoir une gifle.

Il ne devrait pas s'étonner si Charlie l'accusait de harcèlement sexuel. Dans ce cas, il s'excuserait platement. Il réorganiserait le planning pour qu'elle n'ait plus à le croiser. Il deviendrait le plus transparent possible jusqu'à son départ.

Il patientait, le cœur battant, alors qu'elle le dévisageait : elle semblait en proie à une lutte intérieure qu'il n'avait aucun mal à imaginer. La médecin sérieuse et raisonnable allait-elle l'emporter ? Ou alors Charlie laisserait-elle parler son cœur et son instinct ?

— Cette liaison resterait entre nous ? murmura-t-elle, les joues en feu.

— Bien sûr.

— Tu n'aurais pas peur que les gens l'apprennent ?

— Je m'en moque. Je n'ai rien à cacher. Cela t'ennuierait, toi ?

Elle se mordit la lèvre.

— Pour Alice, oui. Elle ne devra rien savoir.

— Je suis entièrement d'accord avec toi sur ce point.

— Donc, tu ne plaisantes pas ?

— Non. Je vais te le prouver.

— Comment ?

— Laisse-moi t'embrasser juste une fois. Comme cela, tu jugeras mieux de ma sincérité. Si tu as encore des doutes, il te suffira de le dire et la question sera réglée définitivement.

Elle baissa les yeux, l'air gêné.

— Tu veux qu'on s'embrasse.

— Oui.

Fou de désir, il se rapprocha encore. Il mourait d'envie de la toucher, de lui caresser la joue, de glisser les mains dans ses cheveux…

— Charlie ?

— Hmm ?

— Dis oui, s'il te plaît. Rien qu'une fois. Tu ne le regretteras pas, chuchota-t-il d'une voix rauque.

Quand leurs regards se soudèrent, il lut de l'hésitation mais aussi du désir dans celui de Charlie. Ils brûlaient du même feu. Ils partageaient la même envie d'explorer des possibilités nouvelles. Il en était sûr à présent.

Soudain, elle posa la main sur son torse. Ce simple contact lui donna l'impression d'exploser et son cœur s'emballa. Pouvait-elle le sentir battre à travers le tissu de sa chemise ?

À cet instant précis, il ne respirait plus que pour elle. Il devait faire appel à tout son sang-froid pour ne pas l'étreindre avec fougue et la pousser vers le mur !

S'il avait suivi son instinct, il aurait déboutonné son chemisier pour éprouver le contact de sa peau. Il l'aurait butinée jusqu'à plus soif, rien que pour l'entendre gémir de plaisir.

Mais il avait parlé d'un simple baiser. Il respecterait sa parole.

— D'accord, murmura-t-elle avec un sourire hésitant.

Il la dévisagea avec tendresse, puis se pencha. Elle continua de sourire.

— Montre-moi ce que tu sais faire, docteur Clark.

— Avec plaisir, répliqua-t-il d'un ton taquin. Je ne suis pas du genre à ignorer un défi.

Et sans plus attendre, il captura ses lèvres.

10

Charlie s'était convaincue qu'elle éprouvait une attirance purement physique pour Eli.

Elle aimait son charisme, ses allures de pirate des temps modernes. Il la faisait fondre avec son sourire et ses regards malicieux. Mais après l'avoir embrassé, sans doute comprendrait-elle qu'il n'y avait rien d'autre ? Le charme serait rompu. Elle serait enfin libérée.

Trois secondes dans ses bras lui prouvèrent qu'elle avait eu tout faux. Jamais elle n'aurait imaginé qu'un simple effleurement la propulserait dans un autre monde et que la vie suspendrait son cours. Ce baiser d'une infinie tendresse lui ouvrait les portes du paradis !

Pressée d'y avoir accès, elle entrouvrit les lèvres et bascula dans un univers sensuel où elle ne s'appartenait plus. Elle explora de sa langue la bouche d'Eli, consciente d'avoir ouvert un chemin intime et merveilleux.

Ivre de bonheur, elle aplatit les paumes sur son torse. Plus rien ne comptait, hormis cette bulle où ils s'étaient isolés ensemble. Tout chez Eli la grisait : le contact de sa barbe naissante contre sa joue, son parfum boisé, la douceur de ses mains. Comment pourrait-elle se rassasier de lui ?

Alors qu'elle glissait les mains sous sa chemise, il la prit aux épaules. Puis il l'écarta légèrement et recula. Pourquoi s'était-il arrêté ? Lui jouait-il encore un tour ?

Elle lut dans son regard que ce n'était pas le cas. Le désir illuminait ses prunelles grises, il avait le souffle court. Elle ne pouvait plus mettre sa sincérité en cause. Libre à elle d'accepter ou non la relation brève qu'il lui proposait.

Si elle se laissait tenter, elle quitterait Vasquez avec l'impression d'avoir mis un joli point final à leur histoire. Elle pourrait le faire sans difficulté puisqu'elle n'avait pas l'intention de tomber amoureuse de lui. L'avait-elle seulement déjà été ? Elle avait cru aimer Glen, mais elle avait commis une grave erreur. Elle avait juste aimé l'idée d'être en couple et en avait payé le prix. Cette fois, au moins, elle ne risquait pas grand-chose...

— C'était un baiser merveilleux, dit-elle.

— Je suis tout à fait d'accord, approuva doucement Eli.

— Mais il faut faire attention. On est sur notre lieu de travail.

— C'est bien pour cela que j'aimerais te voir à l'extérieur. Viens faire du paddle avec moi comme prévu. S'il te plaît.

— Mais... et Alice ?

— Avec Alice, bien sûr. Ma proposition n'a pas changé. Je sais me tenir. Je voudrais juste passer du temps avec toi, même si je ne peux pas te toucher.

— Est-ce aussi simple ?

— De me contenir ? Oh ! que non !

Il l'attira à lui, l'étreignit passionnément et l'embrassa de nouveau. Elle s'abandonna avec délice, émerveillée de se sentir flotter dans un éden inconnu auquel il venait de lui donner accès. Elle n'avait plus d'angoisses, plus de soucis. Seul comptait le feu rampant qui la dévorait de l'intérieur.

Quelques coups brefs frappés à la porte les firent sursauter. Ils s'écartèrent d'un bond au moment où Dot surgit sur le seuil.

— Eli ? L'imprimante fait encore des siennes. Peux-tu venir lui parler gentiment comme d'habitude, s'il te plaît ?

La réceptionniste avait-elle vu quelque chose ? Si tel était le cas, elle n'en montrait rien.

— Bien sûr. Allons-y, répondit-il d'un ton enjoué.

— Ah ! la technique ! commenta maladroitement Charlie.

— Je ne m'inquiète pas. Eli est un vrai magicien. Il fait des merveilles avec les objets, comme avec les êtres humains.

Et sur un clin d'œil malicieux, Dot tourna les talons.

Le reste de la semaine passa à la vitesse de l'éclair pour Charlie.

Au bout du compte, les journées se révélèrent plus chargées que prévu. Brûlure, pneumonie, morsure d'araignée et même accident de tronçonneuse pour un coupeur de bois : rien ne lui fut épargné. Mais cette diversité, du cas le plus simple à la pathologie atypique, lui plaisait beaucoup.

Depuis le baiser qu'ils avaient échangé, elle trouvait presque bizarre de travailler avec Eli. Au détour des couloirs, ils s'adressaient des sourires de connivence. Leurs mains se frôlaient, leurs regards se soudaient. Il l'avait même entraînée deux fois dans la buanderie pour l'embrasser passionnément à l'abri des yeux indiscrets.

Leur situation l'effrayait toujours, mais elle se sentait pousser des ailes. Depuis quand n'avait-elle pas éprouvé cette étrange exaltation ? Elle ne se rappelait pas s'être autant amusée depuis des lustres. Jamais, en vérité…

Eli était parfait. Il était beau, drôle, intelligent. Ses baisers la propulsaient au paradis et, à présent, elle avait hâte de franchir un nouveau cap dans leur relation.

Ce samedi matin, Charlie se leva de bonne heure après une nuit agitée. Elle avait rêvé d'Eli. Elle avait anticipé leur sortie à Lawton Lake avec une joie mêlée d'une certaine nervosité. Mais une chose était sûre : elle avait hâte de le voir en dehors du travail.

Néanmoins, ses espoirs furent douchés en quelques secondes

lorsqu'elle entra dans la chambre d'Alice. Sa fille, qui venait de se réveiller, était blême.

— Maman... je n'me sens pas bien.

Elle balaya instantanément Eli de ses pensées.

— Que se passe-t-il, chérie ?

— J'ai mal au ventre.

— As-tu envie de vomir ?

— Ou... i.

Ce n'était probablement qu'un syndrome viral bénin contracté à l'école. Cependant, Alice avait besoin de repos, il n'était pas question qu'elle passe la journée dehors.

— Ne t'inquiète pas, ma puce. On va rester tranquilles à la maison.

— Je voulais aller faire du paddle avec Eli, protesta Alice en gémissant.

— Ça m'aurait fait plaisir aussi, mais le lac ne va pas s'envoler. On ira le week-end prochain. Je vais appeler Eli pour le prévenir. Rallonge-toi un peu. Je t'apporterai des biscuits secs et de l'eau dans un moment.

Malgré sa déception, Charlie se sentait presque soulagée. La dernière fois qu'elle s'était lancée dans une relation amoureuse, l'histoire avait tourné au désastre. Même si Eli ne ressemblait absolument pas à Glen, elle craignait de se tromper à nouveau.

Y avait-il quelque chose, chez elle, qui l'empêchait d'avoir du discernement ? S'engager dans une aventure avec son patron n'était peut-être pas l'idée du siècle. Et si le destin venait de lui envoyer un signe ? Était-il temps de rétropédaler ?

Elle regagna la cuisine, prit son portable et appela Eli. Il répondit immédiatement. C'était presque comme s'il avait attendu son appel.

— Salut, je... On ne va pas pouvoir venir, dit-elle.

— Oh non ! Tu as changé d'avis ? Tu as peur qu'on gaffe devant Alice ?

Il semblait déçu et elle sourit en imaginant son air dépité.

— Pas du tout, mais elle a une gastro. Je m'attendais à ce qu'elle attrape des virus à l'école, d'ailleurs je crois qu'il y a une épidémie. Cela tombe mal. Je suis vraiment désolée, mais elle n'est pas en état de sortir.

— Bien sûr, je comprends. As-tu besoin de quelque chose ?

— C'est gentil, j'ai ce qu'il faut pour la soigner. Je suis désolée pour aujourd'hui.

— Ne t'en fais pas. On ira au lac une autre fois.

— Absolument. Sauf si...

— Sauf si quoi ?

— C'est peut-être le signe qu'on devrait laisser tomber.

— Tu crois à ce genre de choses, toi ?

— Je n'en sais rien. Peut-être.

Elle repensa à leurs baisers, à la manière qu'avait Eli d'éveiller son désir et de lui ouvrir un monde de possibilités infinies. Elle n'avait pas envie d'y renoncer.

— Non, ajouta-t-elle d'un ton plus ferme.

— Tant mieux, parce que moi non plus. Et puisque nous sommes d'accord, si je vous tenais compagnie ? Ma présence remonterait peut-être le moral des troupes ?

— Je ne suis pas sûre que ce soit une bonne idée.

— Pourquoi donc ? Je te donnerai un coup de main si tu as des choses à faire. Et je promets de bien me tenir devant Alice.

Il avait l'air tellement sincère qu'elle n'hésita plus. Qui accepterait de passer la journée avec une fillette malade, quand rien ne l'y obligeait ? Cette proposition était tout à son honneur.

Et puis, s'il venait, elle pourrait le voir. Malgré toutes ses craintes, elle en mourait d'envie.

— D'accord, viens, répondit-elle doucement. C'est gentil d'y avoir pensé.

11

Eli fit halte au supermarché avant de rejoindre le cottage.

Là, il acheta des bâtonnets glacés, des jus de fruits, de quoi pique-niquer et, pensant à Alice, des crackers salés. Ils n'allaient peut-être pas faire du paddle, mais il voulait qu'ils passent la meilleure journée possible tous les trois.

Quand Charlie lui ouvrit sa porte, elle le considéra d'un air surpris.

— J'ai apporté du ravitaillement, dit-il d'un ton gai.

Elle s'esclaffa et l'invita à entrer dans le hall.

— Comptes-tu prendre pension ici ?

— Je resterai aussi longtemps que cela te fera plaisir.

Dès qu'elle eut fermé la porte, il se rapprocha d'elle.

— Où est Alice ?

— Dans sa chambre. Elle s'est rendormie.

— J'espère qu'elle ne se sent pas trop mal.

— Elle est nauséeuse, mais elle a bu un peu d'eau. C'est viral. On n'en parlera plus dans un jour ou deux.

Il fit un nouveau pas en avant, puis inclina la tête. Sachant qu'Alice ne les verrait pas, il pouvait embrasser Charlie. Du moins si elle le souhaitait…

Encouragé par son sourire, il captura ses lèvres. Elle laissa échapper un grognement sourd qui lui causa un long frisson.

Plus les jours passaient, moins il avait envie de la quitter le soir. Et il était presque sûr qu'ils étaient sur la même longueur d'onde.

Charlie avait-elle rêvé autant que lui de cette journée au lac ? Il s'était imaginé leur donnant une leçon de paddle, à elle et Alice. Les eaux calmes et limpides de Lawton Lake se prêtaient bien à ce genre d'initiation. Quant au cadre alentour, il était tout simplement idyllique.

Mais au fond, peu importait. Ils auraient d'autres occasions d'y aller, et de toute manière, il n'avait pas besoin d'un beau paysage pour être heureux. La présence de Charlie suffisait à son bonheur.

Lorsqu'ils se séparèrent, son sourire lumineux le toucha en plein cœur.

— Aimerais-tu boire quelque chose ? proposa-t-elle.

— Volontiers. Tu me donnes soif.

— Viens, on va ranger tout ça dans la cuisine.

Sur place, il déposa son sac sur le plan de travail. Il avait apporté du pain frais, de la charcuterie et du fromage à picorer sur une planche, des pommes, des poires, des chips. Et pour la partie non comestible, un gros ours en peluche.

— Waouh ! rien que ça ! s'exclama Charlie.

— Comme il fait beau, je me suis dit qu'on pourrait pique-niquer dans le jardin.

— C'est une super idée. Veux-tu un jus d'orange, un café ?

— Un café, s'il te plaît.

Il la regarda ranger les courses, puis s'activer autour de la machine à café. Depuis qu'ils sortaient ensemble, il ne se privait plus de l'observer. Elle était belle, élégante, gracieuse. Et puisque personne n'était au courant de leur « relation », le secret rendait l'histoire encore plus magique.

Incapable de résister, il lui prit la main et l'attira contre lui. Il vit l'amusement pétiller dans ses grands yeux bruns.

— Puis-je faire quelque chose pour toi ? susurra-t-elle.

— Hmm. Il me vient quelques idées.

— Par exemple ?

— Ne joue pas avec le feu, Charlie. Je suis un ours tout juste sorti d'hibernation. Maintenant que je suis réveillé, j'ai faim. J'ai envie de te manger toute crue.

Elle battit des cils, l'air provocant.

— Tiens donc. Explique-moi comment tu t'y prendrais.

Il poussa un grognement de frustration.

— J'aimerais qu'on soit seuls dans notre bulle sans risque d'être dérangés. Et pour répondre à ta question, je te déshabillerais lentement. Je pourrais ainsi admirer chaque centimètre carré de ton joli corps. Je caresserais ton cou, tes épaules...

Joignant le geste à la parole, il promena l'index sur sa gorge, puis il descendit sous son T-shirt.

— Je voudrais découvrir le moindre recoin de ta peau. T'admirer. T'embrasser. Te savourer.

La respiration de Charlie s'emballait. Alors qu'elle le dévisageait, les yeux écarquillés, il resserra son étreinte.

— J'aimerais prendre le temps de te découvrir, chuchota-t-il. Je veux trouver ce qui te plaît, ce qui t'excite. Je veux t'entendre gémir dans mes bras, m'encourager à continuer...

Il déposa un petit baiser sur sa clavicule, s'enivra quelques instants de son parfum fruité, puis il recula. Ils n'étaient pas seuls. Il avait promis d'être sage. Mais quel effort cela demandait ! Il devait mobiliser tout son sang-froid pour ne pas se jeter sur elle.

Charlie hocha la tête et il lut du respect dans son regard. Elle appréciait de toute évidence qu'il se soit maîtrisé.

— J'ai hâte qu'on la trouve, cette bulle, dit-elle d'une voix rauque.

— Moi aussi, Charlie. Mais en attendant, si on allait voir Alice ? Elle est peut-être réveillée.

— Oui, bien sûr.

Alice était, et devrait rester, la priorité dans leur histoire. Il ne s'intéressait pas à Charlie que pour le sexe, loin de là, et elle devait le comprendre. Il l'aimait bien. Il avait toujours éprouvé une certaine tendresse pour elle. Qu'elle soit maman ne changeait pas la donne, au contraire. Il ne demandait qu'à s'attacher à Alice, une fillette adorable.

Quand il frappa à la porte de sa chambre, une toute petite voix répondit :

— Entrez !

Il s'avança dans la pièce, brandissant le gros ours qu'il avait acheté.

— Coucou, ma puce. Comment te sens-tu ? Ta maman m'a expliqué que ce n'était pas la grande forme, aujourd'hui.

Alice se redressa contre ses oreillers, le regard brillant.

— Il est pour moi, dis ?

— Bien sûr ! J'ai pensé que M. Câlinou serait content d'avoir un copain.

Quand il lui donna la peluche, Alice la serra sur son cœur en fermant les paupières. Il se revit alors au même âge, à l'orphelinat. Il avait maintes fois rêvé qu'une bonne âme lui apporte des cadeaux, juste pour lui prouver qu'en ce bas monde quelqu'un tenait à lui. Être abandonné à la naissance dans une caserne de pompiers n'était pas un début de vie enviable...

Alice, heureusement, n'avait pas ce genre de souci. Elle était choyée par sa mère. Il n'était qu'à regarder sa chambre, dont les étagères débordaient de livres, jeux et doudous, pour s'en convaincre.

— Il s'appelle comment, dis ? demanda la fillette.

— Il n'a pas de nom. J'ai pensé que tu voudrais le trouver toi-même.

Elle tourna l'ours et le regarda comme s'il allait lui parler.

— Tu as besoin d'un prénom, déclara-t-elle d'un ton sérieux. Oh ! tu as des paillettes dans les yeux, c'est joli ! Paillettes...

Eli s'esclaffa.

— « Paillettes » lui ira très bien, je trouve.

Jetant un coup d'œil circulaire dans la pièce, il avisa un carnet posé sur la table de nuit.

— Tu as dessiné en te réveillant ?

— Oui.

— Je peux regarder ?

Alice opina timidement. Ravi, il s'empara du cahier et tourna les pages une à une, découvrant des croquis de chiens et de chats. Il y avait aussi une licorne scintillante qui semblait porter toutes les couleurs de l'arc-en-ciel. Et juste après, un dessin qui déclencha son hilarité.

— C'est moi ?

Alice s'était représentée avec sa mère sur un ponton. Elle avait aussi dessiné un hydravion et un grand homme barbu qui marchait dans l'eau pour récupérer une valise. Elle l'avait représenté immense et échevelé. Il ressemblait aux géants des livres enfantins !

— Tu l'aimes bien ? Je te le donne si tu veux, dit Alice.

Il détacha le feuillet avec soin pour le récupérer.

— Merci beaucoup. C'est très gentil. Mais tu sais, les grands artistes *vendent* leurs œuvres, alors je vais te l'acheter.

Il prit un billet dans son portefeuille et le déposa sur le chevet.

— Maman, Eli m'a donné cinq dollars pour mon dessin !

Restée sur le seuil, Charlie s'avança dans la chambre. L'air de rien, elle posa la main sur le front d'Alice.

— J'ai vu ça, chérie. C'est super. Tu vas pouvoir les ranger dans ta tirelire. Quand tu iras mieux, je t'emmènerai en ville pour acheter quelque chose qui te plaît.

— Je vais déjà mieux.

— C'est vrai, tu as l'air plus en forme. Puisque tu n'as pas de fièvre, si tu allais prendre l'air dans le jardin ?

La puce ne se le fit pas dire deux fois. Elle se leva, attrapa son peignoir et glissa ses petits pieds dans des chaussons en forme de lapin. Puis, chantonnant, elle sortit dans le couloir.

— Merci pour elle, dit Charlie quand ils se retrouvèrent seuls. C'est gentil, mais il ne fallait pas...

— J'aime valoriser les talents. Il faut commencer tôt.

— Mais voyons, elle a quatre ans et demi.

— Elle dessine comme si elle en avait douze. Qui sait où elle en sera d'ici quelques années ?

Lui-même ne le saurait jamais, sauf si Charlie et lui restaient en contact. Mais rien ne serait plus pareil. Il se sentait déjà triste à l'idée de la voir partir.

— J'espère qu'on s'appellera de temps en temps, reprit-il. J'aimerais bien avoir de ses nouvelles.

— Tu n'es pas obligé de t'intéresser à ma fille sous prétexte qu'on sort ensemble, tu sais.

— Ce n'est pas le cas, protesta-t-il. Je l'aime beaucoup. Je la trouve super.

Il réfléchit quelques instants, puis ajouta :

— Je ne t'ai jamais vue dessiner, toi. D'où tient-elle ce penchant artistique ? De son père ?

À peine avait-il posé sa question qu'il aurait voulu la retirer. Le visage d'Alice s'était fermé comme une trappe.

— Glen se considérait comme un artiste, répliqua-t-elle d'un ton pincé. Moi, je n'appréciais pas ses créations et encore moins sa manière de les offrir au public.

— Était-ce de l'art abstrait ? Des choses bizarres ?

— Il faisait des expérimentations vidéo.

— D'accord. Et le grand public avait accès à ses œuvres ?

— Malheureusement, oui.

Quand elle sortit de la chambre, direction la cuisine, il lui emboîta le pas. Il avait l'impression qu'elle tournait autour du pot, comme si elle cherchait la meilleure manière de lui raconter son histoire.

— Pourquoi avez-vous rompu ? demanda-t-il, perplexe.

Elle ne semblait pas du genre à divorcer. Gamine déjà, elle

rêvait de fonder une famille. Sauf erreur, elle était restée la même, alors que s'était-il passé ?

— Je n'ai pas trop envie d'en parler.

Il leva les deux mains.

— D'accord. Je comprends.

Posté derrière la fenêtre, il observa Alice qui essayait d'arroser les fleurs à l'aide d'un arrosoir miniature. Il avait détecté une certaine souffrance dans la voix de Charlie. Or, il savait d'expérience que garder ses problèmes enfouis n'arrangeait rien, au contraire.

Lorsqu'il était tombé malade, il n'avait pas voulu se confier aux Clark, craignant d'être rejeté ou mal jugé. Et quand enfin il avait osé leur parler, le cancer avait déjà fait des ravages. Il avait dû subir de la chimiothérapie couplée à une radiothérapie. Il était devenu stérile.

À présent guéri, il avait tiré les leçons de cette époque. Il prenait soin de son corps. Il s'occupait de lui-même puisqu'il n'aurait jamais d'enfant.

— Si un jour tu as besoin de vider ton sac, je suis là, dit-il simplement.

Il sentit son regard peser sur lui. Puis elle se rapprocha et entremêla les doigts aux siens. Une étreinte qui fut de courte durée puisqu'Alice revenait déjà.

— Maman, j'ai soif, dit la petite en entrant dans la cuisine.

— Viens boire un verre d'eau. Ah, mais attends. Eli a apporté des bâtonnets glacés. En veux-tu un ? Ils sont à l'orange ou à la cerise.

— Oh oui ! Un à l'orange, s'il te plaît.

Son enthousiasme rassura Eli, mais il la trouvait encore bien pâle. Charlie avait dû faire le même constat puisqu'elle lui suggéra d'aller regarder un dessin animé.

— Profite, dit-elle en souriant. Comme tu es malade, je fais une exception.

— D'accord, maman.

Une fois Alice installée au salon avec ses peluches, Charlie reparut dans la cuisine.

— Dans le genre sexy, j'ai la palme, dit-elle. Ça doit être une grande première pour toi.

Il s'esclaffa.

— Ne m'en parle pas.

En vérité, il n'avait jamais entretenu de brève liaison. Il avait connu quelques histoires, toutes sérieuses, mais la dernière s'était mal terminée. Pour cette raison, il n'avait fréquenté personne depuis le départ de Leonore. Cet échec lui avait fait trop mal. Il n'avait plus voulu prendre de risque.

— Si tu veux filer, n'hésite pas, reprit Charlie. Je culpabilise de te voir gâcher un jour de repos.

— N'importe quoi. Je suis content d'être là. Cela me change les idées.

— Ah ! d'accord. C'est sûrement l'attrait de la nouveauté.

— Arrête tes bêtises. On se connaît depuis toujours.

— Peut-être, mais j'ai changé. Tu ignores tout de mes joies, de mes peines. Tu n'as jamais rencontré mes amis. Tu ne sais pas ce que j'aime manger, ce que je déteste. Tu *crois* me connaître parce qu'on a grandi ensemble.

Il la dévisagea, peiné. Il n'accepterait pas qu'elle le rejette. Il voulait lui prouver à quel point elle comptait pour lui.

— Le père d'Alice t'a fait du mal, c'est évident, répondit-il d'un ton calme. Pour une raison qui m'échappe, tu sembles avoir honte de cette histoire. Tu as dû avoir des regrets après votre séparation. Peut-être pas pour lui, mais pour la famille idéale dans laquelle tu t'étais projetée. Tu voulais bâtir un foyer, avoir beaucoup d'enfants, un rêve qui ne s'est pas réalisé. Glen t'a blessée. Tu es en train de te reconstruire et tu hésites à refaire confiance à un homme.

Sans lui laisser le temps de réagir, il enchaîna :

— Alice est ta joie, ton rayon de soleil. De mon point de vue, c'est un peu vous deux contre le monde entier. J'aimerais croire que tu as beaucoup d'amis – et tant mieux si c'est le cas –, mais tu ne restes jamais assez longtemps quelque part pour t'attacher aux gens. Et ton plat préféré, c'est le fromage grillé. Du moins, tu adorais cela autrefois.

Charlie le dévisagea, bouche bée, visiblement sous le choc.

— Aujourd'hui, tu es une médecin géniale, reprit-il. Je sais tous les sacrifices que ces études exigent. Tu es intelligente, courageuse, déterminée. Tu as appris à te blinder parce que, dans notre métier, on n'a pas le choix. Mais en privé, c'est une autre histoire. Tu pleures parfois le soir à la maison. Tu aimerais avoir plus de relations personnelles, mais tu as peur de te lancer. Est-ce que je me trompe ?

Il prenait un risque en lui disant tout cela. Pourtant, il souhaitait lui montrer qu'il faisait attention à elle. Il voyait la vraie Charlie derrière le masque souriant et lisse qu'elle affichait à l'extérieur.

Un silence pesant s'instaura. Et quand enfin Charlie prit la parole, elle ne souriait pas.

— Je m'étonne qu'avec de telles capacités d'analyse tu ne sois pas devenu psy. Mais es-tu capable de les appliquer à ton propre cas ?

Il n'eut pas l'occasion de répondre car, à cet instant, un bruit étrange dans le salon les fit sursauter. Ils accoururent à temps pour voir Alice vomir sur le parquet !

Charlie se précipita vers sa fille tandis qu'Eli filait chercher de l'essuie-tout et du spray nettoyant dans la salle de bains. Lorsqu'il revint, Alice était en pleurs.

— Pardon, maman… C'n'est pas ma faute.

— Bien sûr que non, chérie. Ça va aller. Ne t'inquiète pas.

Pendant qu'Eli nettoyait le sol, Charlie porta Alice jusqu'à la salle de bains. Il entendit l'eau couler, et cinq minutes plus tard, la puce était à nouveau dans son lit, propre et fraîche, avec Paillettes dans les bras.

— Je mets la cuvette à côté de toi, dit Eli, qui les avait rejointes. Appelle-nous si tu es encore malade. Pauvre Alice…

Après que Charlie lui eut donné un anti-vomitif, la fillette but quelques gorgées d'eau, puis elle s'allongea.

— Repose-toi, trésor. On est juste là.

Ils regagnèrent la cuisine et firent réchauffer le café qu'ils n'avaient pas eu l'occasion de boire.

— J'espère que ça va aller, dit Eli, compatissant. Tu es une vraie mère poule, Charlie… Et pour répondre à ta question de tout à l'heure, je n'ai pas la prétention de jouer les psys. J'essaie juste de bien me connaître pour mieux aider les autres. C'est nécessaire, non ?

— Hmm. Oui.

— Pour être honnête, ma dernière relation s'est mal terminée il y a deux ans. J'ai beaucoup souffert, alors j'ai mis le holà sur l'engagement amoureux. Je suis très bien tout seul. J'arrive à mettre un peu de gaieté autour de moi, cela suffit à mon bonheur. La dernière fois que j'ai pleuré, j'avais vingt et un ans. Et sur le plan culinaire, mon plat préféré est le cheesecake. C'est dommage car, vu le régime que je m'impose, je ne peux pas en manger trop souvent.

Charlie hocha la tête en souriant. Elle n'aurait pas imaginer qu'il se montrerait si franc.

— D'accord. Pourquoi as-tu pleuré, à l'époque ?

Il n'avait pas envie d'évoquer sa maladie. Il avait laissé cette période sombre derrière lui. Il goûtait l'instant présent et regardait vers l'avenir.

— Je ne m'en souviens plus.

— Cela m'étonnerait. Si tu te rappelles que tu avais vingt et un ans, tu dois aussi te souvenir des raisons. Simplement, tu refuses d'en parler.

Il croisa les bras sur la table et la fixa.

— Je te le dirai si, toi, tu me racontes ce qui s'est passé avec le père d'Alice.

Elle parut réfléchir, puis elle baissa le nez sur son mug.

— Dans ce cas, on restera ignorants tous les deux.

Alice avait meilleure mine lorsqu'elle se réveilla, deux heures plus tard.

Pendant qu'elle dormait, Charlie et Eli avaient « pique-niqué » dans le jardin. Ils avaient beaucoup discuté. Ils s'étaient raconté leurs études de médecine. Ils avaient partagé des anecdotes sur cette période, mais à aucun moment la discussion n'était revenue sur le terrain intime. Ils avaient décidé par accord tacite que ce n'était pas le moment. Peut-être ne le serait-ce jamais ?

À la demande d'Alice, ils s'installèrent tous les trois au salon pour regarder un dessin animé. Puis, lorsque la puce fut allongée confortablement – la tête sur Charlie, les pieds sur les genoux d'Eli –, ils lancèrent le film et commencèrent à visionner en silence.

Au bout d'un moment, Charlie vit Eli allonger le bras sur le dossier du canapé, comme s'il cherchait quelque chose. Après avoir vérifié qu'Alice ne faisait pas attention, elle tendit la main à son tour, puis entremêla les doigts aux siens. Il avait le regard brillant et elle lui sourit. Par sa simple présence, il rendait cette journée magique.

Il n'avait jamais paru s'ennuyer. Il n'avait montré aucun signe d'impatience. Au contraire, il leur avait témoigné une gentillesse incroyable, à Alice et elle. Son humour avait permis de dédramatiser la situation, qui aurait été autrement plus stressante si elle avait dû rester seule avec sa fille.

Quel genre de père ferait-il ? Il semblait adorer les enfants et elle était sûre qu'il serait merveilleux. Elle avait trouvé formidable sa manière de valoriser les dessins d'Alice. Jamais, depuis longtemps, la puce ne s'était sentie aussi à l'aise avec un inconnu. Le fan-club d'Eli comptait à présent un nouveau membre !

Quant à elle… Elle éprouvait un immense bien-être, assise là, près de lui, sa main dans la sienne. L'avoir près d'elle au quotidien lui plairait vraiment beaucoup.

Quelle idée. Tu deviens folle !

Elle risqua un coup d'œil oblique pour voir si Eli l'avait sentie se crisper. Apparemment, ce n'était pas le cas. Il riait de bon cœur aux facéties des animaux qui défilaient sur l'écran. Quelque part, il était resté un grand enfant. Voilà sans doute pourquoi il s'accordait si bien avec eux…

Néanmoins, il s'était montré clair. Sa dernière histoire en date lui avait fait du mal, et à présent il ne souhaitait plus s'engager. Au fond, c'était peut-être mieux puisqu'elle non plus ne cherchait pas de relation durable.

Une liaison. Un flirt. Quelques moments intimes. Voilà tout ce qu'ils pourraient partager durant ces quelques mois. Elle serait bien inspirée de s'en souvenir.

Tu ferais surtout mieux d'arrêter pendant qu'il est encore temps. Tu t'aventures sur une pente glissante, Charlie Griffin.

12

— Charlie, ouf, tu es revenue ! Des randonneurs sont bloqués dans une crevasse. Les secours en montagne sont prévenus, mais ils nous demandent en renfort.

Ce jeudi midi, Eli avait reçu l'alerte à la fin de sa pause. Partie déjeuner au centre-ville, Charlie était heureusement rentrée. Ils allaient pouvoir partir.

— Qui va gérer les consultations ? demanda-t-elle.

— Les infirmières, plus John. Il tiendra la boutique le temps qu'il faut.

Dans ces cas-là, tout le monde restait sur le pont. L'interne qui effectuait son stage au dispensaire était d'ailleurs très compétent. Ils pouvaient lui confier cette responsabilité les yeux fermés.

Elle termina son café, puis se leva.

— Comment irons-nous là-bas ?

— Par la route. Ensuite, j'ai peur qu'il ne faille crapahuter sur le versant de White Mountains où l'accident a eu lieu.

Après avoir contourné son bureau, elle lui montra ses sandales à talons.

— Je n'ai pas de chaussures de randonnée.

— On en a quelques paires ici. Elles sont rangées avec le matériel d'intervention. Quelle est ta pointure ?

— 38.

— Viens, allons voir. Je t'expliquerai tout pendant qu'on se préparera.

Il passa dans le corridor et entendit Charlie se précipiter à sa suite. Cette intervention relevait de l'urgence. Il n'y avait pas une minute à perdre.

Le grand local technique abritait tout l'équipement nécessaire aux sorties sur le terrain : bouteilles d'oxygène, défibrillateur, masques, gants, bandages, attelles, perfusions, seringues, ainsi qu'une grande variété de médicaments injectables. On y trouvait aussi des torches, des couvertures, des réserves d'eau, sans oublier les vêtements de montagne et les fameuses boots.

— Tiens, essaie-les, dit-il en tendant une paire à Charlie. Il doit y avoir des chaussettes dans la panière là-bas.

— Je trouve incroyable que vous stockiez tout ce matériel.

— On n'a pas le choix, on doit être prêts à tout. Aujourd'hui par exemple, on fera équipe avec des gars d'Anchorage. Mais le temps que leur hélicoptère se pose, on arrivera peut-être sur site avant eux. J'ai les coordonnées GPS. Chuck est en train de préparer son pick-up.

— Chuck, le pilote d'hydravion ?

— Le seul, l'unique. Il connaît le coin comme sa poche. Avec lui, on est sûr de trouver le bon endroit.

— Que sait-on des victimes ? demanda Charlie.

— Absolument rien, donc il vaut mieux imaginer le pire. Tout peut arriver lors d'une chute dans une crevasse. Des fractures, des hémorragies, des pertes de connaissance, de l'hypothermie et même de la déshydratation si les gens restent bloqués trop longtemps.

— Bien sûr. Il faudra voir sur place…

Dès qu'elle fut prête, ils s'équipèrent chacun d'un sac à dos rempli de matériel. Ils eurent à peine le temps de transmettre leurs consignes à John car déjà Chuck les appelait depuis la réception.

Ils sortirent sur le parking où était garé un gros pick-up. Eli se dépêcha de ranger les sacs à l'arrière, puis ils s'installèrent sur la banquette et Chuck démarra sans tarder.

Eli pivota vers Charlie, un sourire rassurant aux lèvres.

— As-tu déjà participé à une intervention sur le terrain ?

— Deux fois, pendant mon internat. Je suis allée en mission avec les secouristes. Mais on était en ville, pas en pleine montagne.

— Tout va bien se passer. Je veillerai sur toi.

— Merci. Je suis ravie de l'entendre.

Comme pour se tranquilliser, elle s'absorba dans la contemplation du paysage. Elle semblait apprécier ce qu'elle voyait, une réaction qui fit chaud au cœur d'Eli. Elle s'était vraiment bien acclimatée à Vasquez.

— Alors, doc, vous vous plaisez parmi nous ? demanda Chuck, faisant écho aux pensées d'Eli.

— Oui, beaucoup. Je pensais vous revoir, mais on ne s'est jamais croisés. Comment vont vos chiens ?

— Très bien. J'attends une nouvelle portée pour la semaine prochaine.

— Oh ! là là ! Ne le dites pas à Alice si vous la voyez.

Chuck éclata de rire.

— Trop tard ! J'ai fait une intervention dans son école la semaine dernière. Elle n'en a pas perdu une miette. Mais rassurez-vous, j'ai bien expliqué que mes chiens ne sont pas des animaux de compagnie. Je les entraîne pour le travail au grand air, pas pour dormir sur un canapé au coin du feu.

— C'est une chance pour moi, répliqua-t-elle en souriant.

Elle paraissait plus détendue qu'au début du trajet, ce dont Eli se félicita. S'il s'était écouté, il lui aurait pris la main, mais il n'osait pas le faire en présence de Chuck. Elle aurait sans doute été gênée, peut-être même agacée qu'il trahisse le secret de leur relation.

« Relation » était d'ailleurs un bien grand mot car, pour l'instant, ils ne faisaient rien d'autre que s'embrasser. Mais au fond, quelle importance ? Il était heureux...

Le samedi précédent, il avait pris beaucoup de plaisir à s'occuper d'Alice avec elle. Ils avaient passé de si bons moments qu'on aurait presque pu croire à une vraie famille. Un scénario qui hélas n'avait aucune chance de se concrétiser.

Charlie rêvait d'avoir d'autres enfants, il était stérile. À quoi bon espérer l'impossible ? Il ne s'imaginait pas la priver du bonheur d'être mère à nouveau.

S'il avait été raisonnable, il ne serait pas resté tout le samedi. Il serait parti au bout d'une ou deux heures. Sauf qu'il n'en avait pas eu le courage.

Au moment de rentrer chez lui, vers 22 heures, il avait même failli suggérer de passer la nuit chez elle. Il aurait pu s'éclipser à l'aube, discrètement. Qui l'aurait su ?

Néanmoins, il s'était raisonné. Alice étant malade, elle aurait pu rentrer à tout moment dans la chambre de Charlie. Que serait-il advenu ? Il n'avait même pas voulu y penser.

La mort dans l'âme, il avait pris congé. Charlie et lui s'étaient embrassés avec tendresse. Puis ils avaient échangé un long regard pour partager leur frustration.

Plus le temps passait, plus il avait du mal à rester loin d'elle. Alors même s'il était ridicule de tirer des plans sur la comète, c'était plus fort que lui : il ne pouvait pas s'empêcher d'y croire. Charlie était trop spéciale, trop merveilleuse pour qu'il renonce à elle...

Perdu dans ses réflexions, il ne vit pas la route défiler. Il reprit pied dans le réel lorsqu'il entendit un hélicoptère voler au-dessus du pick-up.

— Super timing, on arrive en même temps, déclara Chuck en se garant à la lisière d'un bois. Ils vont se poser à découvert un peu plus loin, j'imagine.

— Nous, on va commencer à monter, décida-t-il. Tu as les coordonnées avec toi ?

— Bien sûr. Il faut prendre le petit chemin, là, sur la droite.

Chuck explora le coffre et ouvrit une mallette en aluminium

qui contenait un fusil. Il fourra des munitions dans ses poches, puis glissa l'arme sur son épaule.

— Est-ce vraiment utile ? questionna Charlie, l'air choqué.

— Indispensable, répondit Chuck. Il y a pas mal de grizzlis et de pumas dans le coin. Je ne m'en servirai naturellement qu'en cas de danger immédiat.

Sur ces mots, il ouvrit la voie. Charlie s'engagea à son tour sur le sentier, suivie par Eli qui fermait la marche. Il n'avait pas choisi cette position stratégique au hasard : il pouvait ainsi garder un œil sur elle.

Quand la montée devint plus raide, il se réjouit de pratiquer ses exercices de cardio quotidiens. Charlie devait marquer des pauses régulières pour reprendre son souffle. Chuck, lui, haletait tellement qu'Eli faillit lui proposer une bouteille d'oxygène !

Il ne fut pas nécessaire d'en arriver là puisque la partie rocheuse apparut bientôt. Le terrain était devenu plus plat, mais couvert de gros blocs qu'il fallait contourner ou même escalader.

— Regardez bien où vous mettez les pieds, Charlie. Attention de ne pas vous tordre la cheville, conseilla Chuck.

— Aucun risque, je lève à peine le nez, maugréa-t-elle.

Après que leur guide eut vérifié la carte, ils prirent à droite et cheminèrent avec précaution le long d'un précipice. Et enfin, au bout d'un quart d'heure, ils aperçurent un homme vêtu d'un pantalon et d'une veste polaire rouges. Il agitait furieusement les bras dans leur direction.

— Par ici ! Jackie et Adam sont là-dessous !

Charlie voulut courir, mais Chuck l'en empêcha :

— Allez-y doucement. Il ne s'agirait pas de chuter.

Suivant ce conseil, ils restèrent vigilants jusqu'au bout du chemin. L'homme en rouge s'agitait sur place, l'air affolé.

— Ouf ! vous voilà ! Jackie a glissé, elle est tombée dans la crevasse. Au début, elle ne nous répondait pas. On a supposé qu'elle s'était cogné la tête et qu'elle avait perdu connaissance.

Adam est descendu lui porter secours. Il essaie de la réchauffer et il l'empêche de s'endormir.

— Connaissez-vous ses antécédents médicaux ? demanda Eli.

— Elle est en rémission de cancer. Elle a subi une double mastectomie l'an dernier. Elle a été soignée par chimio et radiothérapie.

— Prend-elle encore un traitement ? A-t-elle des allergies ?

— Pas à ma connaissance.

— D'accord. Les secours en montagne arrivent, l'hélicoptère vient de se poser. L'un d'entre nous peut-il descendre en rappel vers Jackie ?

— Oui, j'ai des cordes. Il faudra que ce soit la dame, ajouta l'homme en regardant Charlie. L'ouverture de la crevasse n'est pas très large.

Eli croisa le regard anxieux de Charlie.

— Je n'ai jamais fait ce genre de choses, murmura-t-elle.

— Ne t'inquiète pas, ça va aller. On te guidera à la voix. Nous en haut, et Adam en bas à la réception.

Le randonneur, prénommé Gary, équipa Charlie d'un harnais. Il lui montra comment tenir la corde et comment lâcher du lest pour descendre, sans oublier la bonne manière de ralentir. Elle écoutait avec attention, mais il était clair qu'elle avait peur.

Si seulement Eli avait pu prendre sa place ! Néanmoins, Gary avait raison : l'entrée de la crevasse était étroite. D'après la description donnée par Adam, la cavité s'élargissait ensuite pour former une grotte souterraine, mais il fallait passer le goulet.

Charlie recula vers le vide. Eli la dévisagea intensément, et soudain, elle parut avoir un déclic. Elle recula, s'agenouilla au bord de la paroi puis, guidée par Gary, bascula dans le vide.

— Voilà, comme ça. C'est parfait, l'encouragea Eli. Tout va bien ? ajouta-t-il, car elle disparaissait de son champ de vision.

— Oui.

Son estomac se noua quand il la perdit de vue. Il détestait cette situation. Peut-être auraient-ils dû attendre leurs collègues secouristes ? Mais si Jackie avait une blessure à la tête, chaque minute comptait...

— Charlie ? Tu t'en sors ? cria-t-il, de plus en plus angoissé.

Elle avait une fille. Pourvu que tout se passe bien ! Et lui qui était sportif, célibataire et sans attache, restait là sans rien faire. Quelle frustration. Pourquoi ne répondait-elle pas ?

— Charlie ?

— Ça va, j'y suis presque ! D'après ce que je vois, il me reste une dizaine de mètres à descendre.

Il laissa échapper un soupir de soulagement. Mais alors que sa respiration se calmait, il se crispa de nouveau.

— Trop vite... Attention... Ralentissez ! enjoignait une voix masculine en contrebas.

Trois secondes plus tard, un cri de douleur – poussé par une femme – résonna en écho sur les parois rocheuses.

— Charlie ! Charlie !

Saisi de nausées, il se tourna vers Gary.

— Harnachez-moi, je vais descendre. On s'en fiche de ma taille. Je trouverai un moyen de passer.

Le randonneur lui lança un regard navré.

— Vous êtes bien trop costaud. Je vous comprends, mais c'est impossible.

— Doc ? appela Adam depuis le fond de la crevasse.

— Oui, je vous entends.

— Je crois que votre collègue s'est cassé la jambe.

Eli tomba à genoux et se tordit les mains au bord de la cavité. Il aurait voulu rejoindre Charlie, la soulever dans ses bras et l'emmener en sécurité loin de cet enfer. Mais dans l'immédiat, il devait garder la tête froide pour gérer ce sauvetage de la meilleure façon possible.

— Comment va Jackie ? cria-t-il.

— Elle est consciente, répondit Adam. Elle ne saigne plus de la tête, mais elle ne se souvient pas de grand-chose.

— Respire-t-elle bien ?

— Oui, doc.

— Voilà ce que vous allez faire : sortez la bouteille d'oxygène du sac à dos et placez-le masque sur le visage de Jackie, ordonna-t-il.

— J'y suis presque, l'informa Adam. Charlie m'a expliqué comment faire.

Eli leva les yeux au ciel, réconforté. Même blessée, Charlie faisait passer sa patiente en premier, ce qui au fond ne l'étonnait pas. Elle avait toujours eu le dévouement chevillé au corps. Gamine, déjà, elle aidait les plus jeunes dès qu'ils avaient un problème : elle soignait leurs petits bobos, elle leur posait des pansements… Elle s'occupait des autres avant de penser à elle-même.

À cet instant, elle devait avoir très mal, mais cela ne l'empêchait pas de remplir sa mission.

— Les secours arrivent, annonça Chuck, posté au bout du chemin.

Eli se redressa, alla au-devant de ses collègues et leur résuma la situation. Par chance, deux hommes sur les trois étaient de taille moyenne et plutôt minces. Après avoir inspecté l'entrée de la crevasse, ils récupérèrent des cordes, se harnachèrent puis, sans tarder, entamèrent leur descente.

Eli pensa avec soulagement que Charlie allait recevoir de l'aide. Il put même lui parler dès que les secouristes atteignirent le fond à l'aide d'un talkie-walkie qu'ils lui avaient confié.

— Coucou, dit-il. Comment te sens-tu ?

— Ça va aller, ne t'inquiète pas. Adam a posé une minerve à Jackie. Ils la sanglent sur la planche, ils vont la remonter dans une minute. Je pense qu'elle a le poignet cassé, mais c'est la tête qui m'ennuie le plus, ajouta-t-elle à voix basse.

— Elle sera héliportée vers Anchorage. Ils sont déjà prévenus. Mais pour toi, Charlie ? As-tu pu évaluer les dégâts ?

Un soupir monta dans le récepteur.

— J'ai sûrement des fractures aux deux jambes.

— Aux deux ? répéta-t-il, horrifié.

— Oui. J'ai mal des deux côtés. Je vois une déformation à gauche, deux centimètres au-dessus de la cheville. Et ma cheville droite me chatouille bien aussi.

— Tu es tombée à pleine vitesse sur de la roche, marmonna-t-il, l'estomac noué. Je te ferai toutes les radios voulues au dispensaire. Je vais bien m'occuper de toi, Charlie. T'es-tu injecté de la morphine ?

— Non. Je voulais garder les idées claires pour donner mes consignes à Adam.

— Alors fais-le maintenant.

— Bien, patron.

Il entendit le sourire dans sa voix et serra le talkie-walkie dans sa main. Il aurait voulu l'étreindre, la choyer comme elle le méritait. Elle était blessée. Elle risquait peut-être de s'évanouir. Les gars pouvaient-ils se dépêcher ?

Ils durent lire dans ses pensées car soudain un des secouristes se détacha à la lumière du jour. Il maintenait fermement la corde sur laquelle il avait sanglé Jackie, laquelle sortit la deuxième, suivie de près par l'autre sauveteur.

Comme annoncé, la patiente avait la nuque maintenue par un collier cervical rigide. Les secouristes lui avaient également glissé le bras droit dans une attelle et bandé la tête.

Remarquant qu'elle saignait de la tempe droite, Eli ajouta une couche de pansement compressif. La blessure ne lui parut pas alarmante et il laissa finalement ses collègues installer Jackie sur une civière coque. D'ici quelques minutes, elle pourrait enfin être hélitreuillée.

— Je t'envoie Adam.

La voix de Charlie le fit sursauter. Il reprit son émetteur et fronça les sourcils.

— Tu dois passer la première. Tu es blessée.

— Adam remonte avant moi. C'est non négociable.

Avant qu'il n'ait pu protester, Gary et les autres commencèrent à tirer. Un immense soulagement se peignit sur les traits fatigués d'Adam lorsqu'il atteignit la surface.

— Comment va Charlie ? demanda Eli d'un ton pressant.

— Très bien, vu les circonstances. Cette femme est incroyable. Pendant qu'elle me donnait ses consignes, elle a réussi à mettre ses deux jambes dans des attelles.

Il secoua la tête.

— Pourquoi ne suis-je pas étonné... Charlie, tu m'entends ? Dis-nous quand tu es prête.

— Je suis prête.

Cette fois, il actionna le treuil avec Gary. Et quand il aperçut Charlie, son cœur bondit dans sa poitrine. Il s'agenouilla pour la prendre dans ses bras, se releva et l'emmena en sécurité, cinq mètres en arrière, avant même que les mousquetons ne soient décrochés.

— Ça va aller, dit-elle. Occupe-toi de Jackie.

— Les gars ont fait le nécessaire. Elle souffre d'une grosse commotion. Je vais t'examiner.

— Ce n'est pas la peine. Et tu peux me poser, tu sais.

— Où veux-tu que je te pose ? Tu ne voudrais pas marcher, quand même ? Je vais te porter jusqu'en bas.

— Le chemin est long.

— Et moi je suis costaud. Ça tombe bien.

Pendant qu'ils argumentaient, le pilote d'hélicoptère se mit en vol stationnaire. Eli porta Charlie derrière un gros rocher pour la protéger du souffle des pales, tandis que les secouristes accrochaient le brancard au filin qui pendait au-dessus d'eux.

L'hélitreuillage terminé, les hommes revinrent vers eux.

— Nous n'avons pas d'autre civière, mais on peut t'aider à porter le docteur jusqu'en bas, proposa Jim, le chef ambulancier.

— Honnêtement, ça va.

— Un coup de main n'a jamais fait de mal à personne, Eli.

Il céda, conscient qu'il serait ridicule de faire preuve d'orgueil mal placé. Il devait ménager ses forces et réfléchir au moyen d'aider Charlie le mieux possible. Avec les deux jambes cassées, elle allait passer plusieurs semaines en fauteuil roulant. Et même s'il la mettait d'office en congé maladie, elle risquait de vouloir travailler.

Le dispensaire ne serait d'ailleurs pas le plus gros problème à résoudre. Comment allait-elle se débrouiller avec Alice ? Qui allait la conduire à l'école, la raccompagner à la maison ?

Tout en réfléchissant, il croisa les bras avec un des secouristes pour faire une chaise derrière elle. Elle leur entoura chacun une épaule, puis ils commencèrent à descendre le long du ravin.

Médusé, il lui jeta un coup d'œil oblique. Elle devait beaucoup souffrir malgré les antidouleurs, mais elle n'en montrait rien. Même si elle était plus pâle que d'habitude, elle respirait normalement. Les endorphines avaient pris le relais suite au choc, mais gare au retour...

Au bout du compte, le trajet à pied prit un certain temps en raison des aspérités du terrain.

Lorsqu'ils atteignirent leur but, Chuck abaissa le plateau arrière du pick-up. Avec moult précautions, ils y installèrent Charlie le plus confortablement possible et, enfin, Eli s'assit près d'elle.

— Qu'est-ce que tu fais ? Tu n'as pas besoin de t'asseoir là, protesta-t-elle. Tu vas être ballotté.

— La gentillesse est l'une de tes grandes qualités, mais exceptionnellement, pourrais-tu la mettre au repos ? Je reste avec toi, que cela te plaise ou non.

Elle ouvrit la bouche, puis se ravisa et pinça les lèvres. Il secoua la tête en souriant.

— Les médecins sont les pires patients de la planète, c'est bien connu. Attends, ne bouge pas...

Quand il lui entoura les épaules, elle se raidit. Puis elle s'abandonna contre lui et ferma les yeux.

— Merci, chuchota-t-elle.

— Je me doutais que tu avais froid. Et si tu t'inquiètes pour Chuck, je lui expliquerai que je te réconforte pour des raisons purement médicales, ajouta-t-il à voix basse.

— Mais...

— Je me moque de ce que pensent les gens. Le plus important, c'est toi. Tu ne t'es pas cogné la tête, au moins ?

— Non. J'ai atterri sur les pieds. Dans le feu de l'action, j'ai oublié quelle main était censée ralentir la corde.

— Pauvre Charlie. Je suis tellement désolé... Je n'en reviens pas que tu aies posé ces attelles toi-même. Tu es géniale.

Les joues blêmes de Charlie se colorèrent illico. Elle était sensible à ses compliments, ce qui le touchait beaucoup. Il avait toujours aimé la faire réagir, et plus le temps passait, plus il souhaitait lui inspirer de belles émotions.

— Tu passeras des radios dès qu'on arrivera, dit-il doucement.

— Et s'il faut m'opérer ? Je ne peux pas aller à Anchorage.

— Dans ton malheur, tu as de la chance. J'ai passé deux ans dans un service de chirurgie orthopédique. Je me suis formé auprès des meilleurs. Si tu as besoin de vis et de broches, je serai ton homme.

— J'espère que tu seras mon homme pour des choses plus agréables.

Il lui fit un clin d'œil et lui embrassa le bout du nez.

— Compte sur moi, Charlie. Je te le promets.

— Tu as une double fracture tibia-péroné à gauche, avec une rotation. Je pense pouvoir les remettre en place avant de plâtrer. La cheville droite est fissurée. Cela devrait se régler tout seul si tu ne la sollicites pas.

Allongée sur son lit au dispensaire, Charlie lança un regard consterné à Eli.

— Zut... Enfin, tant pis. Je travaillerai depuis mon fauteuil roulant. Il faudra juste que tu me supervises un peu.

— Et Alice ? Comment vas-tu l'emmener à l'école ? Préparer ses repas ? Et pour le ménage, les lessives ?

— J'essaierai de trouver quelqu'un pour la conduire. Et pour le quotidien, on se débrouillera.

— D'accord, mais elle n'a que quatre ans et demi. Elle ne va pas jouer les infirmières pour toi au retour de la maternelle. J'ai une solution beaucoup plus intelligente.

— Je suis tout ouïe, marmonna-t-elle.

— Je vais venir t'aider. Je m'installerai chez toi pour quelques semaines.

De saisissement, elle faillit tomber du lit.

— Non ! protesta-t-elle.

— As-tu une meilleure idée ?

— Je trouverai. Je te remercie beaucoup, mais je ne peux pas accepter. Que va penser Alice si tu dors chez nous ?

— Elle sera contente que je vienne aider. Et je dormirai sur le canapé, si c'est cela qui t'inquiète.

— Je ne m'inquiète pas, dans la mesure où tu n'aurais pas le choix. Alice se faufile souvent dans ma chambre au milieu de la nuit. La plupart du temps, je ne m'en rends pas compte avant que le réveil sonne.

— Dans ce cas, je te borderai bien sagement. Je te chanterai une berceuse et je sortirai sur la pointe des pieds.

— Eli !

— Je plaisante. Je ne vais pas profiter de la situation.

— Tu m'en vois ravie.

— Sauf si tu me le demandes, bien sûr. Je m'imagine te donner le bain...

— Mes bras sont intacts. Je serai parfaitement capable de manier un gant de toilette, merci.

Il promena le regard sur ses épaules, sa poitrine, et descendit jusqu'à ses jambes.

— Quel dommage.

Il était incorrigible. Néanmoins, elle devait admettre que sa proposition la touchait. Et d'ailleurs, pouvait-elle refuser ? Elle n'avait pas beaucoup d'options.

— C'est d'accord. Merci beaucoup de venir nous sauver, Alice et moi. Mais attention, je te préviens : bas les pattes devant ma fille.

Il opina, l'air étonnamment sérieux.

— Message reçu. Tu n'as pas à t'en faire.

13

Il était 19 heures passées quand Charlie put enfin retrouver sa fille. Mme Clark s'était fait une joie de garder Alice jusqu'à son retour du dispensaire, où Eli et elle avaient attendu des nouvelles de Jackie.

Heureusement, le bilan fourni par Anchorage les avait rassurés. Jackie souffrait d'une épaule démise et d'une fracture proximale de l'humérus. Elle serait opérée le lendemain, une fois dissipés les effets du choc, et les médecins s'étaient montrés optimistes. La patiente avait commencé à recouvrer la mémoire sous l'effet des médicaments, une évolution très prometteuse.

Après une courte discussion – et malgré les protestations d'Alice –, Eli déclina l'invitation à dîner de ses parents. Charlie avait besoin de rentrer, de manger rapidement et d'aller se coucher, expliqua-t-il. Charlie lui jeta un regard soulagé : elle n'était pas en état de faire la conversation.

Point positif, Alice n'avait pas paru catastrophée de la voir en fauteuil roulant. Au contraire, la puce avait demandé à « faire un tour » avec elle. Elle avait dû lui promettre de la balader sur ses genoux dès qu'elle aurait recouvré la forme !

Cerise sur le gâteau, la perspective d'une cohabitation avec Eli enchantait Alice. Mais pour le coup, cette réaction déstabilisait Charlie. Elle ne voulait pas que sa fille s'attache trop. Sinon, elle serait malheureuse au moment de partir.

Allons, on n'en était pas là. Charlie devrait en premier lieu se focaliser sur sa convalescence...

Lorsqu'ils arrivèrent au cottage, Eli l'emmena tout de suite à la salle de bains pour qu'elle puisse se rafraîchir. Quand elle gagna la cuisine, il avait déjà mis la table et s'activait autour du plan de travail. Il prenait les ustensiles dans les placards sans hésitation, comme s'il avait toujours vécu là.

— Comment se fait-il que tu connaisses tous les rangements de cette maison ?

— À ton avis, qui gère la maintenance et les travaux ?

Évidemment. N'avait-il pas réparé son robinet ? D'ailleurs tout le monde semblait être polyvalent à Vasquez. Chuck le pilote était aussi éleveur. Mme Clark, l'institutrice de maternelle, avait tenu un hôtel-restaurant avec son époux et gérait plusieurs cottages...

— Que prépares-tu de bon ? s'enquit-elle.

— Des pâtes.

— Mince. Moi qui te prenais pour un grand chef, lança-t-elle, taquine.

— Très chère, je fabrique ma pâte. Attends d'avoir goûté mes raviolis au fromage de chèvre et aux épinards avant de rouspéter.

C'était infernal. Il ne pouvait pas exceller en toutes choses, quand même !

— Qui t'a appris à cuisiner ?

— Ma mère. On a passé des heures ensemble à mitonner des bons petits plats.

— Je suis contente que tu aies été heureux, répondit-elle en toute sincérité.

— Merci, Charlie. Devenir un Clark m'a permis de trouver un point d'ancrage. J'ai découvert qui j'étais, ce que je voulais faire. Et mes parents m'ont soutenu chaque fois que j'ai traversé une mauvaise passe.

— Dans tes études, par exemple ?

— Oui.

Son regard était devenu fuyant et elle songea qu'il devait faire allusion à autre chose. Pensait-il à sa rupture ? Elle aurait pu l'interroger, mais de quel droit ? Elle-même ne souhaitait pas parler de Glen. Elle avait trop peur qu'en apprenant la vérité Eli ne fasse des recherches sur Internet. Les vidéos étaient censées avoir disparu, mais savait-on jamais.

Elle était déjà assez gênée qu'il la voie ainsi, vêtue d'un pyjashort et assise dans un fauteuil roulant. Dans le genre sexy, on trouvait mieux. La relation qu'ils envisageaient n'était pas près de se concrétiser. Il allait dormir sous son toit, à quelques mètres d'elle, mais ils ne pourraient pas se toucher.

Tandis qu'il étalait sa pâte, elle l'observa l'air de rien. Il avait des gestes fluides, harmonieux. Rien qu'à imaginer ces belles mains sur sa peau, un frisson d'excitation la parcourut.

— As-tu froid ? demanda-t-il.

Il avait une tache de farine sur son T-shirt noir, au niveau du ventre. Si elle avait pu tenir debout, elle l'aurait balayée d'un revers de main. Elle aurait alors senti la dureté des abdominaux cachés sous le vêtement.

— Non, tout va bien, murmura-t-elle.

— Hmm. Dommage.

Il pivota vers le couloir, sans doute pour vérifier qu'Alice était toujours dans sa chambre.

— J'aurais pu te réchauffer, ajouta-t-il avec un clin d'œil.

— Ah bon ? Comment ?

Il s'essuya les mains sur un torchon, contourna la table et se rapprocha. Charlie sentit les battements de son cœur s'accélérer lorsqu'il prit appui sur les accoudoirs du fauteuil.

— D'abord, je t'aurais demandé de fermer les yeux, dit-il d'une voix profonde. Ensuite, je t'aurais fait des bisous dans le cou. J'aurais soufflé de l'air tiède sur ta peau. J'aurais posé mes lèvres sur les tiennes, comme ça...

Il lui saisit la nuque, écrasa la bouche sur la sienne. Ils

échangèrent un long baiser langoureux et, à ce moment-là, le temps suspendit son cours. La douleur, la fatigue, le stress de la journée s'envolaient. Elle aurait voulu se perdre en Eli et…

Elle eut la chair de poule quand, du bout de l'index, il traça la ligne de son cou. Puis il descendit plus bas, sans hâte, pour refermer la paume sur son sein. Elle eut alors l'impression d'exploser, tenaillée par le besoin irrépressible d'être allongée près de lui, nue, peau contre peau.

Comme elle se tortillait pour se rapprocher, elle eut soudain froid. Eli s'était écarté. Elle faillit protester, jusqu'à ce qu'elle entende une petite voix familière :

— Maman ! On mange bientôt, dis ?

Eli avait dû entendre la porte d'Alice s'ouvrir. Elle non…

— Bientôt, ma puce, répondit-il. Encore vingt petites minutes. On t'appellera.

— D'accord. Je retourne faire mon dessin.

Hors d'haleine et ivre de désir, Charlie croisa le regard d'Eli. Il souriait, visiblement heureux d'avoir prouvé quelque chose. Et si, en temps normal, cet air satisfait l'aurait énervée, là, elle se sentait trop faible pour réagir.

Incapable de trouver un sujet de conversation, elle le regarda découper et remplir ses carrés de pâte. Il coupa ensuite des tomates qu'il mit à cuire dans une casserole, avec du basilic et du poivre noir. Ceci fait, il sortit quatre ramequins blancs du réfrigérateur.

— Que vas-tu faire avec ça ? demanda-t-elle.

— Des soufflés au chocolat.

Des soufflés, rien de moins. Elle avait regardé assez d'émissions culinaires pour savoir que cette recette était risquée. Soit la préparation cuisait trop longtemps, soit pas assez. Il fallait trouver le bon timing.

Eli, cependant, avait l'air sûr de son coup. Il avait toujours eu confiance en lui, une qualité qu'elle lui enviait.

Il versa du jus d'orange dans une carafe qu'il déposa sur la table, non sans avoir ajouté des glaçons. Après quoi il plongea les raviolis dans l'eau frémissante.

— Alice ! Tu peux aller te laver les mains ! cria Charlie.

Elle fit la même chose avec des lingettes qu'Eli avait rapportées de la salle de bains. Puis elle releva l'assise de son fauteuil – un modèle récent fourni par le dispensaire – afin de s'attabler correctement. Et ce fut Eli qui, à l'arrivée d'Alice, lui étala une serviette sur les genoux à la manière d'un serveur.

— Puis-je offrir à boire à la jeune demoiselle ?

Alice s'esclaffa.

— Oui, s'il te plaît, monsieur.

— Madame ?

— Avec plaisir, merci, répliqua Charlie, amusée.

Une vague de tendresse la submergea. Il ne ménageait pas ses efforts pour elles. Il s'était montré adorable quand Alice avait eu sa gastroentérite. Il se mettait en quatre depuis qu'elle-même était handicapée. Pour sa part, elle n'avait jamais eu l'opportunité de lui témoigner son affection…

Après avoir égoutté les pâtes, il emplit trois assiettes qu'il déposa sur la table.

— *Bon appétit*, dit-il en français.

— *Bon appétit*, répondit-elle.

— Hmm ! C'est bon ! s'exclama Alice dès qu'elle eut dégusté une bouchée.

Elle disait vrai. La texture crémeuse des raviolis s'accordait bien avec la sauce tomate parfumée. Et non contente de se régaler, Charlie appréciait de voir sa fille dévorer son plat.

— Maman… Il y a une journée de sport à l'école. Mme Clark a dit que c'était bientôt. Tu vas venir ?

— Bien sûr. Je ne raterais ça pour rien au monde.

Alice eut un sourire ravi.

— Mme Clark a prévu une course pour les mamans et les papas. Est-ce que tu pourras la faire dans ton fauteuil ?

— Oh ! ma chérie ! Je suis désolée, mais ça risque d'être difficile. Je participerai la prochaine fois, d'accord ?

— Je pourrais la faire, moi, suggéra Eli.

Charlie lui lança un regard circonspect. Alice sautillait sur sa chaise en battant des mains, une réaction prévisible, mais ennuyeuse.

— Je ne sais pas trop, répliqua-t-elle d'un ton hésitant. Eli n'est pas ton père. Les gens diront que c'est de la triche.

Elle craignait en vérité les ragots. Tout le monde saurait vite qu'Eli s'était installé au cottage. Elle ne voulait pas alimenter les rumeurs.

— C'n'est pas de la triche, maman. Eli, il habite chez nous.

Il opina vigoureusement.

— Alice a raison, ça compte.

Cette fois, elle le dévisagea en fronçant les sourcils.

— Il s'agit d'une course pour les *parents*, répondit-elle d'un ton sévère. Je suis sûre que, dans un avenir proche, tu auras l'occasion d'y participer en tant que père de famille.

Une expression étrange, qu'elle ne comprit pas, se peignit brièvement sur ses traits. Puis il se leva et débarrassa son assiette vide. Elle l'avait peiné, c'était clair, mais pourquoi ?

Tandis qu'elle empilait sa propre assiette et celle d'Alice, il commença à préparer le dessert. Il manipulait les ramequins bruyamment, une agitation qui ne lui ressemblait pas.

— Maman, je peux aller dans ma chambre cinq minutes ?

— Bien sûr, trésor. On t'appellera quand ce sera prêt.

Charlie se débrouilla pour ouvrir le lave-vaisselle et y ranger les assiettes sales. En reculant, elle sentit le regard d'Eli peser sur elle.

— Ça va ? demanda-t-elle.

— Très bien, répondit-il avec un sourire qu'elle trouva forcé.

— Je t'ai vexé, je crois.

— Mais non.

— Mais si. Écoute… En refusant, je n'insinuais pas que tu

t'attachais trop à Alice. Et je ne t'accusais en aucun cas de vouloir tirer parti de la situation.

— Je sais.

— Alors pourquoi es-tu contrarié ?

Il soupira.

— C'est juste une course, Charlie. Je voulais faire plaisir à Alice pour qu'elle puisse s'amuser comme les autres. Elle aurait eu quelqu'un à encourager au lieu de se sentir exclue de l'ambiance festive. Je ne crois pas que les gens y auraient vu autre chose. Et quand bien même… Quelle importance ?

— C'est facile à dire. Tu n'as jamais fait l'objet de ragots.

— Ça, tu n'en sais rien.

— D'accord, les gens ont parlé de toi au moment de ton adoption, mais c'était du positif. Ils ont peut-être aussi commenté ta rupture, mais les choses ont dû vite se calmer. Moi, je te parle d'insultes et de harcèlement.

Il jeta un coup d'œil vers le couloir en fronçant les sourcils.

— Cela t'est arrivé, à toi ?

Elle se raidit au souvenir de ce qu'elle avait enduré par la faute de Glen. Elle avait cru faire un mariage d'amour, mais les choses avaient rapidement tourné au vinaigre.

— C'était il y a longtemps, répondit-elle, évasive. Mais depuis, je suis vigilante : je me protège en restant discrète.

Eli jeta un coup d'œil sur le four. Les soufflés étaient presque cuits.

— On en parle après, si tu veux ? proposa-t-il.

Elle opina. Elle avait gardé cette souffrance cachée trop longtemps. Elle devait évacuer ce fardeau qui la plombait ou alors elle n'avancerait jamais.

14

Après avoir bordé Alice, Charlie revint au salon. Comme la nuit était douce, Eli lui proposa d'aller prendre l'air, certain qu'elle serait plus à l'aise dehors. Il poussa son fauteuil jusqu'à la terrasse, puis il s'assit à côté d'elle.

— Parle-moi, s'il te plaît. Je veux savoir ce qui s'est passé.

— J'ai eu de gros problèmes à cause de Glen. Au début, tout était magique. Je le trouvais beau, charmant, plein d'esprit. On s'est mariés au bout de quelques mois. J'étais très amoureuse ou du moins je le pensais. Avec le recul, j'ai compris mon erreur. J'étais juste flattée qu'un type présenté par tout le monde comme « génial » s'intéresse à moi.

— Toi, tu es géniale. C'est lui qui a eu de la chance.

— Merci. Toujours est-il qu'au départ, je flottais sur un nuage. Mais il y avait des petites choses, des détails... J'ai commencé à me poser des questions.

— Quel genre de choses ?

— Glen était responsable sécurité. Il installait des caméras, des systèmes d'alarme hi-tech dans des lieux sensibles ou chez des propriétaires fortunés. Il semblait toujours ennuyé que les gens s'intéressent à nous. J'ai cru qu'il s'agissait d'une déformation professionnelle et d'ailleurs, au début, je trouvais formidable qu'il veuille me protéger.

— J'imagine qu'il y a un « mais » ?

— En fait, il exerçait une forme de contrôle. J'avais droit à : « Tu penses t'habiller comme cela pour aller au travail ? », « Tu es plus jolie sans maquillage » ou « Tu ne devrais plus voir Suzie, je crois qu'elle ne m'aime pas... »

— Il te coupait du reste du monde.

Une vague de colère submergea Eli. Il connaissait les méthodes des manipulateurs. Il en avait rencontré quelques-uns, y compris à Vasquez.

— C'était le cas, sauf que je ne m'en rendais pas compte, expliqua Charlie. J'ai toujours été seule. Je n'ai pas de parents. J'avais peu d'amis. Glen m'a fait miroiter une vie stable, un avenir qu'on pourrait construire à deux. Tu sais que j'ai toujours voulu fonder une grande famille.

Il opina. Il en rêvait également, mais pour lui, ce serait impossible.

— Glen voulait qu'on ait un enfant le plus tôt possible. Un matin, trois mois après notre mariage, je me suis réveillée nauséeuse. J'ai fait un test, j'étais bien enceinte. Et à partir de là, le cauchemar a commencé.

— Que s'est-il passé ?

— Glen était jaloux de l'attention qu'on me portait. Il détestait que les gens m'approchent ou que les femmes touchent mon ventre. Comment savoir si ces personnes n'étaient pas mal intentionnées ? répétait-il. Il a insisté pour que je reste le plus possible à la maison. Je ne sortais que pour aller au travail ou à mes rendez-vous médicaux.

— Tes collègues n'ont rien remarqué ?

— Ils ont commencé à me dire que j'avais mauvaise mine. Ils me trouvaient plus silencieuse, plus renfermée. En réalité, je me repliais sur moi-même pour faire plaisir à Glen. Il ne me maltraitait pas physiquement, mais quand il était contrarié, il restait silencieux pendant des jours. J'essayais d'éviter cela en faisant ce qu'il attendait de moi.

— Cela n'a pas marché, je suppose ?

— Non. Il est devenu encore plus fanatique du contrôle. Il a insisté pour que je me mette en arrêt maladie. Il vérifiait mon téléphone, il me posait sans cesse des questions. Et un soir, à six mois de grossesse, j'ai eu des petits saignements. Malgré mon angoisse, il m'a empêchée d'aller aux urgences. Il ne voulait pas qu'un homme m'examine. Il a barricadé la porte.

— Ce n'est pas possible !

— Et pourtant si. Mais là, j'ai eu un déclic. J'en avais assez supporté. Le lendemain, il a voulu que je l'accompagne à son bureau avant d'aller faire du shopping. J'ai prétexté une envie pressante et je me suis enfuie. J'ai appelé un taxi. Je me suis fait déposer à l'hôpital.

— Tout allait bien, au moins ?

— Oui, heureusement. Mais j'étais folle de rage à l'idée que sa paranoïa aurait pu mettre le bébé en danger. Je ne suis jamais rentrée à l'appartement. Je l'ai quitté. Comme je ne voulais déranger personne, j'ai pris une chambre dans un motel bas de gamme. Et là, les choses ont très mal tourné.

— Il me semble que tu avais déjà touché le fond, pourtant.

— Que tu crois ! Glen a partagé des choses que personne n'aurait jamais dû voir, ajouta Charlie d'un ton hésitant.

— C'est-à-dire ?

— Il avait dissimulé des caméras dans toutes les pièces à mon insu. Il y en avait dans la salle d'eau, dans la chambre. Il a pris des vidéos où on me voyait nue et il les a postées sur Internet.

La douleur perceptible dans son regard lui fit mal. Bouleversé, il se leva, s'agenouilla devant elle et posa une main sur ses doigts crispés. Puis il lui glissa l'index sous le menton pour l'obliger à relever la tête.

— Cela n'aurait jamais dû arriver ! déclara-t-il avec force. C'est à lui d'avoir honte, pas à toi. As-tu porté plainte ?

Elle opina, les yeux brillants de larmes.

— La police m'a accompagnée chez moi – chez lui – pour

récupérer mes affaires. Le tribunal a aussi ordonné en urgence le retrait de toutes les photos et vidéos. Glen a écopé d'une amende, mais le mal était fait. Les gens ont pu garder des copies, les diffuser à leur tour... Je vais devoir composer avec ça toute ma vie. Il m'est difficile d'aider Alice à avoir confiance en elle dans un monde où, hélas, tous les coups sont permis. Comment lui apprendre à se protéger, sachant que n'importe qui peut faire du mal presque impunément ?

— Tu dois la mettre en garde, mais aussi lui dire qu'il existe des personnes dignes de confiance. Il n'est pas toujours facile de les repérer. Elle devra être vigilante, dire non lorsqu'elle aura un doute, se faire respecter. Elle pourra ainsi mener une vie enrichissante sans être bloquée par la peur.

— Tu veux dire, comme moi ? Mais je n'étais pas comme ça ! Je le suis devenue après Glen. Je me suis enfuie. J'ai déménagé car j'étais devenue la risée de Seattle. Et après mon accouchement, j'ai continué à bouger. J'ai peur de m'installer, peur de me lier aux gens. Je crains qu'ils ne découvrent mon secret. Et maintenant que je t'ai tout raconté... je crains que tu ne changes d'avis sur moi.

Il secoua la tête en souriant.

— Pour moi, tu restes la merveilleuse Charlie Griffin. Tu es la plus belle femme que j'aie jamais rencontrée. Une personne gentille, intelligente, capable d'empathie. Une médecin remarquable... et une très mauvaise alpiniste !

Elle rit à travers ses larmes. Il lui caressa la joue.

— Je ne te vois pas comme une victime passive, ajouta-t-il plus sérieusement. Au contraire, tu es une battante. Tu déménages, oui, mais tu ne lâches rien. Tu aimes ta fille et tu fais tout pour qu'elle ait une belle vie. Tu la protèges, tu l'éveilles au monde. Elle a le meilleur guide et le meilleur modèle dont une fillette puisse rêver.

Charlie émit un son étrange, entre le hoquet, le rire et le sanglot. Puis elle se pencha pour l'embrasser sur la joue.

— Toi, tu es un gentil, chuchota-t-elle.

Il lui fit un clin d'œil.

— J'espère bien. Il ne manquerait plus que ça.

Charlie avait mal aux jambes.

Non seulement elle souffrait à cause des fractures, mais elle se sentait ankylosée. Dynamique et hyperactive, elle n'avait pas l'habitude de rester assise longtemps. Ausculter les malades depuis son fauteuil n'avait rien d'agréable, mais elle s'en était doutée. Peut-être pourrait-elle négocier avec Eli de se déplacer à l'aide de béquilles ?

La veille au soir, il s'était montré incroyablement gentil et compréhensif. Elle avait eu très peur de lui raconter son histoire, mais elle ne regrettait pas de l'avoir fait. Bien au contraire, elle avait l'impression qu'un poids énorme s'était envolé de ses épaules.

Eli n'irait jamais rechercher ces vidéos, à supposer qu'elles traînent encore sur Internet. Et si d'aventure il tombait dessus, il serait plutôt du genre à prévenir les autorités afin que les détenteurs de ces images illégales soient punis !

Le comportement de Glen l'avait horrifié, c'était une évidence. Néanmoins, il n'avait émis aucun jugement. Il avait compris pourquoi elle avait fait confiance à cet homme au risque de se mettre en danger. Jamais il ne lui reprocherait de s'être montrée naïve. Il savait bien, lui, que cela pouvait arriver à toutes les personnes amoureuses – et à celles qui croyaient l'être à tort, comme elle à cette époque-là.

— ... et Chuck nourrissait les chiens, donc il n'a rien vu. Le malaise était passé quand il est revenu.

Charlie s'efforça de basculer dans l'instant présent. Angela, l'épouse de Chuck, était venue consulter pour un problème « bizarre ».

— Hormis les vertiges, avez-vous senti autre chose ? questionna-t-elle.

— La cuisine tournait autour de moi. Je l'ai vue bouger ! J'ai eu une nausée infernale et franchement j'ai pris peur.

— Vous teniez-vous penchée ou debout quand cela vous a pris ?

— Debout. Je faisais la vaisselle du petit déjeuner.

— Vous regardiez vers le bas ?

— Oui. J'étais en train de gratter la poêle. Tout à coup, j'ai eu l'impression de partir. J'ai fermé les yeux et je me suis agrippée à l'évier. Au bout de cinq ou dix secondes, j'ai rouvert les yeux. La pièce ne tournait plus, mais mon cœur battait à cent à l'heure. Je tremblais, j'avais envie de vomir. J'ai réussi à m'asseoir et… voilà. Chuck est arrivé.

— Avez-vous eu mal à la tête ?

— Après, oui. Ça a duré une demi-heure, le temps que le paracétamol agisse. Moi qui ne connais pas les migraines… Qu'est-ce qui m'arrive, Charlie ? Je ne suis jamais malade.

— On va regarder ça, répondit-elle d'un ton calme. Je vais d'abord m'assurer qu'il ne s'agit pas d'une otite.

L'examen à l'otoscope se révéla parfaitement normal. Les tympans étaient nets et Charlie ne repéra aucun bouchon de cérumen.

— Tout va bien de ce côté-là, mais je m'en doutais un peu. Vous devez avoir des cristaux dans un canal de l'oreille interne, peut-être même dans les deux. Si c'est le cas, vous souffrez de ce qu'on appelle un vertige paroxystique bénin. J'aimerais tenter la manœuvre d'Epley, si vous êtes d'accord. Cette technique consiste à faire basculer la personne vigoureusement d'un côté, puis de l'autre, afin de déloger les cristaux. Mais je vais avoir besoin d'Eli. Je ne peux pas la pratiquer moi-même depuis mon fauteuil.

— D'accord. Ça me fera plaisir de le voir. La dernière fois que je l'ai croisé remonte à trois ou quatre ans. J'allais rendre visite à mon oncle à l'hôpital d'Anchorage. Eli était là pour son check-up. Heureusement, tout va bien pour lui maintenant.

— Euh… Oui.

Qu'avait voulu dire Angela ? Pourquoi Eli avait-il besoin de faire des bilans ? Il semblait en pleine forme. Jamais il n'avait évoqué de problèmes de santé...

Balayant ces interrogations, elle prit son téléphone et lui envoya un SMS. Trente secondes plus tard, la réponse lui parvint : il était disponible.

— Il arrive tout de suite, dit-elle à Angela.

— Super. Il est vraiment génial. Cela doit être sympa de travailler avec lui.

— Oui, très.

— Et il est mignon, ce qui ne gâte rien.

À son grand désarroi, Charlie se sentit rougir. Angela battit des mains en riant.

— Je me disais bien aussi !

Un léger coup frappé à la porte fit sursauter Charlie. Sauvée par le gong... Eli arrivait à point nommé.

— Bonjour, Angela. Alors, on a un petit souci ? demanda-t-il gentiment.

— Bonjour, Eli. Merci beaucoup de venir me voir. Ces vertiges m'ont rendue folle ce matin. Et Chuck s'est mis en tête que je faisais un AVC.

— Holà ! du calme ! Je ne pense pas que ce soit le problème.

— Non, du tout, confirma Charlie. Et comme il n'y a rien au niveau des oreilles, j'ai pensé qu'un Epley pourrait aider.

— Tu as eu raison, répliqua-t-il en souriant. Angela, allongez-vous sur la table, s'il vous plaît.

Une fois la patiente en bonne position, il lui fit pivoter la nuque de quarante-cinq degrés vers la gauche. Puis, très vite, il lui inclina le tronc pour que la tête passe par-dessus le bord du lit. Et tout aussi rapidement, il ramena la nuque de quatre-vingt-dix degrés dans l'autre sens.

Durant la manœuvre, il avait scruté le regard d'Angela, guettant un éventuel nystagmus – un mouvement involontaire des yeux. Charlie avait aussi cherché ce symptôme, sans toutefois rien voir de particulier.

Après avoir remis la patiente sur le dos, bien allongée, Eli la fit asseoir doucement.

— Alors ? Sentez-vous quelque chose de particulier ?

— Non, rien.

— On va vous faire une prise de sang de routine, décida-t-il. Si on ne trouve rien de spécial, on conclura à un épisode de cristaux. Et on vous fera quand même passer une radio pour éliminer un diagnostic d'arthrose ou de hernie cervicale. Votre nuque est bien souple, mais sait-on jamais.

Pendant qu'il discutait avec Angela, Charlie collecta le matériel nécessaire. Elle se chargea du prélèvement sanguin, puis sourit à Angela.

— C'est tout bon pour ce matin. Restez tranquille aujourd'hui, d'accord ?

— Moi, rester tranquille ? Avec les chiens et la maison ? En plus, nos petits enfants arrivent ce soir. On leur a promis une soirée pizza-télé.

— Chuck peut gérer l'intendance, non ?

Angela se mit à rire.

— Si je ne peux pas cuisiner, je l'enverrai à la pizzeria.

— Excellente idée. En tout cas, faites bien attention.

— C'est promis.

Après le départ d'Angela, Charlie lança un regard reconnaissant à Eli.

— Merci d'être venu. Je ne t'ai pas dérangé, au moins ?

— Non, ne t'inquiète pas. Je faisais une pause entre deux rendez-vous. Comment te sens-tu ?

— Ça va, sauf que je déteste travailler depuis ce fauteuil. Je n'ai pas l'habitude de rester immobile ni de déléguer.

— Je comprends. Moi aussi, j'ai dû lever le pied à une époque.

— Tu t'étais cassé quelque chose ?

— Non. Je suis tombé malade à la fac et j'ai dû rester plusieurs semaines à la maison. Mes parents géraient tout à ma place. Ils étaient aux petits soins pour moi.

Charlie se rappela les propos d'Angela. Il était peut-être temps d'en savoir davantage.

— Que t'est-il arrivé ?

— Je n'aime pas trop en parler. Mais rassure-toi, tout va bien. Cette époque est loin derrière moi.

Sur un sourire un peu tendu, il gagna la porte.

— Allez, je me sauve. J'ai quelques coups de fil à passer.

Avant qu'elle n'ait pu réagir, il était parti. Cette fois, il n'y avait pas eu de bisou à la sauvette ou de câlin discret. Eli s'était enfui.

Pourquoi refusait-il de lui parler ? Elle s'était confiée à lui, la veille, mais il ne semblait pas prêt à faire la même chose. Que valait une relation si l'un des partenaires refusait de jouer le jeu ?

Pivotant sur elle-même, elle poussa son fauteuil vers la porte. Eli n'avait pas de rendez-vous immédiat. Au lieu de laisser les choses en suspens, elle voulait battre le fer tant qu'il était chaud.

Comme prévu, elle le trouva dans son cabinet, mais il n'était pas au téléphone. Planté derrière la fenêtre, il regardait fixement le jardin.

— Quelque chose ne va pas ? demanda-t-elle, s'avançant vers lui.

Il se retourna, un sourire crispé aux lèvres.

— Mais non.

— Menteur. Il y a un problème et j'aimerais que tu me fasses confiance. Tu peux me parler, comme moi je t'ai parlé hier. Je t'ai confié des choses que je voulais garder secrètes. Si je l'ai fait, c'est que… j'ai réfléchi. Notre histoire n'est ni une liaison ni une brève aventure – d'autant moins qu'il ne s'est rien passé. Il y a des sentiments entre nous. Je parle d'une vraie relation, profonde et sincère. Tu es le seul être au monde dont je me sente si proche, et depuis toujours.

Comme il baissait les yeux, elle insista :

— Regarde-moi, Eli. Tu sais que j'ai raison. Un amant de passage garde ses distances. Il ne prend pas plaisir à jouer les gardes-malades un samedi après-midi. Il n'achète pas de doudou à la fille de sa partenaire. Il ne s'installe pas chez elle quand elle se casse les jambes. Il ne la regarde pas comme tu me regardes là, maintenant.

Il soupira.

— Je sais. Mais entre nous, c'est différent. On se connaît. On a vécu beaucoup de choses ensemble.

— Oui, alors ne me raconte pas d'histoires. Veux-tu me faire croire qu'on est dans une relation à sens unique ? Suis-je stupide d'avoir cru que tu avais des sentiments ? Est-il possible que je me sois trompée à ce point ?

— Bien sûr que non.

— Alors pourquoi refuses-tu de me parler ? Comment peut-on avancer si tu m'empêches de te connaître ?

— Tu me connais déjà.

Elle secoua la tête.

— Je ne sais rien de ce que tu as vécu après l'orphelinat. Tu as eu une maladie mystérieuse dont tu ne veux rien dire. Tu as connu un échec sentimental. Voilà toutes les bribes que j'ai pu glaner. Tu ne partages rien. Tu me tiens à l'écart et cela ne me plaît pas. Je suis prête à m'engager corps et âme, mais je veux une personne honnête en face de moi. Je ne pourrais plus me lier à un homme qui porte des secrets. J'ai déjà donné, tu le sais maintenant. Et avec quel résultat !

— Je ne suis pas Glen. Je ne dissimule aucune caméra chez moi.

— Je te crois sur parole, mais tu caches autre chose.

Quand il soutint son regard sans ciller, elle comprit qu'elle avait touché juste. Elle écarta les bras et secoua la tête.

— Dans ce cas, nous deux, c'est fini. On ne va pas continuer à faire semblant d'être proches puisque c'est faux. J'aurais dû rebrousser chemin quand je t'ai vu le premier jour sur ce quai.

J'aurais dû suivre mon instinct. Je *savais* que les choses allaient mal tourner.

— Mais qu'est-ce que tu racontes ?

— Je raconte que je ne resterai pas ici une journée de trop. Je vais tout de suite chercher un nouveau poste. Et le dernier jour de mon contrat, hop, je déguerpirai.

— Mais Alice se plaît ici ! Combien de temps vas-tu la balader à travers les États-Unis pour fuir des harceleurs hypothétiques ? Quel genre de vie lui offres-tu ?

— Une vie meilleure d'année en année, crois-moi.

— Pour toi, peut-être, mais as-tu pensé à elle ? Elle a besoin de grandir dans un environnement stable et serein. Cette fuite en avant ne l'aide pas.

Elle sentit la colère monter comme une lave bouillonnante.

— De quel droit me donnes-tu des leçons ? Tu as beau jeu de critiquer, toi, le célibataire dont la vie affective se résume au néant. Tu ne connais rien de notre vie. En fait, tu ne sais rien de nous.

Il la regarda fixement, puis hocha la tête.

— Tu as raison. Je me suis trompé sur toi. Ou plutôt, je n'ai pas compris l'essentiel.

Sans lui laisser le temps de réagir, il traversa la pièce à grandes enjambées. Puis il sortit en claquant la porte.

15

Le trajet vers l'école maternelle se déroula dans un silence pesant.

Charlie s'était hissée sur le siège du 4x4 à la force des bras. Eli avait accouru pour l'aider, mais un regard noir l'en avait dissuadé. Il s'était contenté de ranger le fauteuil roulant dans le coffre, puis il avait démarré sans un mot.

Que dire, de toute façon ? Charlie avait mis un terme à leur relation éphémère. Elle allait le quitter, disparaître de sa vie. Il n'aurait pas le choix : il devrait tourner la page.

Au fond, il avait l'habitude. Ses parents l'avaient abandonné. Leonore s'était détachée de lui. Il avait appris à s'endurcir pour mieux survivre...

Charlie ne se déplaça pas en fauteuil roulant pour récupérer Alice. Elle resta assise sur la banquette et laissa Eli y aller seul.

Comme toujours, Alice sortit de classe avec le sourire vissé aux lèvres. Elle courut vers lui et se jeta dans ses bras.

— Eli !

Il la fit tournoyer dans les airs, puis la reposa doucement. Elle allait lui manquer...

— Coucou, ma puce. As-tu passé une bonne journée ?

— C'était trop bien. Ta maman va nous emmener en voyage.

— Ah bon ? Où ça ?

En vérité, il connaissait la réponse. Tous les deux ans, les élèves allaient visiter l'élevage de rennes situé à Elk Ridge. Les propriétaires avaient mis au point un circuit qui donnait aux enfants la possibilité de découvrir les animaux, mais aussi le refuge et le centre de convalescence qu'ils avaient créés.

— On va voir des rennes ! Et aussi des wapitis, des chouettes et peut-être des ours s'ils veulent bien sortir de leur tanière.

— Ça va être super, répondit-il doucement.

— Mme Clark a dit que ce serait au mois de septembre. Tu crois que maman dira oui ?

— Je n'en sais rien, ma puce. Il faudra lui poser la question.

Il aurait voulu répondre par l'affirmative, mais le contrat de Charlie se terminait en août...

— Elle est où, maman ? Pourquoi elle est pas avec toi ?

— On a beaucoup travaillé aujourd'hui, alors elle avait un peu mal aux jambes. Elle a préféré attendre dans la voiture.

Il détestait mentir, surtout aux enfants. Il se rappelait les histoires invraisemblables qu'on lui racontait à l'orphelinat lorsqu'il réclamait ses parents. Dans le cas présent, ce n'était pas si grave, mais tout de même. Il devait faire attention.

— Ah d'accord ! Elle doit avoir très bobo, maman. Elle vient toujours d'habitude.

Ce n'était pas la souffrance physique qu'il avait lue dans le regard de Charlie. Elle était peinée parce qu'elle s'imaginait vivre une relation à sens unique. Il aurait dû la détromper, mais à quoi bon ? Au moins, elle pourrait partir sans culpabiliser. Mieux valait qu'elle le déteste, plutôt qu'elle le quitte avec des regrets sur la vie qu'il ne pourrait jamais lui offrir.

Il se dirigea vers le 4x4, la petite main d'Alice glissée dans la sienne.

Cela doit faire cet effet-là, d'être père.

Il aurait dû s'endurcir contre ce genre de pensées, mais c'était impossible. Qu'il le veuille ou non, il s'était attaché à Alice. Il l'aimait comme sa propre fille.

Avec des gestes automatiques, il ouvrit la portière arrière et installa la puce sur le siège.

— Coucou, maman ! Tu es fatiguée ? Tu as mal aux jambes ?

— Coucou, ma chérie. Non, ne t'inquiète pas, ça va. Je voulais juste me reposer un peu.

Sitôt qu'Eli eut démarré, Alice aborda le sujet qui lui tenait à cœur.

— Maman, il va y avoir une sortie à la ferme des rennes au mois de septembre. Je pourrais y aller, s'il te plaît ?

— Ça doit être chouette, trésor, mais on ne sera plus à Vasquez au mois de septembre. Tu iras dans une autre école.

— Mais moi, j'adore aller à l'école ici ! Et aussi j'adore Mme Clark. Je n'veux pas déménager. On pourrait rester, dis ?

Charlie se retourna sur son siège, l'air gêné.

— Si on restait, je n'aurais pas de travail. Je remplace une dame qui va revenir. Je te l'ai expliqué, tu t'en souviens ?

Eli, qui guettait la réaction d'Alice dans le rétroviseur, vit son petit minois se fermer comme une trappe.

— C'est pas juste.

— Je suis désolée, marmonna Charlie.

Il aurait payé cher pour arranger les choses, mais que dire ? Même s'il détestait voir Alice malheureuse, il n'avait pas le pouvoir de changer la situation. Sa collègue Nance était censée reprendre son poste, à moins qu'elle ne décide d'ouvrir un cabinet près de chez elle. Elle avait hésité à le faire, mais maintenant que son petit Ryan était né, peut-être franchirait-elle le pas ? Elle avait encore le temps d'y réfléchir et en attendant le problème demeurait intact.

Ils achevèrent le trajet en silence. Dès qu'il fut garé devant le cottage, Charlie s'escrima à descendre seule – elle s'était munie de béquilles – et il dut se contenter de lui approcher son fauteuil. Lorsqu'il la vit bien assise, il la laissa donc se débrouiller. Il entra dans le vestibule, d'où il rejoignit la cuisine tandis qu'Alice courait se laver les mains.

Rester actif avait toujours été salutaire pour lui quand il avait un problème. Il commença donc à préparer une pâte brisée afin de mitonner une tourte au poulet pour le dîner.

— Ne t'embête pas à cuisiner pour nous.

La voix glaciale de Charlie dans son dos le fit sursauter. Il se retourna. Elle le dévisageait depuis son fauteuil, l'air buté.

— Sans vouloir te contrarier, je doute que tu sois en état de le faire.

— Ne t'inquiète pas, je me débrouillerai. J'ai l'habitude de tout gérer seule. Chaque fois que j'ai laissé quelqu'un entrer dans ma vie, l'histoire a tourné au désastre. Alors franchement, je me sentirais mieux si tu n'étais pas chez moi matin et soir. Je finirai de préparer le repas, merci. Tu peux aller récupérer tes affaires.

Il eut l'impression que le tonnerre éclatait à ses pieds.

— Tu me mets à la porte ? Tu veux que je m'en aille ?

16

Charlie voulait effectivement qu'Eli rentre chez lui.

Cela lui faisait trop mal de l'avoir sous son toit. Elle souffrait de son silence, de ses cachotteries. Il n'avait peut-être pas conscience de la peine qu'il lui causait, mais le mal était fait. Elle devait passer à l'étape suivante.

Comme elle regrettait de s'être confiée à lui ! Après Glen, elle s'était promis de ne plus se mettre en position de faiblesse. Elle devait rectifier le tir. Le plus tôt serait le mieux.

Il la dévisagea longuement et elle lut l'incertitude dans son regard. Mais au lieu d'argumenter, il se détourna vers l'évier et commença à se laver les mains.

— Je vais rassembler mes affaires, dit-il.

— Parfait. Je trouverai quelqu'un pour emmener à Alice à l'école, ne t'inquiète pas.

— Mais...

— Tant qu'on y sera, ce quelqu'un me conduira au travail.

Il s'essuya les mains en soupirant.

— Comme tu voudras, Charlie.

Elle le regarda sortir et quelques secondes plus tard elle entendit claquer la porte de la chambre d'amis. Au bout de quelques minutes, il y eut du mouvement dans la salle de bains. Il avait dû récupérer ses affaires de toilette. Il avait aussi laissé un roman sur la table basse du salon. S'il l'oubliait, elle le lui rapporterait au dispensaire.

Au fil des jours, elle s'était habituée à sa présence, à voir ses affaires dans la maison. Elle avait apprécié cette cohabitation détendue et sereine. Le cottage allait lui paraître vide sans lui…

Lorsqu'il revint, il portait son sac à dos.

— Voilà, c'est bon. Je te dis à demain, au dispensaire.

— Oui, à demain. Merci, répondit-elle d'une voix rauque.

— De rien. Puis-je dire au revoir à Alice ?

Elle aurait voulu qu'il s'en aille tout de suite pour abréger les adieux. Néanmoins, Alice serait contrariée s'il partait sans l'embrasser.

— Bien sûr.

— Alice ! appela-t-il depuis le couloir.

Cette dernière sortit de sa chambre, tout sourire… et se rembrunit en voyant son sac.

— Tu n't'en vas pas, dis ?

— En fait, si. Je dois y aller. Viens me faire un bisou, dit-il en s'accroupissant.

— Mais je n'veux pas que tu partes ! Maman, maman ! Dis-lui de rester.

Charlie se sentit très mal. Voilà pourquoi elle n'avait fréquenté personne depuis Glen. Alice n'avait pas eu l'occasion de s'attacher à quelqu'un. Elles n'avaient jamais vécu ce genre de scène pénible.

— Il doit rentrer chez lui, trésor.

— Mais pourquoi ?

Sans crier gare, Alice courut se jeter dans les bras d'Eli et enfouit le visage dans sa chemise en pleurant.

— Calme-toi, chérie. Vous aurez bientôt l'occasion de vous revoir. Vasquez est une petite ville, tu sais.

L'argument avait-il porté ? Charlie en doutait car Alice sanglotait très fort. Quant à Eli, il avait l'air si malheureux qu'elle culpabilisa doublement. Elle n'avait pas imaginé qu'il s'attacherait à sa fille, mais sa peine semblait sincère.

— Alice, regarde-moi, dit-il d'une voix profonde.

Cette dernière leva vers lui sa petite figure baignée de larmes.

— Je ne vais pas loin, expliqua-t-il. Je vais juste rentrer chez moi. On continuera à se voir, c'est promis. Tu penses bien que je voudrai toujours admirer tes beaux dessins ! Je veux pouvoir dire un jour : « Vous aimez les tableaux d'Alice Griffin ? Je l'ai connue quand elle était petite. C'est moi qui ai acheté sa première œuvre. »

Alice esquissa un sourire et renifla bruyamment.

— Je peux t'accompagner jusqu'à ta voiture ?

Incapable d'affronter le regard d'Eli, Charlie baissa la tête. Tout le monde était malheureux à cause de son erreur de jugement, à commencer par sa fille.

— Bien sûr, viens, répondit-il.

Postée derrière la fenêtre, Charlie observa ce dernier échange de câlins et de bisous. Alice était de nouveau en larmes lorsque le 4x4 s'éloigna dans la rue. Néanmoins, le pire était passé. Les choses ne pourraient qu'aller mieux, non ?

Elle réalisa son erreur quand sa fille entra dans la maison.

— J'en ai marre de toi, maman. Ça n'va jamais parce que tu as toujours des problèmes !

Ayant dit cela, Alice longea le couloir au pas de charge, entra dans sa chambre et claqua la porte à la manière d'une adolescente rebelle.

Charlie resta plantée au milieu du hall, sidérée. Tout ce qui arrivait était sa faute. Elle aurait dû fuir Vasquez le premier jour. Elle aurait ainsi évité un fiasco monumental.

Mais il ne tenait qu'à elle de rectifier le tir.

Ce matin-là, Charlie était en retard.

Eli – qui regardait tour à tour l'horloge et la fenêtre donnant sur le parking – commençait à s'inquiéter lorsque son portable sonna. C'était sa mère.

— Maman ? Tu as un souci ?

— Oui, et un gros. Charlie a désinscrit Alice de la maternelle. Elle a appelé ce matin à l'ouverture des bureaux. La secrétaire vient de me prévenir. S'est-il passé quelque chose ?

De stupeur, il faillit lâcher le téléphone.

— Je... On s'est disputés. On sortait plus ou moins ensemble, mais en secret. Il n'y avait rien de sérieux.

— Étiez-vous sur la même longueur d'onde pour le « rien de sérieux » ?

Il poussa un grognement de frustration. Cette histoire *était* sérieuse. Elle l'avait toujours été.

— J'ai fait une grosse bêtise.

Un petit silence suivit cette déclaration.

— Est-ce réparable ? demanda finalement sa mère.

— Non. Elle veut des enfants, je ne peux pas en avoir. Dans ces conditions, lui demander de rester serait très égoïste.

— Elle n'aurait jamais accepté si elle n'avait pas été au clair avec ta situation. À moins que tu ne lui aies rien dit ? Je te connais, chéri. Parfois, tu réagis comme l'ado que tu étais quand papa et moi t'avons adopté.

Sa mère avait toujours eu l'art et la manière de le sermonner avec humour. Quelle chance il avait de l'avoir !

— Je n'ai pas eu le courage d'en parler, avoua-t-il.

— Pourquoi ? Elle occupe une place spéciale dans ta vie.

— Comment le sais-tu ?

— Mon cœur, je l'ai compris depuis belle lurette. Tu as souffert de votre séparation à l'adolescence. Tu étais fou de joie à l'idée de la retrouver. Et chaque fois que je vous vois ensemble, je réalise un peu plus combien tu l'aimes. Tu serais idiot de la laisser partir sans lui avoir tout raconté.

— Je ne suis pas sûr d'en avoir la force.

— Eli, tu es l'homme le plus courageux que je connaisse. Après ce que tu as vécu, rien ne devrait t'effrayer, sauf la peur de perdre Charlie. T'imagines-tu vivre sans elle ?

— Non. Cette idée me rend malade.

Il entendit sa mère soupirer à l'autre bout du fil.

— Une partie de ton cœur est restée avec elle à l'orphelinat. Si tu veux compléter le puzzle, tu n'as qu'une seule option.

— Penses-tu… que Charlie voudra de moi ?

— Tu dois lui donner le choix. Dis-lui la vérité et laisse-la décider elle-même. Si elle veut toujours partir, tu auras au moins tenté quelque chose. Tu n'auras aucun regret.

Il allait répondre quand son téléphone émit un signal de double appel. C'était Chuck.

— Je dois te laisser, maman, désolé.

— Pas de souci, mon cœur. Bon courage. Je t'aime.

— Je t'aime aussi… Chuck ? Désolé, mon gars, mais j'ai une urgence. On se parle plus tard ?

— Euh… d'accord. Je voulais juste te dire que Charlie vient de m'appeler. Elle m'a demandé de les conduire à l'aéroport, Alice et elle. On a rendez-vous sur le quai dans une heure. Je suis perdu, là. Elles devaient rester plus longtemps, non ?

— Oui ! Écoute, Chuck. J'ai quelques rendez-vous à décaler, mais pourrais-tu me rendre un grand service ?

— Bien sûr.

— J'ai besoin que tu les retardes. Il faut absolument que je voie Charlie. J'ai fait n'importe quoi. Je veux lui présenter mes excuses. Je vais essayer de la retenir.

— D'accord, répondit sobrement Chuck. Tout le monde pense que vous feriez un beau couple, toi et elle.

— Comment ça, tout le monde ?

— Les gens de Vasquez, pardi ! Les malades ont bien vu comment vous vous regardez, tous les deux.

— Je vois le tableau, marmonna-t-il. Bon, je te fais confiance pour inventer quelque chose.

— Pas de souci. Le rotovateur droit a besoin d'un long temps de chauffe, ce matin.

— Depuis quand un hydravion a-t-il des rotovateurs ?

Chuck éclata de rire.

— Tu m'as dit d'inventer, non ?

17

— Y en a-t-il pour longtemps, Chuck ?

Assise au bout du quai dans son fauteuil roulant, Charlie consulta sa montre. Le pilote venait d'ouvrir une trappe, découvrant le moteur de l'hydravion, un amas incroyable de pièces et de tubes métalliques.

— Je fais une dernière vérification de routine. La sécurité avant tout, déclara Chuck en ébouriffant les cheveux d'Alice, qui observait la manœuvre avec curiosité.

— Bien sûr. Vous avez raison.

Elle jeta un coup d'œil par-dessus son épaule. Vu la manière dont ils s'étaient séparés, Eli ne se manifesterait probablement pas.

Tôt ce matin-là, elle s'était fait accompagner au dispensaire par Paul, son voisin. Elle avait traversé le hall désert et posé sa lettre de démission sur le comptoir. Puis Paul les avait déposées à l'embarcadère, Alice et elle. Visiblement chagriné de les voir partir, il avait néanmoins promis d'être discret…

Après avoir chassé Eli du cottage, la veille, Charlie avait pris sa décision. Elle allait retourner à Seattle. Elle avait réservé une chambre d'hôtes où elle séjournerait avec Alice le temps nécessaire à sa guérison. Quant à la suite, elle ne se projetait pas. Elle choisirait en fonction des opportunités qui se présenteraient. Cela n'avait plus d'importance.

Bizarrement, Vasquez était le seul endroit où elle se sentait

« chez elle ». Elle était tombée amoureuse d'Eli. Alice s'était attachée aux Clark. Et pour ces deux raisons, elle n'avait pas d'autre issue que la fuite. S'accrocher ne résoudrait rien, au contraire.

Comment pourrait-elle accepter un amour à sens unique ? Eli s'était montré clair : il n'avait jamais souhaité autre chose qu'une liaison. Mais cette fois, elle ne se laisserait pas entraîner dans la spirale d'une relation toxique.

— Pourrait-on au moins embarquer ? demanda-t-elle. Il fait frisquet ce matin.

— Désolé, Charlie, c'est impossible. Le règlement interdit de faire monter les passagers avant la fin du check-up.

Chuck n'avait pas l'air désolé le moins du monde. Il souriait et sifflotait comme s'il avait toute la journée devant lui…

Soudain, un bruit de pas familier retentit : elle agrippa les accoudoirs du fauteuil. Elle n'eut pas besoin de se retourner pour savoir qui marchait sur le ponton : Alice avait lâché son sac à dos pour se précipiter vers le nouvel arrivant.

— Eli !

— Salut, ma grenouille.

Quand il surgit dans son champ de vision, Eli portait Alice bien calée contre son épaule. Cette dernière lui avait noué les bras autour du cou et souriait de toutes ses dents.

— J'ai vu une maman oie avec ses petits, là-bas, intervint Chuck. Viens Alice. Allons les voir pendant que maman et Eli discutent.

— Tu peux y aller, encouragea Eli. Je reste là.

Il posa Alice qui, visiblement rassurée, glissa la main dans celle de Chuck. Charlie secoua la tête, abasourdie.

— Je n'y crois pas. Tu lui as demandé de nous retenir.

— Je plaide coupable, votre Honneur.

— Pourquoi es-tu venu ? On a fait le tour de la question.

— Je ne suis pas d'accord. Moi, en tout cas, j'ai encore des choses à te dire.

— Ah oui ? Quoi donc ?

— Pas ici, il y a trop de passage. Tu veux bien qu'on aille là-bas ? proposa-t-il en montrant un banc au bout du quai.

Elle opina et le suivit. Il portait un jeans, un T-shirt moulant surmonté d'une chemise en flanelle bleue et, comme d'habitude, des boots. Ainsi vêtu, il ressemblait davantage à une rock star grunge qu'à un médecin, mais c'était comme ça qu'elle l'aimait.

Elle arrêta son fauteuil près du banc. Eli s'installa et pivota vers elle.

— J'ai réagi comme un idiot, déclara-t-il.

— Je ne te contredirai pas sur ce point.

— Pourrais-tu m'écouter en silence pour une fois ? demanda-t-il en souriant.

Elle ouvrit la bouche dans l'intention de protester… et la referma.

— Merci, Charlie. Alors, c'est simple. Je te demande de rester.

— Pourquoi ?

— Parce que je ne peux pas vivre sans toi. Je t'ai perdue une fois et j'ai détesté cette séparation. Alors quand tu as postulé au cabinet, je me suis pincé pour croire à ma chance. Il y a juste un problème. Je ne peux pas t'offrir la vie dont tu rêves.

— Je n'y comprends rien.

— Tu veux une grande famille. Tu me l'as dit. N'as-tu jamais imaginé avoir des enfants avec moi ?

— Je mentirais… en prétendant que non.

— Charlie, je suis stérile. J'ai eu un cancer des testicules il y a dix ans. Mes parents m'ont porté à bout de bras. Ils m'ont soutenu après l'intervention, pendant les séances de chimio. Ma mère ne quittait pas mon chevet. Mon père m'emmenait prendre l'air dès que je pouvais tenir debout. Je leur dois ma survie. Je leur dois tout.

Elle sentit des larmes brûlantes lui piquer les paupières. Elle avait eu tout faux. Eli n'avait pas eu une vie rêvée.

— Sachant que je n'avais rien à t'offrir, une relation courte me semblait plus adaptée, expliqua-t-il. Mais j'ai eu tort. Je ne supporterai pas de te dire adieu une seconde fois. Je ne veux plus te perdre.

— Je ne peux pas rester, répondit-elle d'une voix rauque. Je n'ai pas de travail ici.

— Détrompe-toi. Nance m'a envoyé un mail hier soir. Elle veut reprendre à mi-temps après son congé de maternité. Et d'ici un an maximum, elle ouvrira son propre cabinet. Il y aura une place pour toi au dispensaire. Reste, Charlie ! Tu te plais à Vasquez. Les gens t'adorent. Alice est heureuse...

Il lui prit les mains, puis plongea son regard dans le sien.

— ... et moi, je t'aime.

Elle le fixa, bouleversée. Toutes ces émotions, c'était trop. Jamais elle n'aurait cru qu'il lui ouvrirait son cœur ainsi.

— Je ne sais pas quoi dire.

— C'est très simple. Si tu n'éprouves rien pour moi, abrégeons les adieux. Mais si tu partages mes sentiments, alors reste, je t'en prie. On pourrait avoir une belle vie à trois.

— On pourrait même adopter.

— Répète un peu ça...

— On pourrait suivre l'exemple de tes parents. Rien ne nous empêche d'adopter un ou même plusieurs enfants. On serait bien placés pour les comprendre, tu ne crois pas ?

Le sourire éclatant d'Eli la toucha en plein cœur.

— Je ferais n'importe quoi pour te rendre heureuse.

Elle lui étreignit les mains. Elle aurait voulu se lever, se jeter à son cou, mais elle se rattraperait plus tard.

— Tu m'as toujours rendue heureuse, chuchota-t-elle. Ma vie n'était pas la même sans toi.

— Je t'aime, Charlie Griffin.

— Je t'aime, Eli Clark. Je t'aime depuis le premier jour.

Ils échangèrent un baiser ardent porteur de mille promesses. Elle avait enfin trouvé son port d'attache. Et cette fois, pour l'éternité.

Épilogue

— Je stresse !

Eli entoura la taille de Charlie pour l'attirer plus près.

— Respire, conseilla-t-il. Tout va bien se passer.

— Comment le sais-tu ? On fonce dans l'inconnu, là.

— Mais non. Je sais quel effet cela fait d'être choisi et de partir avec des gens que tu connais à peine.

— Tu as raison. Toi au moins, tu as de l'expérience... De quoi ai-je l'air ?

— Tu es magnifique, comme toujours.

Il trouvait Charlie resplendissante dans sa robe d'été bleu pâle. Elle était d'ailleurs la plus belle femme du monde à ses yeux, qu'elle porte un jean, un pyjama ou une tenue plus élégante comme ce jour-là.

— Et moi, papa ? claironna Alice.

Il regarda sa fille en souriant.

— Toi, tu es très belle et tu vas être une grande sœur géniale. Je suis sûr que Dany va adorer ses cadeaux.

Ravie d'avoir le petit frère qu'elle réclamait depuis longtemps, Alice avait choisi pour lui un camion poubelle miniature, un ballon de football, un livre à colorier et des feutres. Le processus d'adoption avait été long et fastidieux, mais ils touchaient enfin au but !

Après moult visites de l'assistante sociale et de la psychologue,

Eli et Charlie avaient renseigné un tas de formulaires. Puis on les avait conviés à l'orphelinat de Fairbanks pour une visite. Les responsables leur avaient présenté Dany, un bambin de trois ans qui avait été abandonné à l'âge de six semaines dans un hôpital. Et dès la première rencontre, le coup de foudre avait été réciproque.

La bouille ronde et le caractère enjoué de Dany les avaient touchés en plein cœur. Ils avaient fondu pour son rire communicatif, ses mèches blondes en bataille, ses mimiques adorables. Pendant leur dernière visite, il s'était même endormi sur les genoux de Charlie !

Ils avaient décliné la proposition de côtoyer d'autres enfants, certains d'avoir trouvé « le leur ». Et aujourd'hui, le grand jour était arrivé. Dany allait intégrer leur famille.

Eli avait vécu ces quinze derniers mois comme dans un rêve.

Il avait adopté Alice. La puce avait gagné un concours télévisé pour enfants grâce à ses dessins. Charlie avait intégré le dispensaire après le départ de Nance. Ils avaient acheté une grande propriété dans la rue voisine de ses parents. Une maison qui ne demandait qu'à résonner de cris et de rires…

Soudain, la porte de la salle commune s'ouvrit, livrant passage à Karen, l'assistante sociale qui les épaulait depuis le début. Elle tenait Dany par la main, et quand il les vit, le bambin courut se jeter dans les bras de Charlie. Elle le souleva de terre, puis le cala sur sa hanche.

— Salut, trésor !

— Bonzour Sarlie, zézaya-t-il. Bonzour Eli et Alice.

— Bonjour, Dany, répondirent-ils en chœur.

— J'ai une question à te poser, déclara Charlie. Veux-tu nous accompagner à la maison ?

— Ze peux habiter avec vous ?

— Oui. Pour toujours et pour la vie, si tu veux.

— Ouiiiiii !

Eli s'esclaffa et porta Alice afin qu'elle puisse embrasser son frère. Ces deux-là étaient déjà très complices. Il avait hâte de les voir faire les quatre cents coups à Vasquez !

— Allez, jeune troupe. On rentre chez nous, dit-il.

Karen les accompagna jusqu'au 4x4, où ils rangèrent la valise et le sac à doudous de Dany. Ils la remercièrent avec chaleur, non sans avoir promis de donner des nouvelles régulièrement.

Dès qu'Eli eut démarré, Charlie saisit sa main libre et la serra.

— On l'a fait, dit-elle, l'air émerveillé.

Il lui embrassa le bout des doigts.

— On l'a fait, mon amour, et ce n'est qu'un début. Je t'aime.

— Je t'aime aussi. Pour toujours et pour la vie.

SUE MacKAY

L'époux d'une infirmière

Traduction française de
CAROLINE JUNG

BLANCHE

HARLEQUIN

Titre original :
MARRIAGE REUNION WITH THE ISLAND DOC

1

— Madame Alyssa Cook est attendue au comptoir d'enregistrement, dit une voix féminine sortant des haut-parleurs de l'aéroport de Nelson.

Alyssa traversa le hall. Avec un peu de chance, on allait lui annoncer qu'elle pouvait partir à Rarotonga par le prochain avion. Le retard de son vol lui avait déjà fait manquer la correspondance pour les îles à Auckland.

— Bonjour, je suis Alyssa Cook.

La femme assise derrière le comptoir avait l'air débordée. Beaucoup de voyageurs venaient se plaindre depuis que l'un des pilotes censés assurer le vol de Nelson à Auckland ne s'était pas présenté à son poste. La compagnie avait dû trouver un remplaçant au pied levé mais ces changements avaient provoqué des retards.

— Bien. Vous savez certainement que vous n'aurez pas votre vol à Auckland mais nous vous avons réservé une place sur le vol de l'après-midi. Cela vous fera arriver à Rarotonga vers 22 heures, heure locale.

— Ce qui signifie que je vais passer ma journée à l'aéroport, conclut Alyssa.

Mais elle ne pouvait pas y faire grand-chose. Et elle devait s'estimer heureuse de partir malgré tout dans la journée. Elle manquerait seulement le début des festivités que les filles avaient organisées.

— Merci d'avoir trouvé une solution, dit-elle. Et d'avoir fait un appel au micro plutôt qu'un texto pour m'en informer.

Cet usage paraissait presque d'un autre âge.

Les épaules de la femme se détendirent et elle sourit.

— Merci à vous d'avoir été patiente avec moi.

— Vous n'y êtes pour rien.

Si seulement elle pouvait trouver un endroit pour faire un petit somme… Elle était partie en trombe du service de cardiologie après avoir travaillé près de vingt heures d'affilée, était passée en coup de vent chez elle pour prendre une douche et son sac, en pensant qu'elle pourrait dormir dans l'avion. Ce qui se produirait peut-être mais bien plus tard que prévu.

— Vous pourrez procéder à l'embarquement pour Auckland d'ici quelques minutes.

— Merci. Je vais en profiter pour envoyer quelques messages.

Deux autres infirmières de l'hôpital dans lequel elle travaillait à Nelson avaient passé la nuit à Auckland et se demanderaient sans doute ce qui se passait en ne la voyant pas monter à bord de l'avion pour Rarotonga.

Heureusement que le mariage lui-même n'aurait lieu que quelques jours plus tard !

À Auckland, Alyssa marcha du terminal des vols intérieurs au terminal international pour passer le temps et prendre un peu l'air. Après s'être soumise aux contrôles des services de l'immigration, elle alla prendre un petit déjeuner dans un café puis fit le tour des boutiques hors taxes. Les heures s'égrenèrent lentement jusqu'au décollage, et lorsqu'elle vit enfin la piste d'atterrissage de l'aéroport de Rarotonga par le hublot de l'avion, elle ignorait combien de temps s'était écoulé depuis son départ de Nelson. Elle poussa un gros soupir. Enfin elle arrivait ! Les vacances pouvaient vraiment commencer.

Pour être honnête, elle rêvait surtout d'une bonne douche et d'un verre au bord de la piscine de l'hôtel dans lequel elle logeait avec ses collègues de travail. Elle était éreintée mais elle n'avait pas envie d'aller se coucher. Cela faisait si longtemps qu'elle n'avait pas pris de vacances ! Elle se réjouissait d'échapper à la pression de son métier d'infirmière en chef du service de cardiologie. D'ici quelques jours, son amie et collègue Collette se marierait sur la plage avec l'homme dont elle était tombée amoureuse, ce qui promettait de magnifiques et agréables moments. Mais surtout, elle avait quinze jours devant elle pour profiter de l'île et de ses amis. Quinze jours à ne rien faire sinon se détendre et profiter de la vie. Ce qui ne lui était pas arrivé depuis une éternité.

Elle s'engagea dans la file serpentant jusqu'aux guichets des services de l'immigration de l'île. Il y avait beaucoup de monde mais personne ne semblait pressé. Comme elle, les gens avaient déjà adopté le rythme des vacances. Elle sourit en voyant un vieil homme accueillir les visiteurs des îles Cook sur un air de banjo.

Parfait, pensa-t-elle. Elle sortit son portable et trouva une photographie de Collette et Jamie hilares, sur la plage, devant l'hôtel. Elle éprouva une pointe d'envie. Son propre mariage, au bout de quelques mois d'une histoire d'amour passionnelle, elle l'avait acté dans un bureau de l'état civil avec deux autres couples et ses futurs beaux-parents pour témoins, avant d'aller déjeuner dans un restaurant du quartier. Elle était aux anges en dépit des regards noirs de sa belle-famille. Collette et Jamie, eux, se diraient oui dans un endroit de rêve avec tous leurs amis et leurs familles respectives. Elle leur souhaitait tout le bonheur du monde et surtout une union qui dure plus longtemps que la sienne. Jamie et Collette ne s'étaient pas précipités pour se marier, ils avaient pris le temps de se connaître – contrairement à son ex-époux et elle, mariés en un éclair. Tout cela pour se séparer un an plus tard, en plutôt mauvais termes.

— Madame, dit la femme officier de l'immigration derrière la vitre.

Alyssa avança.

— Bienvenue à Rarotonga, dit-elle tout en apposant son tampon sur son passeport.

— Merci.

Elle se dirigea vers la zone de retrait des bagages et se tordit le dos en soulevant sa valise du tapis roulant. Elle était restée assise trop longtemps. Elle aurait bien aimé marcher jusqu'à l'hôtel mais elle ne connaissait pas l'île. Et, de toute façon, elle avait réservé une voiture.

Une femme portant une robe à fleurs bleues et blanches accueillait les visiteurs à la sortie du terminal.

— Où se trouve l'agence de location de voiture ? lui demanda Alyssa.

Des bus faisaient régulièrement le tour de l'île mais elle avait préféré louer une voiture pour être plus libre de ses mouvements.

— Cela dépend. Il y en a deux. L'une est encore ouverte, l'autre a fermé après l'arrivée du dernier vol.

La femme grimaça quand Alyssa lui donna le nom de l'agence.

— Je suis désolée, c'est l'agence qui est fermée. Il faut que vous reveniez demain matin. Voulez-vous que je vous appelle un taxi ?

— Vous plaisantez ?

— Non, je suis navrée. Votre vol a été retardé à Auckland, l'employée a dû rentrer chez elle pour s'occuper de son enfant parce que son mari devait aller pêcher.

Elle fit un sourire contrit.

— C'est comme ça, ici.

Alyssa prit une profonde inspiration et compta jusqu'à dix. Il ne servait à rien de s'énerver. Personne n'y pouvait rien.

— D'accord. Où est-ce que je peux prendre un taxi ?

— Suivez-moi. Et gardez le reçu, l'agence de location vous remboursera quand vous irez récupérer votre voiture.

Quelques minutes plus tard, elle était assise sur la banquette arrière d'une voiture qui avait connu des jours meilleurs, tandis que le chauffeur lui vantait toutes les belles choses à voir et à faire dans l'île dès qu'il ferait jour. Elle pensa avec impatience à la bouteille de champagne qui l'attendait dans sa chambre d'hôtel et à la coupe qu'elle boirait en arrivant.

— Mademoiselle Cook, je vous souhaite la bienvenue au Seaview Resort. Je suis Pepe, dit le réceptionniste de l'hôtel en l'accueillant au comptoir. Vous arrivez tard.

— Oui, mon vol a été retardé à Nelson, si bien que je n'ai pas eu la correspondance à Auckland et que j'ai dû attendre dix heures pour prendre le suivant. Je vous ai envoyé un e-mail pour vous prévenir.

— Oui, je vois ça... Mais... On a eu un problème au sujet de votre chambre.

Oh non ! Pas ça, pas maintenant !

Elle sortit son téléphone de son sac.

— Ce n'est pas possible. J'ai la confirmation ici, dit-elle en le brandissant vers le réceptionniste.

— Je sais que vous avez réservé mais vous arrivez avec près de douze heures de retard, or le couple qui occupait votre chambre a demandé à la garder parce que leur vol pour l'Australie a été annulé à cause des intempéries à Brisbane.

Elle sentit soudain le poids de son voyage interminable peser très lourd sur ses épaules.

— Est-ce que vous êtes en train de me dire que je n'ai pas de chambre ?

Pas de voiture, pas de chambre. Et quoi d'autre ?

— Nous avons trouvé une solution.

— Elle a intérêt à être bonne, dit-elle avec humeur.

Sa patience avait atteint ses limites. Et elle se demanda si la malchance la poursuivrait encore longtemps.

L'homme la regarda avec un grand sourire.

— J'ose espérer qu'elle vous plaira, mademoiselle Cook. Il s'agit d'un bungalow que nous avons mis à votre disposition. Vous serez près de la piscine et vous n'avez aucun vis-à-vis. De plus, le petit déjeuner est compris. Vous pourrez y séjourner sans frais supplémentaires pendant la première semaine de votre séjour.

D'après ses recherches, les bungalows de cet hôtel étaient splendides mais elle avait écarté la possibilité d'en louer un en voyant le prix de la nuitée. Depuis qu'elle avait le projet d'acheter une maison à elle, elle faisait attention à ses dépenses.

Le seul inconvénient à loger dans un bungalow était d'être séparée du reste de la bande au premier étage, mais était-ce vraiment un problème ? Passer une semaine dans un cadre idyllique ne se refusait pas.

— Merci beaucoup, dit-elle, soulagée.

Cela semblait presque trop beau pour être vrai mais elle n'était pas en état de se poser plus de questions. Elle prendrait ce qu'on lui donnait et réglerait les problèmes le lendemain, s'il y en avait.

— Je suis sûr que cela vous plaira. Les derniers occupants sont partis il y a à peine deux heures et le personnel est encore en train de faire le ménage. Le concierge va prendre vos bagages, mais vous allez devoir attendre encore un peu au bar.

Combien de temps fallait-il pour faire le ménage dans une chambre d'hôtel ? Elle était à Rarotonga et on l'avait prévenue que l'île vivait à un rythme différent. Pour l'heure, elle se contenterait d'une douche et d'un lit simple dans un placard, simplement pour pouvoir se reposer de ses longs mois de travail à l'hôpital.

— Est-ce qu'ils ont du champagne, au bar ? demanda-t-elle, en pensant qu'elle avait besoin d'un lot de consolation.

— Bien sûr. Je vais leur demander de vous servir une coupe. À nos frais, s'entend.

Le sourire de Pepe était contagieux. Elle se détendit. Elle était là, dans les îles Cook, en vacances. Et, après un début hasardeux, son séjour semblait prendre une tournure plus favorable. Elle remercia le réceptionniste et se dirigea vers le bar.

Une voix familière parvint à ses oreilles. Elle se retourna et se demanda si elle n'était pas en train de rêver. Ou plutôt de cauchemarder. Jamie, le futur marié, était attablé avec...

Non, ce n'était pas possible. Pas ici. Pas maintenant.

Leighton ?

Elle avait des hallucinations, c'était sans doute la fatigue. Cela faisait pratiquement trente-six heures qu'elle n'avait pas dormi. Leighton ne pouvait pas se trouver là. Pas après toutes ces années. Elle s'attendait à tout sauf à revoir son ex-mari. Elle n'était pas prête. Elle n'en avait pas envie.

Elle se retourna en espérant que l'image se dissipe comme par enchantement dans son dos et prit la flûte de champagne que le barman avait posée sur le comptoir. Elle but quelques gorgées et la reposa.

— Une autre, s'il vous plaît, demanda-t-elle avant de vider son premier verre.

Elle était en vacances, après tout.

Un frisson lui parcourut le dos. Avait-elle vraiment vu Leighton ou était-ce quelqu'un qui lui ressemblait étrangement ? Il fallait qu'elle en ait le cœur net.

— Lyssa ? Ça fait longtemps !

Personne ne l'appelait Lyssa, à part... Leighton. Et sa voix n'avait pas changé. Elle sentit la tête lui tourner. Leighton était bel et bien là.

Leighton Harrison retint son souffle dans l'espoir d'apaiser les battements de son cœur tambourinant dans sa poitrine. Lyssa était là. Quatre ans qu'il ne l'avait pas vue, qu'il n'avait plus aucune nouvelle et elle était là, devant lui, au bar d'un hôtel de Rarotonga, plus belle que jamais. Elle devait avoir... vingt-sept ans, maintenant. Ses traits paraissaient plus mûrs et ses yeux qu'il n'avait jamais pu oublier étaient d'un vert plus intense. Quant à sa bouche, elle était toujours aussi sensuelle. Voire plus, à en juger par les fourmillements qu'il éprouva dans les mains, là où elle avait l'habitude de poser les lèvres.

— Oui, ça fait longtemps, dit Alyssa en le regardant comme si elle avait vu un fantôme.

Elle cligna des yeux et s'approcha de lui.

Il s'avança instinctivement pour la prendre dans ses bras et se ressaisit lorsque des effluves d'agrumes parvinrent à ses narines. Elle portait toujours le même parfum. Tellement familier que c'en était douloureux.

Que lui arrivait-il ? L'eau avait eu le temps de couler sous les ponts. Ils étaient séparés depuis quatre ans. Il n'avait aucune raison de la serrer dans ses bras. Il s'arrêta net.

— Tu es en vacances ?

Alyssa jeta un regard dans la salle.

— Je suis venue assister au mariage de Collette et Jamie. Je vois que tu es assis avec Jamie et certains autres de mes collègues. Tu viens de les rencontrer ou vous vous connaissiez déjà ?

— Je connais Jamie.

Le demi-frère dont je ne t'ai jamais parlé. L'une des raisons pour lesquelles je me suis éloigné de toi et me suis comporté comme un lâche.

Mais la vérité finissait toujours par percer. Il avait essayé d'esquiver le sujet aussi longtemps que possible. Jamie aussi ignorait que Lyssa était son ex, parce qu'il ne lui avait jamais parlé d'elle. La perdre lui avait fait trop mal. Il l'avait profondément aimée mais il n'avait pas été à la hauteur en lui cachant ce qu'il avait appris au sujet de sa famille quand ils étaient mariés.

Oui mais Lyssa a fait sa valise et elle est partie sans chercher à comprendre ce qui t'arrivait.

— Si tu travailles avec eux, je présume que tu vis à Nelson, dit-il.

Après leur rupture, il n'avait pas cherché à savoir ce qu'elle faisait ni où elle était. Il n'en avait pas vu l'intérêt. Ils s'étaient mariés en trombe et s'étaient séparés tout aussi vite. Pendant leur année de mariage, il avait passé beaucoup de temps au travail et

Alyssa était beaucoup sortie avec ses amis. Peu après son départ, il avait appris ce que son propre père avait fait. Il serait plus juste de dire « avait cherché à faire », parce que Alyssa était Alyssa : elle l'avait envoyé promener quand il lui avait proposé une grosse somme d'argent pour la dissuader d'épouser son fils. Ce n'était pas le premier acte immoral que son père ait commis, mais quand Leighton avait appris ce qu'il avait offert à Alyssa, il était entré dans une rage folle. Il avait eu honte d'être son fils, d'autant que tout le monde lui répétait à quel point ils se ressemblaient. En fait, pendant toutes ces années, il avait cru connaître son père. Et, quand il avait découvert sa tentative de corruption, il avait eu peur qu'Alyssa le croie capable des mêmes agissements que son père.

Lyssa l'avait aimé. Et elle ne lui avait jamais révélé ce que son père avait fait pour empêcher leur mariage. Cela lui avait littéralement brisé le cœur quand il l'avait su.

Ils n'en étaient pas à un secret près, dans la famille. Jusqu'à cinq ans auparavant, ses parents lui avaient tu l'existence d'un demi-frère. Quand il l'avait apprise, sa vie avait volé en éclats et avec elle ses certitudes sur sa propre identité et sur sa place dans la famille. Qui était-il ? À quoi sa vie allait-elle ressembler maintenant qu'il avait un demi-frère ? Il avait eu l'impression que toute son existence avait été fondée sur un mensonge. Plus que jamais l'amour de Lyssa lui avait paru précieux.

Le problème, c'est qu'il avait ouvert la boîte de Pandore. D'affreuses vérités et des émotions douloureuses avaient jailli, qu'il s'était efforcé de garder pour lui. Il était le pilier du couple, celui qui soutenait Lyssa quand elle faisait face à ses angoisses et à ses blessures du passé. Il ne voulait pas qu'elle se mette soudain à douter de sa force et de sa fiabilité. Alors il avait caché la vérité sous une montagne de travail, ses rendez-vous servant d'excuse pour ne pas être à la maison avec elle autant qu'il aurait dû. Et voulu. Si seulement il avait affronté cette peur et osé s'exprimer, la situation aurait évolué différemment. Mais le jour où il avait oublié son anniversaire, ce fut la goutte qui fit déborder le vase. C'est là qu'elle avait fourré ses affaires dans une valise en hurlant qu'il était égocentrique et n'en avait rien à faire d'elle.

C'était tellement loin de la vérité. Il l'aimait – mais pas assez, apparemment. Il avait perdu de vue sa femme et son couple à force de ressasser ce que ses parents leur avaient fait subir, à Jamie et à lui. Elle méritait mieux, bien mieux. Le savoir ne l'avait pas empêché de souffrir quand ils s'étaient séparés. Il avait eu le sentiment douloureux qu'elle avait tourné les talons dès que la vie avec lui avait commencé à être moins drôle. Elle ne se doutait pas que c'était à ce moment qu'il aurait eu le plus besoin d'elle. Mais comment aurait-elle pu le savoir ?

Il soupira. Le passé était, par nature, derrière et on ne pouvait pas le modifier.

— Je suis infirmière en chef dans le service de cardiologie du plus grand hôpital de Nelson, répondit-elle avec une fierté palpable.

Elle avait toujours essayé d'être la meilleure dans ce qu'elle faisait et elle y était manifestement parvenue dans son métier. Cela ne l'étonnait pas. En la regardant plus attentivement, il remarqua qu'elle dégageait une confiance que la jeune femme qu'il avait épousée n'avait pas à l'époque. L'anxiété avait disparu de son regard et elle se tenait droite. Intéressant.

— Mademoiselle Cook, votre coupe de champagne, dit le serveur en la lui tendant.

Leighton grimaça intérieurement. *Mademoiselle Cook*. Elle n'avait pas gardé son nom de femme mariée et, pour une raison qui lui échappait, cela le blessa. Mais il se pencherait sur la question plus tard, quand il aurait une conversation avec elle au sujet de Jamie. Il n'était pas question de demander à Jamie de garder le secret, lui aussi avait ses problèmes relationnels avec leur père. De toute façon, c'était chose impossible. Il y aurait forcément quelqu'un, dans les prochains jours qu'ils allaient passer tous ensemble, pour mentionner le fait qu'ils étaient frères. Le temps était venu de dire les choses, sans nécessairement expliquer pourquoi il ne lui en avait pas parlé quatre ans auparavant. Il n'était pas utile de se perdre dans les détails, la nouvelle suffirait.

— Merci Pepe, dit Lyssa en prenant la flûte d'une main tremblante, avant de se retourner. Tu es là pour le mariage ?

— Je suis venu pour le mariage, oui.

Il se retint de dire qu'il était témoin, au cas où elle saurait que le témoin du marié était son frère. Puis des paroles de Jamie lui revinrent en mémoire : « Il y aura une infirmière célibataire au mariage. Vous devriez vous entendre à merveille. C'est exactement ton type. »

Cette infirmière célibataire, c'était Lyssa. Il fallait qu'il parle à Jamie, et vite. Puis, dans la foulée, à Lyssa. Il le ferait le lendemain matin. Il était conscient de repousser l'inévitable mais il était tard et Lyssa avait l'air épuisée. Or, elle n'était pas très compatissante quand elle était trop fatiguée. Du moins pas à l'époque où ils étaient ensemble. Cela dit, à l'époque, elle ne se tenait pas aussi droite. Elle avait changé et, de fait, il n'avait aucune idée de la personne qu'elle était devenue.

— Alyssa, te voilà enfin ! s'exclama Jamie en les rejoignant.

— J'ai vécu une journée infernale mais je suis là, maintenant, et contente de l'être.

Elle serra Jamie dans ses bras.

— Où sont les filles ?

— Collette est partie se coucher. Elle dit qu'elle veut être belle pour le mariage. Moi, je la trouve toujours belle, même quand elle n'a pas assez dormi. Quant aux autres... Certaines sont dans le discobus qui fait le tour des bars tous les soirs. Elles ne doivent pas être très loin.

Jamie le regarda en souriant.

— Tu as une minute avant que je rentre chez moi ? demanda Leighton.

Jamie plissa le front.

— Nous nous apprêtions à aller nous coucher mais si tu veux, je peux rester un moment avec toi, Alyssa, une fois que Leighton m'aura dit ce qu'il a à me dire.

Par quel miracle n'avait-il pas dit « mon frère » ?

— *Chez toi* ? dit Lyssa, à qui rien n'échappait.

— Cela fait cinq mois que je fais un remplacement ici, dans l'un des cabinets médicaux de l'île.

Elle ne pouvait pas savoir qu'il avait quitté le centre médical dans lequel il travaillait quand ils étaient ensemble et qu'il avait décidé de faire des remplacements en médecine générale dans toute la Nouvelle-Zélande. Il y a beaucoup de choses qu'elle ne pouvait pas savoir. Et qui ne l'intéressaient probablement pas. Pour elle, quand une chose était terminée, elle était terminée. Pour lui aussi, même si, certains jours, il avait eu du mal à croire qu'ils s'étaient séparés définitivement. Elle lui avait vraiment manqué à un point qu'il n'avait pas cru possible.

Voilà que le passé refaisait surface, au moment où il s'y attendait le moins. Il fallait qu'il lui parle et le plus tôt serait le mieux. Pourquoi pas ce soir, si cela permettait de passer à autre chose ?

Alyssa le regardait avec étonnement.

— Tu n'es plus associé au centre médical de Remuera ?

— Non, maintenant, je travaille un peu partout. Cela me plaît.

En fait, il appréciait surtout de ne pas s'attacher aux gens pour ne pas les faire souffrir.

Elle lui adressa un sourire désarmant.

— Bravo !

La tension se relâcha un peu.

— Merci. Je suis content d'avoir pris cette décision.

De la musique et des éclats de rire couvrirent sa réponse.

— On dirait que le discobus est de retour, dit-il, content d'avoir une bonne excuse pour s'échapper.

Maintenant que son ex-femme était là, il n'avait pas tellement envie de bavarder. Il serait constamment sur ses gardes et analyserait tout ce que Lyssa dirait. Alyssa, pas Lyssa. Lyssa appartenait au passé, avec tout le reste.

À ce détail près qu'ils n'avaient toujours pas divorcé. Officiellement, elle était donc toujours sa femme. Pour sa part, il avait toujours gardé l'espoir que la situation s'arrange. Il ignorait pour quelle raison Lyssa n'avait pas rempli les formalités nécessaires de son côté non plus. Peut-être avait-elle manqué de temps ou le besoin ne s'en était pas fait sentir. Il doutait qu'elle souhaite une réconciliation. L'espoir qu'elle n'ait rencontré personne digne de se marier avec elle lui mit du baume au cœur. Puis il se ressaisit. Entre eux, c'était fini. Ce qui n'enlevait rien au fait qu'elle était toujours magnifique et qu'il avait des tas de bons souvenirs avec elle. Mais il ne fallait pas oublier qu'il y en avait autant de mauvais.

— J'étais censée arriver à temps pour partir en goguette avec elles, dit-elle. Mais peu importe. La fête peut commencer maintenant.

Elle se mit à bâiller.

— Enfin, demain plutôt. Le voyage a été long et j'avais enchaîné un double horaire à l'hôpital, juste avant.

L'envie de la prendre dans ses bras fut si forte qu'il se tourna et se dirigea vers la table où les autres étaient assis et où il avait laissé sa bière.

Mieux valait éviter tout contact. Pas d'embrassades. Pas de bavardages. Rien. Ils n'étaient plus en couple. Elle était partie au moment où il avait besoin d'elle. Elle aurait dû comprendre que quelque chose ne tournait pas rond. Il l'aimait, à l'époque, mais la connaissait-il vraiment ?

Pourtant, l'attirance était toujours là. Pour sa part, du moins. Peut-être était-ce le choc de l'avoir revue. En tout cas, c'était bizarre, après la manière dont ils s'étaient séparés. Il était tombé amoureux d'elle dès l'instant où il l'avait vue, cinq ans et demi plus tôt, assise sur un tabouret à la cafétéria, bavardant et riant avec d'autres infirmières comme si elle n'avait aucun problème dans la vie. Ce qui était faux, bien sûr, ainsi qu'il l'avait découvert par la suite. La mort de sa mère, alors qu'elle était encore étudiante, avait généré chez elle beaucoup d'insécurité. Émotionnelle, évidemment, et financière, parce que l'argent était loin de couler à flots. Bien entendu, il l'avait soutenue une fois qu'ils avaient été en couple, pendant ses études d'infirmière.

Tu es sûr de ne rien oublier ?

Il oubliait les efforts qu'elle avait déployés pour comprendre ce qui n'allait pas chez lui et pour l'aider. Mais il n'avait pas pu lui parler, incapable d'exprimer la souffrance qu'il ressentait et de se confier à elle. Pas étonnant qu'elle se soit sentie inutile.

Ce qu'il avait appris au sujet des agissements de son père l'avait achevé. Il avait dit à Lyssa qu'il n'en pouvait plus. Il aurait dû lui dire qu'il venait de comprendre que ses parents n'étaient pas les personnes qu'il pensait connaître. Mais il était sous le choc et essayait de digérer la nouvelle. L'homme avait qui il avait passé tant de bons moments, enfant, avec qui il avait randonné et pêché, adolescent, s'était révélé être un salaud fini.

Alyssa n'avait jamais demandé sa part des biens qu'ils possédaient en commun quand ils étaient mariés et qu'il avait achetés parce qu'elle n'avait pas un dollar à investir. Il était issu d'une famille aisée et gagnait bien sa vie. Il était heureux de partager ce qu'il possédait avec elle. Et quand il avait cherché à déposer sa part sur son compte, la banque lui avait dit qu'elle l'avait clôturé. Il devait reconnaître que c'était une femme honnête et loyale.

La bière lui parut soudain amère. Les souvenirs affluaient. Il n'avait pas oublié la douleur qu'il avait éprouvée quand elle était partie. Il l'aimait de tout son cœur et pourtant il l'avait tenue à distance, incapable de partager avec elle le secret de famille qui venait de lui être révélé.

— Tu connais Alyssa ? demanda Jamie.

— C'est mon ex-femme.

Jamie le regarda, interloqué.

— Je savais que tu étais marié quand je t'ai rencontré mais je suis rentré au Royaume-Uni avant de pouvoir faire sa connaissance. Et tu ne m'as jamais parlé d'elle. J'aurais préféré, cela dit.

— Qu'est-ce que ça change ?

Ils avaient encore du mal à évoquer leur vie d'avant, avant qu'ils apprennent l'existence l'un de l'autre. Il en voulait d'autant plus à ses parents qu'il avait eu une enfance très heureuse.

Jamie croisa et décroisa nerveusement les jambes.

— Il vous sera difficile de vous éviter dans les prochains jours. Il n'y a pas suffisamment d'invités au mariage pour que vous puissiez vous cacher dans la foule.

— Ne t'inquiète pas. Nous saurons nous comporter correctement. Nous sommes adultes.

— Mais que s'est-il passé ? Moi qui pensais que vous iriez bien ensemble ! En fait, j'ai plusieurs années de retard.

— C'est cocasse.

Mais il sentit la tristesse l'envahir en pensant à quel point il avait aimé cette femme. À quel point leur relation avait été belle, jusqu'à ce que la situation dégénère durant les derniers mois de leur vie de couple. Plus que belle. Merveilleuse. Sexy, tendre. Complice et stimulante.

— Je rentre, dit-il. Je commence tôt, demain.

Il avait surtout besoin d'air et de temps pour réfléchir à ce que la présence d'Alyssa provoquait en lui. Commencer tôt, dans les îles Cook, signifiait à n'importe quelle heure après un petit déjeuner tardif, bien que lui soit généralement au centre médical à 8 heures. Notamment parce qu'il n'avait nulle part ailleurs où aller ni personne à retrouver. Mais ce n'était pas le moment de s'apitoyer sur son sort. Il ne tenait pas à ce qu'Alyssa voie que, malgré tous ses efforts, il n'était pas épanoui. Elle devait se demander pourquoi il avait vendu ses parts du cabinet médical dans lequel il avait tant investi, à l'époque.

— On se retrouve à l'embarcadère à 11 heures, lui rappela Jamie.

Ils avaient prévu une sortie pêche entre hommes. Depuis son arrivée sur l'île, il n'était allé pêcher qu'une fois et il avait adoré. Il avait la chance qu'un autre médecin du centre le remplace presque toute cette semaine. Il pourrait passer du temps avec Jamie. Mais l'apparition d'Alyssa changeait la donne. Maintenant, il était perturbé, sans comprendre exactement pourquoi. Il avait tourné la page depuis longtemps. Du moins l'espérait-il. Il n'avait aucune intention de souffrir comme auparavant.

— On se voit au mariage, dit Lyssa quand il passa près d'elle.

— Oui, répondit-il avec un hochement de tête.

Il n'avait pas le choix, de toute façon, il était impossible de ne pas se croiser. Le lendemain, les femmes allaient faire une excursion dans un bateau à fond de verre pendant que les hommes iraient pêcher, et tout le monde se retrouverait plus tard pour un barbecue à l'hôtel où, avec un peu de chance, le cuisinier ferait cuire leur pêche.

— Leighton...

Il se retourna. Alyssa l'avait suivi.

Il attendit de savoir ce qu'elle avait à lui dire, tout en pensant qu'il aurait préféré qu'elle ne soit pas là. Après toutes ces années, la peur du rejet était toujours là.

— Tu as l'air en forme. Je suis contente que tu aies trouvé un poste qui te plaît.

Puis elle s'éloigna. Il la regarda partir, surpris et pensif. Elle quitta le bar, la tête haute, le dos droit, le reste tout en courbes qui lui rappelèrent de très bons souvenirs. Elle disparut et il reprit son souffle. Cette confiance nouvelle lui allait bien et piqua la curiosité de Leighton : quelle femme était-elle donc devenue ?

Un homme apparut soudain devant lui, l'air inquiet.

— Dr Leighton, pouvez-vous venir ? Une femme s'est blessée en tombant du bus.

— J'arrive, Amiri. C'est l'une des invitées du mariage ? demanda-t-il, soulagé que Collette soit allée se coucher.

— Non, répondit Amiri en sortant de l'hôtel.

Leighton s'approcha de la femme étendue sur le macadam et grimaça. Alyssa l'avait devancé et posait un mouchoir sur ce qui devait être une plaie à la tête.

— C'est grave ? demanda-t-il.

— On voit l'os.

Il s'agenouilla à son tour et tapota l'épaule de la femme blessée.

— Bonsoir, je suis le Dr Leighton. Pouvez-vous me dire ce qui s'est passé ?

— Un jeune homme m'a bousculée en remontant dans le bus, quand il s'est rendu compte qu'il s'était trompé d'hôtel.

— Comment vous appelez-vous ? demanda Alyssa.

— Michelle.

Elle était sous le choc. Un homme s'accroupit près d'elle.

— C'est ma sœur, Michelle Hopkins. Nous sommes à l'hôtel près de l'aéroport. Je m'appelle Andrew.

— Je vais l'examiner ici puis nous l'emmènerons au centre médical pour la soigner.

Alyssa le regarda d'un air surpris.

— Elle ne va pas à l'hôpital ? On n'appelle pas une ambulance ?

— On fait les choses d'une manière un peu différente, ici, dit-il.

Il n'avait pas envie d'expliquer le système de santé devant les badauds mais il savait que les touristes s'épargnaient des tracasseries administratives avec les assurances et les compagnies aériennes en allant au centre médical. À moins que leur état soit grave, bien entendu.

— Mais rassurez-vous, nous avons au centre médical tout le matériel nécessaire pour la traiter. Michelle, vous avez une entorse à la cheville.

— Leighton, murmura Alyssa. Son oreille...

Il se pencha pour voir d'où provenait l'hémorragie.

— Prenez-vous un traitement médical, Michelle ?

— Des anticoagulants, répondit Andrew.

C'était logique. Il allait donc falloir plus que des mouchoirs en papier pour arrêter l'hémorragie.

— Il faudrait arrêter de les prendre pendant deux jours, le temps que la plaie commence à cicatriser.

— Ce n'est pas dangereux d'arrêter ? demanda Michelle.

— Non, ce serait nécessaire aussi si vous deviez vous faire opérer. C'est pour éviter une hémorragie. Bien. Il faut qu'on y aille. Alyssa, est-ce que tu peux rester ici le temps que j'aille chercher ma voiture ?

Il se félicita de l'avoir appelée Alyssa, cette fois. Elle hocha la tête. Leur patiente se redressa sur un coude.

— Je peux reprendre le bus, dit-elle.

Mais Alyssa posa une main sur son épaule pour la calmer.

— Je pense qu'il vaut mieux que vous alliez au centre médical. Vous avez une plaie à la tête qui nécessitera sans doute des points.

— Et je viens avec toi, Michelle, dit son frère pour la rassurer.

— Bonne idée, dit Leighton.

Une paire de bras supplémentaires ne serait pas de trop si Michelle n'était pas en état de marcher jusqu'à la voiture. Il était content qu'Alyssa soit là. Elle était compétente et imperturbable, ce qui était toujours un atout avec les patients difficiles.

Ils arrivèrent au centre médial un quart d'heure plus tard. Michelle s'était apaisée.

— Ça va ? lui demanda Alyssa.

— Oui, je suis désolée, j'avais bu.

— C'est souvent ce que font les gens qui prennent le discobus. Ne vous inquiétez pas, maintenant, Leighton va s'occuper de vous.

Leighton acquiesça d'un hochement de tête.

—Je vais chercher le matériel. Vous pouvez emmener Michelle dans cette salle, à gauche.

— Je vais rester dans le couloir, dit le frère de la patiente. Je n'ai pas envie de vous donner du travail supplémentaire, au cas où je tombe dans les pommes.

— Vous vous en êtes bien sorti, jusque-là.

— Je ne regardais pas, dit-il, confus.

Alyssa se mit à rire et Leighton sentit le désir monter en lui. Il se dirigea vers le local où était entreposé le matériel médical, content de pouvoir être seul un instant. Il n'allait pas être simple de côtoyer Alyssa pendant ces quelques jours. En même temps, il ne pouvait pas penser à une meilleure infirmière qu'elle dans ce genre de situation.

Que connais-tu de ses compétences d'infirmière ?

Rien, il n'avait jamais travaillé avec elle. Mais elle avait été efficace avec Michelle.

Une demi-heure plus tard, le taxi que Leighton avait appelé emmena Michelle, son frère et une liste d'instructions concernant les blessures à la tête et à la cheville. Leighton soupira.

— Je te ramène à l'hôtel, Lyssa.

— Merci. J'ai loué une voiture mais l'agence était fermée quand je suis arrivée à l'aéroport, dit-elle en sortant du centre médical. J'irai la chercher demain matin.

— La journée a été longue ? demanda-t-il en reprenant la route.

— Très. Mais je vais enfin pouvoir faire la grasse matinée.

Elle se cala contre l'appui-tête et ferma les yeux. Fin de la conversation.

C'était mieux ainsi. De toute façon, il n'avait plus grand-chose à lui dire, à part lui révéler que Jamie était son frère. Et cela attendrait le lendemain. Pour l'heure, ils avaient besoin de dormir. Si toutefois son corps émoustillé par la présence de son ex-femme le lui permettait.

Lorsqu'il rentra chez lui, l'envie de dormir lui avait passé. Il alla se préparer une tasse de thé et s'assit sur la terrasse pour écouter les vagues se brisant sur les rochers. Des images d'Alyssa surgissaient dans son esprit, excitant son désir de faire l'amour avec elle, de l'entendre crier son nom quand elle jouissait, de sentir ses mains parcourir son corps.

Il sourit en pensant que Jamie avait imaginé qu'ils s'entendraient bien. Si seulement ils se rencontraient dans les îles Cook pour la première fois !

Malheureusement, son frère avait raison. Alyssa et lui semblaient faits l'un pour l'autre, jusqu'à ce que la vie et ses complexités s'en mêlent.

Comme le fait d'apprendre, de but en blanc, qu'il avait un demi-frère dont personne ne lui avait jamais parlé. et que leur père avait soudoyé la mère de Jamie pour qu'elle reste discrète sur leur relation. Son père avait eu une aventure avec la meilleure amie de sa femme et Jamie était né de cette union adultérine. John Harrison avait contribué financièrement à son éducation, à condition que le garçon ne sache rien de l'identité de son père. La mère de Jamie avait accepté le marché afin qu'il ait toutes les chances de son côté, mais à sa mort, elle lui avait laissé une lettre dans laquelle figuraient le nom de son père et les raisons pour lesquelles elle avait tu son identité jusque-là.

En apprenant la nouvelle, Leighton avait été bouleversé. Et blessé. Il avait un frère. Cette histoire expliquait l'état du couple que formaient ses parents et le malaise qui régnait parfois entre eux.

Mais cela ne justifiait en rien le fait qu'il n'en ait pas parlé à Alyssa. Comment aurait-elle pu le soutenir sans être au courant de ce qui lui arrivait ? Il n'avait pas fait grand-chose pour qu'elle reste. Il s'était contenté d'attendre qu'elle le comprenne sans être au courant de rien, ce qui était ridicule. En gardant tout pour lui, il avait fait ce qu'il avait toujours cherché à éviter, à savoir être cachottier, malhonnête et fuyant comme ses parents.

Si Alyssa avait été au courant de l'existence de Jamie et de la liaison de son père, n'aurait-elle pas pensé que Leighton puisse se comporter comme lui sur ce plan-là aussi ? Il redoutait sa réaction et n'avait pas surmonté sa peur. Et, quand elle était partie, au premier scandale s'en était ajouté un deuxième, quand Leighton avait appris que son père avait aussi tenté d'acheter Alyssa. Il avait eu honte d'être le fils d'un homme qui traitait les femmes avec aussi peu de respect. Le pire était qu'en refusant de dire la triste vérité à Alyssa, il s'était comporté comme cet homme. Jamais il n'oublierait l'expression sur le visage d'Alyssa quand elle avait pris ses affaires pour partir en l'accusant de l'exclure de sa vie. Ce qui n'était pas loin de la vérité.

De toute évidence, elle avait tourné la page, gravi les échelons professionnellement et semblait bien entourée dans sa vie privée. Et, d'après ce qu'il avait pu voir quand elle s'était occupée de Michelle, elle paraissait plus forte, plus sûre d'elle, plus centrée. Et il doutait que ce soit une simple posture pour le maintenir à distance.

Il avait vendu ses parts du centre médical pour faire des remplacements, ce qui le conduisait à changer d'endroit en permanence. Ses ambitions professionnelles s'étaient envolées en même temps que l'amour qu'il portait à ses parents. La résignation de sa mère le faisait enrager autant que le comportement effroyable de son père.

Qu'avait fait Alyssa pendant les quatre années qui venaient de s'écouler ? Après leur séparation, il avait entendu dire qu'elle avait déménagé à Perth, en Australie, puis il l'avait perdue de vue.

Le moment était venu de dire la vérité qu'il aurait dû révéler à l'époque où cela aurait encore pu changer le cours des choses. À présent, quand elle découvrirait ce qu'il avait à lui dire, elle se réjouirait sans doute de l'avoir quitté.

2

Alyssa ouvrit les yeux et se retourna. Le soleil filtrait par les côtés des volets et il faisait déjà très chaud. Elle était tellement fatiguée qu'elle ne se rappelait même plus s'être couchée ni s'être douchée, mais le drap de bain encore humide accroché au porte-serviette en témoignait. Alors que sa rencontre avec Leighton au bar de l'hôtel l'avait vraiment bouleversée, ça ne l'avait pas empêchée de dormir, preuve de son total épuisement.

On frappa à la porte. Était-ce ce qui l'avait réveillée ?

Revenez plus tard, je suis en vacances.

Elle parvint à s'extirper du lit, enfila le peignoir accroché derrière la porte. C'était sans doute les filles. Mais elle se figea. Et si c'était Leighton ? Elle n'était pas prête à le voir. De toute façon, il n'avait aucune raison de venir toquer à sa porte.

— Il était temps ! s'écria Collette en riant quand elle ouvrit la porte. On ne t'a pas attendue pour le petit déjeuner au bord de la piscine mais tu ne peux pas passer ta journée à dormir. On a une excursion en bateau d'ici deux heures.

— Quelle heure est-il ?

— 10 h 15, répondit Collette en entrant dans la pièce. J'ai appris qu'on t'avait surclassée. C'est super !

Ses membres étaient lourds et elle avait besoin d'une tasse de café pour se mettre en marche.

— Il me faut un café. Je vais appeler le bar de l'hôtel.

— C'est fait, il va arriver. Je suis venue avant que les autres s'incrustent dans ta bulle de tranquillité parce qu'il faut que je te dise quelque chose.

Un frisson lui parcourut le dos. Elle ignorait ce que Collette comptait lui dire mais quelque chose dans sa posture lui fit pressentir que cela ne serait pas plaisant.

— Viens, asseyons-nous sur la terrasse.

— Voici le café, dit Pepe en montant sur la terrasse avec un plateau.

Est-ce que cet homme travaillait vingt-quatre heures sur vingt-quatre, à tous les services ?

— Vous avez bien dormi, Alyssa ? demanda-t-il.

— Je ne me souviens même pas de m'être couchée, répondit-elle avant de boire une gorgée de café.

Elle se tourna vers Collette une fois que Pepe fut reparti.

— Alors ?

Collette hésita.

— Je ne suis pas sûre que tu sois contente de nous.

— De « nous » ? Tu veux dire Jamie et toi ? Est-ce que, par hasard, cela aurait un rapport avec Leighton ?

— En fait, on ne savait pas que vous aviez été mariés.

Leighton en avait donc parlé à Jamie.

— C'est normal. Je ne savais pas que Leighton et Jamie se connaissaient et, même si je l'avais su, je n'avais pas vraiment de raisons de parler de lui. Cela fait quatre ans que nous nous sommes séparés.

C'était le deuxième homme à l'avoir abandonnée, même si c'est elle qui était partie.

Elle n'avait jamais connu son père. Il avait disparu de la circulation à sa naissance. On lui avait dit qu'il s'était tué dans un accident de bateau quand elle avait huit ans. Elle s'était accrochée à sa mère toute son enfance. Même si elles n'avaient pas beaucoup d'argent, tout était beau quand sa mère était là. Mais le cancer l'avait emportée quand Alyssa avait dix-sept ans, et c'est à partir de ce moment-là, en s'occupant de sa mère souffrante pendant les derniers mois de sa vie, qu'elle avait décidé de devenir infirmière.

— Tu sais que Jamie adore faire l'entremetteur. Nous avons fait en sorte que Leighton et toi soyez assis l'un à côté de l'autre, à table, le jour du mariage. Il était persuadé que vous étiez faits pour vous entendre.

Elle aurait pu éclater de rire si la situation n'était pas aussi tragique. Elle but une autre gorgée de café.

Elle allait passer le repas de noces assise à côté de son ex. Soit. Ils pouvaient être courtois. La veille, ils avaient réussi à s'occuper de Michelle sans s'étriper. Et l'ambiance à table serait bien plus détendue qu'au centre médical.

— Ne t'inquiète pas, dit-elle. Tout va bien se passer.

Elle ferait son possible pour que ce soit le cas.

— Merci, dit Collette en regardant la piscine. Tu ne m'as jamais parlé de lui.

— Il n'y a pas grand-chose à dire. Nous nous sommes mariés vite, séparés vite et, depuis, je suis célibataire.

— Tu n'as jamais eu envie de réessayer ?

— Avec Leighton ? Non, pas question.

Elle avait déjà suffisamment souffert pour ne pas souhaiter prendre le risque une deuxième fois.

— Tu as raison, il y a d'autres hommes super sur la planète.

— Alyssa ?

Elle tourna la tête. Leighton se tenait devant la terrasse, en compagnie d'une femme.

— Voici Kara, de l'agence de location de voitures. Elle peut monter ?

— Bien sûr !

Elle eut un haut-le-cœur. Que faisait-il là ?

— Je t'ai apporté un café mais je vois que Collette a été plus rapide que moi.

Elle décela de l'inquiétude dans ses yeux quand il regarda Collette. Savait-il, lui aussi, qu'ils dîneraient à la même table ?

— Je vais m'habiller. Je n'en ai pas pour longtemps, dit-elle en se levant sans attendre qu'on lui réponde.

Tu parles d'un réveil en douceur, pour mon premier jour de vacances !

Il y avait trop de monde sur la terrasse. Et une personne en particulier la mettait dans tous ses états. Trop inattendu. Et trop attirant.

Mais c'est fini entre nous depuis longtemps. Je ne suis pas censée éprouver quoi que ce soit, à part de l'indifférence.

Quand elle ressortit, Kara lui tendit une clé.

— Bonjour Alyssa, je suis désolée que vous ayez trouvé porte close, hier. Mais le Dr Leighton m'a dit que vous logiez ici. Votre voiture est garée sur le parking de l'hôtel. Il faut simplement que vous signiez les papiers et que vous me présentiez votre permis de conduire.

Était-ce Leighton qui avait organisé tout cela ? Pourquoi ? Ils n'étaient plus mariés, ni même amis.

— C'est gentil, merci. De toute façon, hier soir, j'étais dans un tel état de fatigue que c'était probablement mieux que je ne conduise pas.

— Merci à vous, dit Kara en souriant.

Leighton eut l'air soulagé. S'attendait-il à ce qu'elle fasse un scandale parce que l'agence était fermée à son arrivée ? C'était mal la connaître. Quoi qu'il en soit, il avait probablement oublié ce qu'ils avaient vécu ensemble. Si seulement elle pouvait faire de même ! Mais les souvenirs semblaient affluer, indépendamment de sa volonté. La manière dont il embrassait. Ou sa générosité, quand il avait fait en sorte qu'elle ait suffisamment d'argent sur son compte pour ne manquer de rien, parce qu'il aimait partager ce qu'il possédait. La période où il l'avait aidée à réviser pour son diplôme. Ses mains sur ses hanches quand ils faisaient l'amour. Tout avait été parfait. Jusqu'au moment où tout était parti à vau-l'eau.

Elle prit les documents. Ce n'était pas le moment de ressasser le passé. Ni de s'attarder sur les périodes où elle en avait bavé. Elle s'en était sortie. Le fait de ne compter que sur elle-même pour prendre toutes ses décisions avait renforcé sa résilience.

Dix minutes plus tard, elle admirait la décapotable jaune garée sur le parking. Elle sourit.

— Je vais faire un petit tour.

L'air frais l'aiderait sans doute à s'éclaircir les idées. Et à faire baisser sa température corporelle.

— Attends-moi cinq minutes. Je vais prévenir les autres, elles sont à la piscine.

— J'ai envie d'y aller tout de suite.

— En fait, Leighton veut te parler, insista Collette sans la regarder dans les yeux.

— Pourquoi ?

— Je ne sais pas. On se voit plus tard si on n'a pas le temps d'aller faire un tour en voiture. On a rendez-vous à midi pour prendre la navette qui nous emmène à Muri pour l'excursion.

Alyssa reprit le chemin du bungalow, un peu inquiète. À raison.

— Qu'est-ce que tu veux, Leighton ? dit-elle en le voyant sur la terrasse. Il faut que je me prépare pour rejoindre les filles. Je n'ai pas beaucoup de temps.

Il hésita et alla s'appuyer contre la rambarde pour regarder la mer, au-delà de la piscine. Elle n'en revenait pas qu'il soit aussi silencieux. Elle avait du mal à reconnaître l'homme avec qui elle avait partagé un an de sa vie, toujours maître de la situation, toujours en pleine possession de ses moyens. Que s'était-il passé ? Avait-il besoin d'elle ? Était-elle en mesure de l'aider, après tout ce qui s'était passé entre eux ? Oui, elle l'aiderait s'il avait besoin d'elle. Après tout, c'était le seul homme qu'elle ait jamais aimé.

Il avait toujours occupé une place particulière dans son cœur, malgré leur séparation. Elle s'assit dans un fauteuil.

— Leighton ?

Il se retourna brusquement.

— Jamie est mon frère.

Et alors, en quoi cela me concerne-t-il ?

Puis elle prit conscience de ce qu'il venait de dire.

— Jamie est... ton frère ? Mais...

Elle s'interrompit avant de dire des bêtises. Jamais il n'avait parlé d'un frère quand ils étaient ensemble. Mieux valait le laisser s'expliquer.

Leighton but une gorgée de café et vint s'asseoir près d'elle.

— Nous sommes demi-frères. Mon père a eu une aventure avec la meilleure amie de ma mère. Je n'étais pas au courant, jusqu'à ce que Jamie débarque à la maison.

Elle réfléchit quelques secondes et sentit la colère monter en elle. Elle avait eu affaire à John Harrison, qui avait tenté de l'acheter pour qu'elle s'éloigne de son fils. Ce qu'elle venait d'apprendre confirmait ce qu'elle pensait de lui. En un sens, c'était pire. Pour Leighton comme pour Jamie.

— Qu'est-ce qui a poussé Jamie à venir te voir ?

— La mort de sa mère. C'est là qu'il a appris qui était son père. Il a fait quelques recherches et m'a retrouvé. Il est venu spécialement du Royaume-Uni, où il finissait ses études, pour me raconter les détails sordides, avec comme preuve les résultats d'un test ADN. Tout ce qui s'était passé pendant notre enfance respective.

Il finit son café et planta ses yeux dans les siens avec un tel désespoir qu'elle dut résister à la tentation de le prendre dans ses bras. Si elle s'approchait de lui, elle ne le laisserait plus jamais partir. Ce n'était pas une bonne idée.

Elle l'incita à poursuivre du regard.

— Nous étions encore ensemble, à l'époque. Le jour où il est venu à la maison, tu étais à l'hôpital. Il avait calculé son coup parce qu'il voulait me l'annoncer seul à seul. Il craignait peut-être que je l'envoie promener ou que tu interviennes et qu'il ne puisse aller au bout de sa révélation.

Il avait raison. Elle n'aurait pas accepté la nouvelle sans preuves.

— Mais tu ne me l'as jamais dit !

— Non, et je le regrette amèrement.

Elle commença à assembler les pièces du puzzle.

— Serait-ce, à tout hasard, la période où nous avons cessé de communiquer ?

— Oui, dit-il d'un air contrit.

— Si j'avais su...

Est-ce que cela aurait changé quelque chose ?

Évidemment ! Elle aurait pu l'aider à encaisser le choc, en l'écoutant et en le soutenant. Elle n'osait pas imaginer ce qu'il avait enduré en silence.

Et elle ne l'aurait peut-être pas quitté. Elle était partie parce qu'il semblait ne plus tenir à elle ni à leur relation. C'était peut-être faux. Il avait simplement appris coup sur coup qu'il avait un frère et que ses parents lui avaient menti toute son enfance.

— J'étais ta femme, Leighton. Nous étions amoureux et censés pouvoir discuter d'autre chose que de notre journée à l'hôpital ou au centre médical.

La colère était là, bouillonnante. Lui avait-il caché autre chose ? Pourquoi ne lui avait-il pas parlé ? Pourquoi s'était-il fermé ? Elle s'était retrouvée face à un mur et avait dû se protéger pour ne pas souffrir.

— Je sais.

Il laissa le silence retomber.

— Tu sais ? C'est tout ce que tu as à dire ? Notre couple s'est mis à battre de l'aile parce que tu t'es replié sur toi-même. Tu passais des heures au centre médical, on ne dînait plus ensemble, on ne faisait plus l'amour. Je me suis sentie délaissée et inutile.

Il hocha la tête. De toute évidence, il avait toujours du mal à communiquer. Il en disait un minimum mais cela n'était pas suffisant. L'ancienne Alyssa s'en serait peut-être contentée, mais elle avait changé.

— Alors, Leighton, pourquoi ne m'as-tu rien dit ? Tu ne penses pas que nous méritions mieux que ça l'un et l'autre ?

Il étendit les jambes et scruta la mer.

— J'étais furieux que mon père ne m'ait jamais parlé de ce frère. Furieux, blessé et abasourdi, en fait. Sous le choc de découvrir que mon père n'était pas l'homme que je croyais.

— Il y avait de quoi l'être, en effet.

— Je pense qu'il aurait dû me le dire même si la mère de Jamie était l'amie de ma mère. Il aurait dû assumer ses agissements. En attendant, Jamie et moi avons grandi seuls, chacun de son côté, alors que nous aurions pu vivre notre enfance ensemble.

Alyssa commençait aussi à mieux comprendre le caractère intransigeant de la mère de Leighton. Son mari avait couché avec sa meilleure amie et un fils était né de cet adultère. Aurait-elle accepté Jamie si la vérité avait éclaté au grand jour ?

— Ma mère n'a plus adressé la parole à son amie dès l'instant où elle a appris qu'elle avait couché avec mon père.

— Cela aussi se comprend. Mais elle est restée avec ton père.

— Sans commentaire, dit Leighton avec amertume.

Toutefois, elle n'avait pas envie de remuer le couteau dans la plaie.

— Vous avez l'air de bien vous entendre, Jamie et toi.

Elle était étonnée de ne jamais avoir entendu Jamie et Collette mentionner Leighton. Cela dit, elle ne leur avait jamais parlé non plus de son ex-mari. De plus, Jamie travaillait souvent quand Collette et elle sortaient toutes les deux.

— Incroyablement bien, vu les circonstances. Je suis content qu'il ait eu envie de me connaître. Je suis content d'avoir un frère.

Son sang se remit à bouillir.

— Tu n'as jamais vraiment cru à notre histoire, dit-elle.

Elle en vint même à se demander pourquoi il l'avait épousée.

— C'est faux. Mais j'étais sous le choc. Je ne savais plus où j'en étais. Quand je suis allé voir mon père pour lui apprendre que j'avais rencontré mon demi-frère, il s'est énervé et a feint de ne pas savoir de quoi je parlais. Et quand je lui ai montré la preuve, ça l'a mis hors de lui. Il a accusé la mère de Jamie d'avoir rompu le contrat. Elle était censée accepter de l'argent contre son silence, tous les mois, jusqu'aux vingt et un ans de Jamie.

— Cela ne m'étonne pas de lui.

John Harrison était riche et persuadé que l'argent pouvait tout acheter.

Leighton se tourna vers elle et posa la main sur la sienne.

— Il m'a dit aussi que tu avais été complètement idiote de refuser sa proposition. Que tu n'avais pas voulu de son argent contre ton renoncement au mariage. Je n'en revenais pas. Tu ne m'en avais jamais parlé non plus. Pourquoi ?

— Parce que j'estimais que c'était une histoire entre ton père et moi. Je ne voulais pas te mettre en porte-à-faux. Je savais que tu avais beaucoup d'estime pour lui. Cela t'aurait obligé, d'une certaine manière, à choisir entre lui et moi. Sachant que j'étais folle de toi et qu'il ne voulait pas nous voir en couple, nos relations n'auraient plus été les mêmes.

Elle avait passé des journées à réfléchir aux répercussions d'un éventuel aveu à la fois sur leur couple et sur les relations de Leighton avec son père. Elle n'avait pas voulu faire descendre son père du piédestal sur lequel Leighton l'avait placé.

Leighton secoua la tête.

— Je sais que j'aurais dû aborder le problème différemment et te parler, dit-il, mais, à l'époque, j'en étais incapable. Je suis conscient d'avoir fait n'importe quoi. Mais nos relations n'étaient pas au beau fixe, avant toute cette histoire. Tu passais de plus en plus de temps avec tes amies.

— Parce que tu n'étais jamais là, rétorqua-t-elle.

— J'ai fini par me dire que tu n'en avais rien à faire de moi.

— Quoi ? dit-elle en s'étranglant à moitié. Bien sûr que j'en avais quelque chose à faire de toi.

Elle était choquée qu'il ait pu imaginer le contraire une seule seconde.

— Excuse-moi, Alyssa. Je me suis mal exprimé. Je sais que tu m'aimais.

— Tu cherches à me faire porter le chapeau en pensant que tes excuses suffiront à régler le problème ? Tu sais très bien que si tu m'avais parlé, je ne t'aurais jamais laissé affronter tout cela seul. Jamais.

Elle s'interrompit pour se calmer. Mais les mots affluaient sous le coup de la colère et de l'incompréhension.

— Je n'en reviens pas que tu m'aies fait aussi peu confiance, dit-elle, blessée.

Leighton leva les mains en signe d'apaisement.

— Je pense que je vais y aller. Mieux vaut s'en tenir là avant que la conversation dégénère.

Il fuyait, une fois de plus. Mais ce n'était pas une mauvaise idée. Elle aussi avait besoin de rester seule pour réfléchir à tout ce qu'il venait de dire – et tout ce qu'il n'avait pas dit.

— En tout cas, rappelle-toi que jamais je ne t'aurais laissé gérer ça tout seul.

Quand elle l'avait quitté, dans un mouvement de fureur, cela faisait des semaines, voire des mois qu'il ne lui parlait plus. Elle avait l'impression de vivre en colocation avec quelqu'un qui avait des horaires inverses aux siens. Elle s'était dit qu'il n'était plus amoureux d'elle. Elle avait l'habitude, les personnes censées l'aimer finissaient toujours par l'abandonner. Aurait-elle dû insister pour qu'ils parlent ? Aurait-il accepté de le faire ? Seraient-ils toujours ensemble ?

Elle le regarda partir, le cœur gros. Leighton avait été son grand amour. Ils allaient passer une semaine ensemble et ils devaient évacuer tout ressentiment. Ce serait invivable. Il était préférable de trouver la paix.

Leurs problèmes de couple étaient loin, désormais. Ils étaient séparés. D'ailleurs, elle n'avait jamais compris pourquoi il n'avait pas fait les démarches pour divorcer, lui qui ne laissait jamais les choses traîner. Elle-même n'avait pas pris le temps d'aller voir l'avocat pour lancer la procédure.

Sa première matinée de vacances avait pris une drôle de tournure. Il fallait qu'elle mette tout cela de côté et qu'elle se recentre avant de rejoindre les filles.

— Lyssa…

Leighton était revenu sur ses pas.

— Je sais que j'aurais dû te parler de Jamie. Et je suis vraiment désolé de ne pas l'avoir fait.

— Je m'appelle Alyssa, pas Lyssa.

Lyssa, c'était quand il y avait quelque chose de spécial entre eux, et ce quelque chose n'existait plus.

Alyssa le pardonnerait-elle un jour ?

Leighton donna un coup de pied dans un caillou en poussant un juron. Était-ce vraiment important ? Ils n'étaient plus ensemble depuis longtemps et n'étaient même pas restés amis.

Pourquoi, alors, faire cas de ce qu'elle pensait de lui ? Pourquoi tenait-il tant à lui faire comprendre les raisons de ses agissements et à lui faire accepter son erreur ? Mais il n'avait pas tous les torts. Une fois son diplôme en poche, Lyssa – non, Alyssa, il fallait qu'il s'y tienne – avait changé. Elle avait eu envie de s'amuser comme jamais dans sa vie, alors que lui étudiait encore la médecine générale et passait de longues heures devant l'écran de son ordinateur ou au centre médical. Après les mois qu'elle avait passés à s'occuper de sa mère malade et ses années d'études, elle méritait bien de se défouler un peu. Mais ils n'avaient pas su passer suffisamment de temps ensemble pour faire évoluer leur relation. Et leur couple avait implosé à la première difficulté, parce que chacun s'était préoccupé de ses propres problèmes au lieu d'affronter les choses en équipe. Si seulement il avait eu le courage de tout lui raconter !

Son père avait tenté de le dissuader de voir Jamie, au prétexte que cela ferait du mal à sa mère. Comme si, de son père ou de Leighton, c'était ce dernier qui était responsable de la souffrance de sa mère ! Quand il avait essayé de parler de Jamie à sa mère, elle avait pincé les lèvres encore plus fort que d'habitude. Il avait toujours été plus proche de son père que de sa mère, toutefois jamais il ne s'était senti rejeté par elle. Jamais non plus il n'avait compris pourquoi elle était restée mariée, après ce qui s'était passé entre son mari et sa meilleure amie. Le fait qu'elle provienne d'un milieu modeste n'était pas une raison suffisante. Pas aux yeux de Leighton, en tout cas. Mais il n'était pas expert en liens matrimoniaux, comme en témoignait sa relation avec Alyssa. Il en était venu à se demander si l'amour et l'engagement étaient vraiment faits pour lui. À plus forte raison depuis qu'il avait découvert que le couple de ses parents était une façade derrière laquelle ils avaient caché des vérités hideuses. Il s'était même demandé si l'amour qu'ils avaient dit éprouver pour lui pendant toute son enfance était vraiment sincère.

Pas étonnant qu'il se soit réfugié dans le travail. Il avait perdu tous ses repères d'un coup. Il avait même fini par revendre ses parts du cabinet médical pour travailler dans différents endroits de la Nouvelle-Zélande. Il n'avait plus de racines.

— Tu viens ?

Il se retourna. Jamie et ses amis l'attendaient pour prendre la navette censée les emmener jusqu'au bateau. Mais il n'avait pas envie de faire comme si tout allait bien, alors qu'il y avait un trou béant dans son cœur depuis qu'il avait lu la déception dans le regard choqué d'Alyssa. Il s'était rendu compte qu'il était toujours attaché à elle. Plus qu'il ne l'aurait imaginé avant de la croiser au bar de l'hôtel.

Curieusement, ils s'étaient déjà disputés. Mais il avait encore des choses à lui dire et, tant qu'il ne l'aurait pas fait, elle lui tournerait le dos chaque fois qu'il s'approcherait d'elle.

— Leighton ? dit Jamie. Ressaisis-toi. Tout va bien. Alyssa est au courant de tout, maintenant, et tu peux passer à autre chose.

Mais Jamie n'avait pas tout à fait raison. Alyssa ne savait pas tout. Il n'était pas si facile de lui parler. Il caressait le rêve de la revoir depuis si longtemps que sa présence avait agité des émotions profondément enfouies.

Un éclat de rire le fit se retourner. Elle était là, cette grande blonde magnifique, bavardant et riant avec ses amies. Il se rappela la douceur de ses cheveux glissant entre ses doigts et sentit le désir monter en lui. Il avait été fou d'elle.

Il se retourna et rejoignit ses amis qui montaient dans la navette. Rien de tel qu'une partie de pêche pour chasser des souvenirs agaçants de son esprit. Des souvenirs d'une époque où il était amoureux et heureux, persuadé de n'avoir aucun problème majeur dans la vie. Des souvenirs d'un sourire enchanteur capable d'illuminer une journée difficile, de bras l'enlaçant après la mort d'un patient qu'il n'avait pas pu sauver.

L'image d'une Alyssa plus mûre et plus sûre d'elle prenait à présent le relais. Son sourire était devenu confiant et charmeur, ses yeux verts, jadis méfiants, étaient désormais rieurs et optimistes. Elle était surprenante – et attirante, ce qui risquait de compliquer les choses dans les prochains jours.

— Dis, Leighton, tu ne trouves pas qu'on est mieux là qu'à prendre la tension de nos clients en leur répétant de manger moins de viande ? dit Dan, un cardiologue qui travaillait avec Jamie.

Leighton parvint à sourire et hocha la tête.

Les amis de Jamie étaient vraiment sympathiques. Il était parvenu à s'intégrer à ce groupe sans difficulté.

— Si, je serai encore mieux quand j'aurai pêché le poisson le plus gros.

— Ça, ça reste à voir, dit Dan en riant.

— Quand est-ce que tu as pêché pour la dernière fois ici ? demanda Jamie.

— C'était il y a un mois. Je n'ai pas eu beaucoup de chance mais ça a été l'occasion d'entendre beaucoup d'histoires de pêche fantastiques devant une bière, après la sortie.

— Et tu y as cru ? s'exclama Dan.

— Je ne sais pas. Mais aujourd'hui, je sens que la chance va me sourire. Sans quoi je paierai la première tournée au retour.

Il avait conscience de se jeter dans la gueule du loup mais l'ambiance était à la plaisanterie. Il était temps de laisser le passé et son histoire avec Alyssa derrière lui. Même si son rythme cardiaque accélérait dès qu'il la voyait. Ce qui ne lui était pas arrivé depuis des années. Depuis qu'elle l'avait quitté, en fait. Il avait bien eu quelques aventures, cependant aucune femme n'avait éveillé en lui l'envie de s'engager sérieusement.

3

— Je vais faire un tour. Quelqu'un est intéressé ? demanda Alyssa à la cantonade.

Il leur restait un petit moment avant l'excursion en bateau et Alyssa avait besoin de faire quelque chose, n'importe quoi tant que cela lui permettrait de ne plus penser à Leighton et à tout ce qu'il lui avait raconté. Un petit tour de l'île en voiture l'aiderait à se calmer.

— Moi ! répondirent Andrea et Gina en chœur.

— Moi ! dit Collette. Je rêve de monter dans cette jolie décapotable !

Puis elle se rapprocha d'elle.

— Ça va, Alyssa ?

— Oui.

Dis la vérité.

— Et non. Il faut que je digère beaucoup de choses mais c'est tout. Cela ne change rien au fait que Leighton et moi sommes séparés et contents de l'être.

— C'est dommage parce que je suis du même avis que Jamie. Vous allez vraiment bien ensemble.

Curieusement, les paroles de Collette suscitèrent en elle une forme d'espoir. Pourtant elle eut envie de les lui faire ravaler. Quand elle n'était pas en colère contre lui, Leighton la mettait encore dans tous ses états rien qu'en lui souriant. Et la douleur dans son regard avait rouvert une plaie dans son cœur, l'incitant à vouloir être là pour lui. Mais il n'avait pas été honnête avec elle, ou alors beaucoup trop tard. Et elle avait la sensation désagréable qu'il ne lui avait pas tout dit. C'était une bonne raison de rester prudente.

— Dans tes rêves, Collette. Il n'y a aucune chance que nous nous remettions ensemble. Apparemment, je n'ai pas été là quand il a eu besoin de moi et il n'a pas eu suffisamment confiance en moi pour me raconter ce qu'il lui arrivait.

À sa décharge, elle ne s'était peut-être pas rendu compte que quelque chose n'allait pas chez lui. Peut-être était-elle trop occupée à faire la fête, à rattraper le temps perdu de son adolescence ? Elle avait passé une bonne partie de son année de terminale à s'occuper de sa mère, avant que le cancer ne l'emporte. Elle ne sortait pas et, quand elle n'était pas au chevet de sa mère, elle révisait pour avoir de bonnes notes. Les professeurs l'avaient beaucoup soutenue et encouragée à faire de son mieux. C'est ainsi qu'elle avait pu entrer à l'école d'infirmière, où elle avait travaillé dur pour que sa mère soit fière d'elle, même si elle n'était plus là pour voir sa réussite. Ces années avaient été difficiles mais productives. Puis elle avait rencontré Leighton et était tombée amoureuse de lui. Tout avait été merveilleux. À part ce qu'elle n'avait pas su déceler.

— Il me semble que Leighton est content de te voir, malgré tout.

Comme s'il avait une bonne raison de vouloir lui plaire ! Il avait toujours été sympa avec elle mais de là à penser qu'il avait envie de passer du temps avec elle...

Quatre ans auparavant, elle avait eu le sentiment qu'il était soulagé qu'elle sorte de sa vie. Il n'y avait pas de raison qu'il change de point de vue.

Ils ne savaient plus rien l'un de l'autre, rien de ce qui s'était passé pendant ces quatre années. Peut-être avait-il quelqu'un dans sa vie. D'où venait cette pointe de jalousie ? Leighton faisait ce qu'il voulait de sa vie. Peut-être était-il célibataire et focalisé sur son travail ?

— Où est-ce qu'on va ?

— La route principale fait le tour de l'île. Cela te donnera une idée générale de ce qu'il y a à voir. Cela prend trois quarts d'heure, nous avons largement le temps avant de retrouver ma mère et ma sœur ici pour l'excursion en bateau, dit Collette.

— C'est parti ! dit Alyssa en souriant, sentant l'énergie revenir.

Au diable son passé. Du moins pour le moment.

— La limitation de vitesse est très basse dans toute l'île. À part ça, nous sommes ensemble à Rarotonga et tout va bien, dit l'heureuse future mariée.

Alyssa eut de nouveau un pincement au cœur en pensant à son propre mariage. Leighton et elle s'étaient mariés lors d'un week-end prolongé et la plupart de leurs amis avaient déjà d'autres projets quand ils avaient pris la décision de passer devant le maire avant les examens finaux de Leighton, six semaines plus tard. La célébration elle-même avait eu lieu dans un restaurant où ils avaient déjeuné avec les quelques amis qui se trouvaient là, avant de filer dans un hôtel de luxe où ils étaient restés jusqu'au lundi soir.

Sa mère lui avait manqué plus que jamais ce jour-là. Elle aurait adoré Leighton et elle aurait été heureuse pour sa fille. Le sentiment de ne pas être acceptée par la famille de Leighton avait sans doute accentué ce manque. Mais ce n'était pas une surprise : dès le départ, John Harrison ne lui avait pas caché qu'il ne la considérait pas digne de leur famille. Quant à sa femme, Jean, elle ne manquait pas une occasion de lui rappeler qu'elle n'avait aucun goût ni pour s'habiller ni pour le reste. Quand John lui avait proposé ce qui était pour elle une petite fortune, afin qu'elle disparaisse de la vie de son fils, elle avait été choquée. Puis furieuse. Elle l'avait envoyé promener, et le fait qu'il ose renchérir son offre n'avait fait que renforcer sa détermination à le voir perdre la bataille. Bataille qu'il avait fini par gagner – sans verser un seul dollar.

— C'est le centre médical où tu es allée hier soir ? demanda Andrea en pointant l'édifice du doigt. C'est là que travaille Leighton, je crois.

— Oui, c'est là.

Elle imaginait mal Leighton travailler à Rarotonga, ne serait-ce que quelques mois. De nature un peu anxieuse, il avait toujours besoin de s'occuper. Mais peut-être avait-il changé depuis leur vie commune. Peut-être n'avait-il plus besoin de s'affairer à tout instant de la journée.

— Si ça se trouve, ils cherchent une infirmière. Je me vois bien travailler ici, dit Gina en riant.

Alyssa se concentra sur la conduite et repéra les endroits où elle pourrait revenir les jours suivants. Il y avait des cafés partout. Et des plages aussi. Elle ne serait pas à court d'activités et, une fois que la majeure partie des invités seraient partis, elle aurait plus de temps pour elle. En espérant qu'elle ne croise pas Leighton à tous les coins de rue. Prendre quinze jours de vacances n'était peut-être pas une si bonne idée.

— Et voilà, les filles ! dit-elle à la fin du tour de l'île, après avoir garé la décapotable dans le parking de l'hôtel.

— Déjà ! s'exclama Collette. C'est passé vite. Et la navette qui nous emmène au bateau est juste là.

— Il faut que j'aille chercher mes affaires. Je me dépêche, lança Alyssa.

Elle se réjouit de ne pas avoir enfilé son maillot quand Leighton était dans les parages. Le bikini rouge qu'elle avait acheté avant de partir laissait peu de place à l'imagination. Tout comme les deux autres maillots qu'elle s'était offerts quand Collette lui avait dit qu'elle passerait une bonne partie de ses journées au bord de la piscine ou à la plage.

— Prends ton appareil-photo sous-marin ! lui rappela cette dernière.

Elle se précipita vers son bungalow, le cœur léger comme elle ne l'avait pas eu depuis longtemps. Même l'idée de tomber sur Leighton ne la perturbait plus. Elle se sentit enfin en vacances, bien décidée à profiter de chaque instant. Dès à présent.

— Nous vous avons organisé un barbecue sur une petite île du lagon, annonça le capitaine alors que le bateau à fond transparent s'éloignait de la plage de Muri. Mes hommes sont en train de le préparer.

À en juger par les effluves délicieux qui parvinrent à leurs narines quand elles descendirent du bateau, ils étaient à la tâche depuis un moment déjà.

— J'ai déjà faim, dit Collette.

— On aura donc deux barbecues, aujourd'hui, si la pêche des garçons est fructueuse, dit Alyssa. Dans quel coin allaient-ils ?

— Je ne sais pas. C'est Leighton qui a organisé leur sortie. Entre autres. En fait, il a pratiquement organisé toutes les activités de la semaine, y compris cette excursion.

Leighton par-ci, Leighton par-là. Il n'y avait pas moyen d'y échapper. Après quatre ans sans aucun contact, elle n'en revenait pas de la place qu'il occupait désormais dans son esprit. Grand, les épaules larges, le bassin étroit et les cheveux châtains… Il était beau et intéressant. La première fois qu'elle l'avait vu, elle avait eu un moment de panique, le pressentiment que sa vie allait changer pour toujours. Ce qui s'était révélé être le cas, d'une certaine manière. Le courant était immédiatement passé entre eux et, dès ce moment-là, ils ne s'étaient pratiquement plus quittés. À part pour aller travailler, bien sûr. Le soir, ils se retrouvaient avec passion et, six mois plus tard, ils se disaient oui. Elle avait vécu comme dans un rêve. Un rêve merveilleux.

— Ça va ? demanda Collette. Ça a dû être un choc de le voir à l'hôtel, hier soir.

Elle savait exactement à quoi – ou plutôt, à qui – Alyssa était en train de penser.

— Un peu, oui. Mais ça va.

— J'espère.

— Cette semaine, c'est votre semaine, à Jamie et toi. Et moi, je suis en vacances et bien disposée à en profiter. Dire que cela ne m'était pas arrivé depuis deux ans !

— Allons boire un verre pour fêter ça !

— Désolée de te décevoir, mais je reste à l'eau jusqu'à ce qu'on rentre à l'hôtel. Mieux vaut prévenir que guérir.

Elle aurait tout le temps du monde de boire du champagne plus tard, une fois qu'elles rejoindraient les hommes. Et, parmi eux, Leighton.

— Je vais prendre une limonade, dit Collette.

Après le déjeuner, elles remontèrent à bord du bateau à fond de verre qui les emmena voir les poissons au-dessus du récif.

— Vous pouvez plonger et nager avec les poissons si vous voulez les voir de plus près et prendre des photos. Ils ne sont pas farouches.

Lorsqu'arriva son tour, Alyssa se laissa glisser dans l'eau. Mais, au lieu de s'arrêter comme semblaient l'avoir fait ses amies, elle eut l'impression que son corps ne faisait que descendre vers un fond qu'elle n'atteignait jamais. Elle paniqua et se débattit pour remonter à la surface – en vain. Elle demeura en suspension entre le fond et la surface. Elle se mit à battre furieusement des pieds et, voulant reprendre son souffle, avala une gorgée d'eau salée.

Ne tousse pas. Bats des pieds.

Elle finit par sortir la tête de l'eau et se mit à tousser. Elle nagea pour aller s'accrocher au bateau.

— Ça va ? demanda un membre de l'équipage.

— Je veux remonter ! cria-t-elle avant d'empoigner la main qu'il lui tendait.

Quelques instants plus tard, elle était allongée sur le pont et continuait à tousser et à recracher l'eau qu'elle avait malencontreusement avalée.

— Que t'est-il arrivé ? demanda Andrea, agenouillée à côté d'elle.

— Tenez, dit l'homme d'équipage en lui tendant une bouteille d'eau. Ce n'est pas très profond mais quand on n'a pas l'habitude de se retrouver avec de l'eau au-dessus de la tête, cela peut surprendre.

— C'était horrible !

— Je reste avec toi, dit Andrea.

— Non, va voir les poissons.

— Pour être honnête, je n'aime pas l'eau. J'ai failli me noyer quand j'étais petite et ça m'a fait passer l'envie de me baigner.

— Je comprends, dit Alyssa.

Finalement elle se sentait mieux et elle avait hâte d'observer les poissons. Elle y retourna mais avec précaution et sans s'éloigner du bateau, pour pouvoir s'y raccrocher en cas de panique.

— Leighton, tu pourrais examiner Alyssa ? Elle a avalé un litre d'eau de mer en plongeant du bateau.

Merci Collette.

— Je n'ai pas plongé et tout va bien. J'ai juste besoin de prendre une douche et de me changer.

Le bikini était approprié sur le bateau mais beaucoup moins une fois revenue à l'hôtel et à proximité de Leighton.

— Je t'accompagne, dit Leighton en s'avançant vers elle.

— Tout va bien.

— C'est peut-être le cas mais je ne serai tranquille que quand j'en aurai le cœur net.

Que faire ? Elle n'avait aucune envie qu'il l'accompagne : son bungalow paraissait moins spacieux quand il s'y trouvait en même temps qu'elle.

— Qu'est-ce qui s'est passé exactement ?

J'ai eu la peur de ma vie mais je me garderai bien de te le dire.

— Je suis descendue trop vite et je me suis affolée. Et, quand je suis remontée à la surface, j'ai recraché un peu d'eau.

— Fais voir ton poignet.

— Andrea m'a déjà pris le pouls. Tout va bien.

— Laisse-moi vérifier, Lyssa. Euh, pardon, Alyssa.

Elle tendit le bras en s'efforçant d'ignorer la chaleur irradiant des doigts de Leighton. Il se mit à compter sans quitter sa montre des yeux, concentré comme s'il s'entraînait sur un mannequin un jour d'examen. Avait-il peur d'être déconcentré ?

Son pouls était probablement anarchique, non pas à cause de l'accident mais de la proximité de Leighton. Les souvenirs affluaient au contact de sa main. Des choses qu'elle était censée avoir oubliées. À moins qu'il s'agisse de sensations inédites. Était-ce la nouvelle Alyssa qui regardait le nouveau Leighton ? Elle eut un frisson.

— Le pouls est normal. Est-ce que tu as beaucoup toussé après être sortie de l'eau ?

— Non, je t'ai dit que tout allait bien. J'étais entourée d'infirmières qui m'ont toutes examinée.

Aucune d'entre elles ne l'aurait laissée se relever avant examen.

Leighton hocha la tête d'un air très sérieux.

— Très bien. Je te laisse.

— Je vais aller me changer pour le barbecue.

— D'accord.

Mais il ne bougea pas.

Elle passa devant lui pour s'installer sur la terrasse et elle s'assit, de peur que ses jambes ne la soutiennent plus.

— Au fait, la pêche a été bonne ? demanda-t-elle pour remplir le vide qui s'était installé entre eux.

Mais pourquoi ne partait-il pas ?

— Oui, on a rapporté deux poissons. Un pour nous ce soir,

que les cuisiniers sont en train de préparer, et l'autre pour le personnel. Tu as besoin de quelque chose ? Veux-tu que j'aille te chercher à boire ?

Elle aurait mieux fait de se lever et d'aller prendre sa douche mais les forces lui manquaient. Pourquoi Leighton la mettait-il dans un tel état ? Elle qui pensait que de l'eau avait coulé sous les ponts ! Il suffisait qu'il apparaisse pour qu'elle ait les jambes en coton.

— Je veux bien des bulles, dit-elle. Il y a une bouteille de champagne dans le frigo.

— J'y vais.

Quoi ? Pas de sermon de la part du docteur ? À moins qu'il ait décidé d'enlever sa casquette de médecin. Mais qu'était-il alors ? Un ami ? Un ex voulant s'assurer qu'elle allait bien parce qu'il tenait encore un peu à elle ? Son cœur s'emballa.

— Merci. Tu m'accompagnes ? dit-elle en tendant sa flûte, pour le regretter aussitôt.

Elle avait besoin d'être seule pour reprendre ses marques, surtout pas de trinquer avec Leighton.

— Plus tard. Pour l'instant, je vais aller prendre une douche et mettre des vêtements qui sentent un peu moins le poisson.

Elle éprouva un soulagement mêlé de déception. Cet homme la perturbait, décidément.

— À tout à l'heure !

Mais elle n'avait rien à gagner à faire ami-ami avec lui. Ils avaient tenté le mariage et avaient échoué. Toute forme de réconciliation requérait de la confiance. Or, elle n'était pas sûre de son honnêteté. S'il lui avait caché des choses aussi importantes une première fois, il pourrait recommencer. D'autant que son expérience lui aurait sans doute appris à se passer de son soutien quand il en avait besoin. Pouvait-on rebâtir une relation sur des fondations aussi bancales ?

Non, bien sûr. Elle devait simplement trouver le moyen de calmer ses pulsions et tout irait bien.

Au lieu de regagner sa chambre, Leighton prit la direction de la plage. Il fallait qu'il efface la vision d'Alyssa désespérée, qui lui rappelait leurs disputes.

Il regrettait plus que jamais de ne pas lui avoir parlé, à l'époque. Il avait alors conscience de se comporter de manière égoïste et malhonnête mais il avait besoin de temps pour digérer le choc qu'il venait d'encaisser. Et de recul, pour réfléchir à la situation sous tous les angles plutôt que de se laisser traiter de crétin par son père et s'entendre dire que Jamie avait fait éclater la nouvelle au grand jour afin d'obtenir de l'argent et un nom.

Alyssa n'aurait pas tenu ce discours, bien sûr. Mais il refusait de lui inspirer toute pitié ou compassion. À l'époque, il se voyait encore comme le « solide » du couple. C'était avant qu'il apprenne qu'Alyssa avait tenu tête à son père, lui prouvant qu'elle était au moins aussi forte que lui, voire plus. Mais, quand il l'avait compris, il était trop tard.

Il jura intérieurement. Alyssa était tout ce qu'il aimait chez une femme. Intelligente, drôle, bienveillante et généreuse. Et aimante. Sans parler de l'aspect physique, même ce n'était qu'une partie du tout.

À la mort de la mère d'Alyssa, son père avait disparu de la circulation. Alyssa avait toujours dit qu'elle avait eu une enfance heureuse, même si sa mère devait cumuler deux emplois pour boucler les fins de mois.

Il l'avait aimée et était prêt à lui donner tout ce dont elle avait besoin. Il croyait aussi que ses parents l'aimaient bien. Mais il se trompait.

Il comprenait que ses explications l'aient mise en colère : elle lui en voulait de ne pas l'avoir prévenue plus tôt. Il avait prétexté le choc de la nouvelle pour se dédouaner.

Il fit ricocher un galet à la surface de l'eau.

Son père l'avait renié le jour où il lui avait dit à quel point la nouvelle de l'existence d'un frère caché l'avait anéanti. Manifestement, il était censé être loyal envers ses parents, pas envers ce frère. Il n'était pas censé partager son amour avec d'autres qu'eux. Était-ce la raison pour laquelle son père avait tenté de soudoyer Lyssa ? De peur qu'elle lui prenne l'amour de son fils ?

Leighton scruta l'horizon. Pas étonnant qu'il ait eu envie de quitter Auckland. Cette ville lui rappelait trop de mauvais souvenirs. Sa femme l'avait quitté, ses parents ne lui adressaient plus la parole, son demi-frère vivait en Angleterre, à l'époque.

Jamie avait fini par s'installer à Nelson, ce qui avait motivé Leighton pour migrer au sud de la Nouvelle-Zélande. Il possédait une maison à Auckland, où il retournait entre deux remplacements, mais il ne s'y sentait pas vraiment chez lui.

En fait, il se sentait seul. L'activité ne suffisait pas à remplir le vide de ses journées. Avant de revoir Alyssa, il ne se rendait pas compte à quel point elle lui avait manqué. Quand elle était partie, il était trop fier pour la supplier de lui laisser une deuxième chance. Et persuadé qu'elle méritait mieux que la famille Harrison.

C'est toujours le cas.

Il faudrait qu'il s'en souvienne, dans les prochains jours. À ses côtés, il avait tendance à tout oublier. Il devait rester vigilant.

Ce matin, il avait aussi compris qu'ils ne pouvaient tirer un trait sur leur passé : ils s'étaient trop fait souffrir mutuellement. Elle l'avait quitté et lui n'avait pas été honnête. Difficile de rétablir la confiance dans ces conditions.

Son téléphone vibra. C'était Jamie.

Qu'est-ce que tu fabriques ? La bière est en train de tiédir !

Il reprit le chemin de l'hôtel en priant pour qu'Alyssa se soit endormie après toutes ses frayeurs et qu'elle n'arrive au barbecue que plus tard, voire pas du tout.

Il n'avait pas envie de tomber sur elle à tout moment. Le désir montait en lui un peu trop vite dès qu'elle entrait dans son champ de vision. Il lui tardait que le mariage soit passé et qu'il puisse retourner à son train-train quotidien. Les amis et la famille de Jamie et Collette repartiraient, à part Alyssa qui avait prévu de rester une semaine de plus. Mais rien n'obligeait leurs chemins à se croiser. Elle ferait la touriste, passerait son temps à visiter l'île et à profiter des terrasses des cafés. Lui serait au centre médical, l'endroit où il se sentait le plus chez lui pour le moment.

Très bien. Ils avaient un passé commun mais cela s'arrêtait là.

Alyssa noua sa chemise sous les seins et rentra le ventre. Elle était blanche comme un cachet. En allant se faire bronzer à la piscine tous les jours, elle devrait prendre des couleurs.

Des éclats de rire lui parvinrent depuis la terrasse de l'hôtel où se tenait le barbecue. Tout le monde était content d'être là pour le mariage de Collette et Jamie. Le lendemain, ses amies et elle iraient toutes se faire masser et recevoir un soin du visage. Quelle vie de rêve !

Elle n'avait pas l'habitude de se faire dorloter. Elle se serrait la ceinture et toute dépense non nécessaire lui paraissait extravagante. Elle était adulte et gagnait sa vie correctement mais elle avait gardé cette mentalité de son enfance, où sa mère n'avait jamais un dollar en plus à dépenser pour des babioles. C'est grâce à cela qu'elle serait bientôt capable de faire un emprunt pour s'acheter une maison à elle.

Un endroit où elle se sentirait en sécurité, comme quand elle vivait avec sa mère qui faisait tout ce qu'elle pouvait pour qu'elle ne manque de rien. Pas d'amour en tout cas.

Avec Leighton, ils avaient acheté un appartement dans North Shore City et l'avaient arrangé à leur goût. Mais, à force d'y passer de moins en moins de temps ensemble, elle avait fini par ne plus s'y sentir vraiment chez elle.

— Tu viens ?

Jamie était apparu sur le seuil de sa porte et la regardait d'un air plein de compassion. De toute évidence, il savait que la présence de Leighton n'était pas facile pour elle.

— J'arrive.

Il serait plus simple de rester au bungalow plutôt que d'affronter Leighton et les réactions que sa présence provoquait en elle, mais elle était venue à Rarotonga pour voir ses amis, pas pour s'isoler. Elle le suivit.

— J'imagine que tu as dû être surprise en apprenant que Leighton et moi étions frères. Tout comme moi j'ai été surpris d'apprendre que vous aviez été mariés. Le monde est petit, non ?

Elle hocha la tête.

— Je suis contente pour vous deux, dit-elle. Leighton disait souvent qu'il s'était senti très seul pendant son enfance.

Alors qu'elle avait été ravie d'être l'unique fille de sa mère.

— Avec Collette, on compte bien avoir plusieurs enfants.

Des enfants. Elle avait du mal à imaginer à quoi ressemblerait sa vie avec des enfants. Leighton et elle avaient évoqué l'idée de fonder une famille et l'idée lui avait plu. Ils avaient décidé d'attendre quelque temps mais leur couple n'avait pas tenu jusque-là.

— Mais pas cette semaine, ajouta-t-il en riant.

— Moi qui pensais vous offrir des couches et des biberons comme cadeau de mariage ! dit-elle en le suivant pour rejoindre le groupe.

— Tiens, ça va te faire du bien, dit Collette en lui mettant un verre dans la main. C'est ton cocktail préféré.

— Une margarita ? Merci Collette, tu es un amour.

Elle leva son verre en souriant. Quelle chance d'avoir des amis aussi prévenants et aussi sensibles !

— Je lève mon verre à Collette et à Jamie, dit-elle.

— À Collette et à Jamie, reprirent les invités en levant leur verre.

— J'ai raté quelque chose ? demanda Leighton en arrivant sur la terrasse.

Elle sentit un frisson monter le long de son dos.

— Nous portons un toast à Collette et à Jamie, dit-elle avant de boire une gorgée de son cocktail.

Elle regarda la plage et le lagon.

— Est-il possible que j'aie vu une baleine ou c'est le cocktail qui me fait halluciner ? demanda-t-elle, incrédule.

— Oui. Il y en a par ici, répondit Leighton.

Elle hocha la tête et se tourna vers Andrea.

— Tu as pris un coup de soleil, dit-elle.

— Je ne sais pas comment c'est possible vu la quantité d'écran total que j'ai mise. Et toi, comment vas-tu ? Tu ne craches plus d'eau de mer ?

Leighton se tourna vers elle, manifestement dans l'attente de sa réponse.

— Non, plus une goutte.

Elle n'avait pas besoin qu'il soit aux petits soins pour elle. De toute façon, elle n'occupait plus une place privilégiée dans sa vie.

Il a sans doute fait ce qu'il aurait fait pour n'importe qui.

Cela dit, il avait toujours été attentionné avec elle. Du moins jusqu'aux derniers mois de leur relation. L'avait-elle quitté trop vite ? C'est le sentiment qu'elle commençait à éprouver. Et ce n'était pas agréable. Elle s'en voudrait toute sa vie de lui avoir brisé le cœur. À l'époque, elle l'aimait profondément et pensait qu'il serait toujours là pour elle. Ce qui, à présent, lui paraissait bien naïf. Elle aussi voulait être là pour lui mais elle avait pris ses cliques et ses claques dès que la situation était devenue difficile.

— C'est bien que tu aies eu le courage de retourner dans l'eau, dit Andrea. Les poissons étaient magnifiques à travers la vitre du bateau, les voir de près a dû être féerique.

— J'ai pris des photos. Je t'en enverrai.

Des effluves de poisson grillé parvinrent à ses narines et lui rappelèrent qu'elle n'avait pas beaucoup mangé au déjeuner.

— C'est bizarre de manger du poisson ce soir alors qu'on a passé des heures à les contempler, fit-elle remarquer.

— Nous n'avons pas pêché de mahi-mahi, dit Leighton.

— Et ce que tu ne dis pas, c'est que tu n'as rien pêché du tout, dit Jamie en riant. Il était persuadé qu'il serait le héros du jour mais il n'a fait aucune prise.

— Je voulais laisser leur chance aux autres, dit Leighton en riant à son tour.

— Je ne me rappelais pas que tu pêchais, dit Alyssa, avant de regretter ses paroles.

Évoquer leur passé commun n'avait aucun intérêt dans ces circonstances. De fait, Leighton eut l'air surpris.

— J'allais à la pêche, quand j'étais petit. Et ici, l'un des médecins de l'hôpital m'a emmené pêcher et, depuis, je rêvais d'y retourner.

— Tu pourras pêcher dans le golfe d'Hauraki quand tu retourneras à Auckland, reprit-elle. Il y a pas mal de vivaneaux là-bas.

— Si j'y retourne.

— Tu as l'intention de rester vivre ici ?

C'était étonnant, étant donné sa passion pour le travail. Si elle avait bien compris, il n'était pas débordé de travail sur l'île.

— Non, répondit-il. Pour l'instant, je fais des remplacements dans tout le pays et, entre deux remplacements, je rentre à Auckland. Mais je crois que j'ai envie de vivre ailleurs qu'en ville, maintenant.

Cette déclaration la surprit. Leighton était un citadin pur jus.

— Pourquoi ?

Il haussa les épaules et scruta sa bouteille de bière.

— Je ne sais pas. J'ai envie de changer. Je veux me sentir chez moi, être entouré de gens que j'aime. Je n'ai pas ça à Auckland.

Elle n'en revenait pas. Était-elle en train de parler avec le même Leighton ? Celui qui lui avait dit dès le début de leur relation qu'Auckland était sa ville de prédilection et qu'il ne vivrait jamais ailleurs.

— C'est normal, si tu n'y passes plus beaucoup de temps.

— Peut-être.

Décidément, il avait changé. Et elle appréciait sa sincérité.

— Je pense que je n'y retournerai pas non plus, dit-elle.

Elle aussi pouvait être sincère.

— Tu es bien, à Nelson ? demanda-t-il en plantant son regard dans le sien, comme si sa réponse était importante.

— J'adore ! Après Perth, j'ai un peu bougé en Australie puis je suis rentrée en Nouvelle-Zélande. Mais je ne suis pas repassée par Auckland. Il n'y a plus rien là-bas pour moi non plus.

Il grimaça. Ce n'était peut-être pas la réponse à laquelle il s'attendait ? Ou qu'il espérait ?

— Même si c'est là-bas que j'ai grandi, mes amis sont tous partis et les hôpitaux d'Auckland sont immenses. Je ne souhaite pas travailler dans des structures impersonnelles.

Tu vois, cela n'a rien à voir avec toi. Tu ne fais plus partie de ma vie depuis longtemps.

— C'est la première fois que je t'entends t'exprimer aussi clairement, dit-il avec un sourire en coin.

Elle n'avait pas cherché à être claire. À croire qu'ils avaient changé tous les deux. Elle avait beaucoup mûri et il avait dû faire de même. La seule chose qui ne changeait pas était son sourire, à se damner. Et la chaleur qui l'envahissait chaque fois qu'il posait les yeux sur elle.

— J'aurais sans doute dû être plus claire plus tôt. Tu aurais mieux compris ce dont j'avais besoin.

— Tu vois ? Tu es beaucoup plus directe. J'aime bien ça.

— Si tu n'as pas envie de retourner habiter à Auckland, où est-ce que tu te vois vivre ? demanda-t-elle pour s'éloigner de sujets potentiellement périlleux.

Pas à Nelson. C'est chez moi, maintenant.

— J'aime assez Nelson.

Elle déglutit.

— Tu y es déjà allé ?

— Je suis allé voir Jamie plusieurs fois depuis son déménagement d'Angleterre. Il y a beaucoup de choses à faire en extérieur. Mais c'est surtout l'idée de vivre près de mes proches qui m'attire.

Il la regarda fixement.

— Je veux parler de Jamie et Collette. Je ne vois plus mes parents.

— Depuis que Jamie est entré dans ta vie ?

Il hocha lentement la tête.

— Il faut simplement que je trouve du travail là-bas.

— Je suis sûre que tu trouveras ce qu'il te faut, dit-elle en réprimant l'envie de le serrer dans ses bras pour chasser la tristesse de son regard.

Si seulement elle pouvait le faire sans qu'il y voie autre chose qu'un soutien amical. Il méritait d'être bien entouré. Leighton avait toujours été un être bienveillant et attentionné.

— Tu me diras où tu as décidé de te poser, quand tu auras pris ta décision.

— Pourquoi ? demanda-t-il du tac au tac.

Parce que tu m'as manqué. Parce que j'ai envie de te revoir.

Était-ce la vérité ? Lui avait-il manqué alors qu'à la fin ils ne pouvaient plus s'adresser la parole sans se disputer ?

Oui, il lui avait manqué. Ce qui lui manquait, c'était l'homme gentil, prévenant et drôle dont elle était tombée amoureuse. Pas l'homme incapable de communiquer qui ne rentrait jamais assez tôt à la maison pour passer la soirée avec elle.

— Par curiosité, lâcha-t-elle. Je n'ai plus eu de nouvelles pendant toutes ces années. J'aimerais juste savoir ce que tu deviens.

Allait-il penser qu'elle cherchait à se rapprocher de lui ?

— Désolée. J'arrête de parler.

— Tu n'as pas à t'excuser, Lyssa, dit-il avant de lui prendre son verre vide des mains. Je vais nous chercher à boire.

— Merci.

Lyssa. Il avait décidément du mal à l'appeler Alyssa comme tout le monde.

« Je t'appelle Lyssa dans mes rêves », lui avait-il avoué la première fois qu'ils s'étaient embrassés et, depuis, il ne l'avait jamais appelée autrement. Elle se rappela sa voix grave et sexy quand ils faisaient l'amour. Ou inquiète et attentionnée quand il l'avait déposée sur le canapé, le jour où elle s'était foulé la cheville en ratant une marche.

Des exclamations et des éclats de rire la sortirent de sa rêverie. Elle regarda autour d'elle et se rappela qu'ils n'étaient pas seuls. Leurs amis étaient là et s'étaient assis à la grande table sans les appeler, comme s'ils s'étaient mis d'accord pour laisser Leighton et elle dans leur bulle.

Elle était perplexe. Elle se demandait ce que Leighton allait faire de son avenir. Elle avait toujours pensé qu'il savait exactement ce qu'il voulait. De toute évidence, ce n'était plus le cas. Que s'était-il passé pendant toutes ces années pour qu'il change à ce point ? L'arrivée de Jamie dans sa vie l'avait probablement chamboulé plus qu'elle ne l'imaginait.

— Viens, allons les rejoindre, dit-il en lui tendant un verre plein. Assez de discussions sérieuses pour aujourd'hui.

Assez de discussions sérieuses pour le reste de ses vacances à Rarotonga. Cela l'embrouillait de l'entendre dire qu'il ne savait pas où il avait envie de vivre. Cela soulignait combien il avait changé. L'idée qu'il envisage de s'installer à Nelson la terrifiait. Car c'était là qu'elle comptait acheter sa maison et se poser, une fois pour toutes. Nelson, c'était chez elle, pas chez lui.

— À ta santé !

Cela dit, ce pourrait être intéressant qu'il déménage à Nelson, s'ils s'entendaient de nouveau bien.

4

Alyssa sentait le sable glisser entre ses orteils à chaque pas. L'air de la mer faisait boucler ses cheveux, en dépit des précautions prises par le coiffeur et du produit dont il les avait enduits pour les discipliner. Elle allait avoir l'air d'une peluche qui a pris l'eau. Mais peu importait, c'était le mariage de Collette, pas le sien. Si sa coiffure laissait à désirer, au moins serait-elle bien habillée. Elle s'était acheté des tenues pour chaque occasion avant et pendant le mariage. Elle culpabilisait un peu d'avoir dépensé une bonne partie de ses heures supplémentaires mais cela lui faisait du bien de se faire plaisir, pour une fois.

La robe qu'elle comptait porter pour la cérémonie était accrochée au dos de la porte du bungalow, prête à être enfilée quand elle rentrerait de la plage. Elle imagina la tête que ferait Leighton quand il la verrait dans sa robe chic et sexy dont la coupe accentuait les courbes de ses seins et de ses hanches. Sans parler de ses fesses, dont il disait toujours qu'elles étaient irrésistibles.

Mais quelle importance ?

Quelle importance ? Tu as simplement passé la matinée à te faire belle parce que tu seras assise à côté de lui à table.

C'était vrai. Elle avait passé du temps à se pomponner tout en se répétant qu'elle avait tourné la page et qu'elle s'était remise de leur relation. Toujours était-il qu'en quatre ans elle n'avait trouvé personne pour le remplacer. Les quelques hommes qu'elle avait rencontrés ne lui arrivaient pas à la cheville.

Pourtant, elle l'avait quitté. Mais mieux valait partir que de passer ses soirées seule à la maison à se morfondre sur ce que son couple était en train de devenir. À moins qu'elle ait jeté l'éponge trop vite. Face au mutisme de Leighton, elle s'énervait et n'était pas à l'écoute de toute manière parce qu'elle se sentait rejetée – rejetée comme quand son père n'avait pas voulu entendre parler d'elle.

Revoir Leighton était un choc qu'elle avait du mal à encaisser. C'est pourquoi elle avait préféré faire une balade sur la plage plutôt que de rester sur la terrasse avec les filles en comptant à rebours jusqu'à ce qu'arrive le moment où Collette épouserait l'homme de ses rêves.

Si quelqu'un lui avait dit que, cinq ans plus tard, Leighton aurait toujours cet effet sur elle, comme lorsqu'ils s'étaient rencontrés, elle lui aurait ri au nez. C'était pourtant bien ce qui se produisait depuis son arrivée à Rarotonga.

Ils avaient encore des choses à éclaircir au sujet de l'arrivée de Jamie dans la vie de Leighton. Sans quoi elle ne comprenait pas pourquoi la présence de son ex-mari la perturbait à ce point.

Elle entendit un scooter se rapprocher, suivi d'un choc sourd et de hurlements. Elle se mit à courir sur le sable en direction du bruit. Que s'était-il passé ?

Elle quitta la plage et courut à l'endroit où plusieurs personnes convergeaient. Elle contourna une maison et vit une femme étendue au sol. Le scooter avait foncé dans le mur et la roue avant lui écrasait l'abdomen. Elle était inerte et du sang s'écoulait de sa tête.

— C'est Sarah ! Elle a encore dû accélérer au lieu de freiner, comme hier, dit une femme. C'est facile de se tromper, les commandes sont sur la poignée. Ce ne serait pas la première fois qu'elle les confond.

Dans ce cas, il aurait mieux valu qu'elle s'abstienne de conduire l'engin. Mais Alyssa garda cette pensée pour elle. Elle s'agenouilla.

— Je suis infirmière, dit-elle. Est-ce qu'il y a un médecin parmi vous ? Ou un infirmier ? Non ? est-ce que quelqu'un peut appeler une ambulance ?

— C'est ce que je suis en train de faire, dit un homme. L'ambulance ne va pas tarder. Qu'est-ce qu'on peut faire en attendant ?

— Il faudrait soulever le scooter sans provoquer plus de dommages.

Deux hommes examinèrent la position du scooter.

— Je crois que c'est possible.

— Il faut que je l'examine, d'abord., pour que le déplacement du scooter n'aggrave pas l'hémorragie. Sarah, je suis infirmière. Est-ce que vous m'entendez ?

Pas de réponse. Son pouls à l'aorte était rapide mais au moins était-elle vivante.

— Je m'appelle Alyssa. Je vais vous examiner. Est-ce que vous avez mal quand je touche votre tête ?

Silence.

— Hé ! le Dr Leighton est là ! s'écria quelqu'un. Par ici, docteur !

Alyssa soupira de soulagement. Leighton savait garder son calme dans les moments de stress.

— D'où est-ce que tu sors ? lui demanda-t-il en s'agenouillant. Tu es apparue comme par enchantement.

— J'étais en train de marcher sur la plage. J'ai entendu le scooter foncer dans le mur et j'ai accouru. Les tissus sont mous à l'endroit de l'abdomen où appuie la roue. Elle est blessée à la tête et ne réagit pas à mes questions. Elle s'appelle Sarah.

— L'ambulance vient de partir de l'hôpital, dit un témoin.

— Bien. Je me demande si elle a heurté le mur avec la tête ou avec l'épaule, dit Leighton en palpant le crâne de l'accidentée. Son épaule gauche a l'air démise.

— Ces deux hommes attendent notre feu vert pour déplacer le scooter.

— On ne sait pas ce qui se cache sous la roue, dit Leighton. Manu, Jacko, je suis content que vous soyez là. Je vais vous aider à déplacer le scooter. Il faut d'abord le soulever verticalement, bien droit, avant d'aller le poser plus loin.

— On attend vos ordres, docteur.

— À trois, on soulève. Un, deux, trois.

Dès que le scooter fut dégagé du corps, Alyssa pressa à l'endroit où la roue avait appuyé tout en examinant le reste de son abdomen.

— Je ne vois pas d'autres problèmes, dit-elle.

La situation était grave, plus grave que dans le cas de Michelle. Mais Leighton était calme, concentré, efficace. Tel qu'elle se souvenait de lui.

— Nous devions rentrer en Nouvelle-Zélande demain, dit la femme amie de la patiente. Qu'est-ce qui va se passer ? C'est grave ?

— L'ambulance va l'emmener à l'hôpital pour qu'on l'examine. Selon la gravité de ses blessures, il se peut qu'on la transfère à Auckland ce soir. Je confirme qu'elle s'est démis l'épaule. Je vais essayer de la lui remettre avant qu'elle monte dans l'ambulance, sans quoi elle devra se faire opérer une fois rentrée en Nouvelle-Zélande.

Il se tourna vers Alyssa.

— Nous n'avons pas de chirurgien orthopédique mais je vais appeler notre chirurgien pour l'informer de la situation. Continue à appuyer, en attendant.

Elle fut soulagée de voir l'ambulance arriver. Sarah devait être prise en charge à l'hôpital et le plus vite serait le mieux.

Pourvu que le chirurgien soit disponible ! Leighton ne pouvait pas manquer la cérémonie, c'était le témoin de Jamie. C'était un jour important pour les deux frères.

— C'est bon, dit-il en raccrochant. Phil nous retrouve à l'hôpital.

— Nous ? Mais tu ne peux pas y aller. Il faut que tu ailles te préparer pour le mariage !

Il était en short et T-shirt – sexy mais pas adapté à une cérémonie de mariage. Il avait du sang sur les bras. Il fallait qu'il prenne une douche.

Elle aussi, se dit-elle en regardant ses propres mains.

— Je monte dans l'ambulance avec Sarah, annonça-t-il calmement. Une fois à l'hôpital, Phil prendra la relève et j'irai me changer. Est-ce que tu peux nous suivre avec ma voiture, pour me ramener ?

— Bien sûr ! dit-elle en prenant les clés qu'il lui tendait. Qui est-ce qui me relaie ?

— Annie va s'en charger. Annie, je vous présente Alyssa, infirmière en vacances. Elle va vous montrer quelle pression exercer pour stopper l'hémorragie.

Une fois Sarah sur le brancard et dans l'ambulance prête à partir, Alyssa appela Leighton.

— Il faut prévenir Jamie de ce qui se passe, au cas où nous aurions du retard. Veux-tu que je m'en occupe ?

— Je le ferai quand Sarah sera à l'hôpital. Mon costume est dans la voiture. Il faudra que je prenne une douche.

— Moi aussi. Tu pourras la prendre dans mon bungalow.

Mais qu'est-ce qui lui prenait ? Avait-elle vraiment besoin de savoir que Leighton était nu sous la douche pendant qu'elle s'habillait dans la pièce d'à côté ? Par chance, elle était coiffée et maquillée. Elle n'aurait qu'à prendre une douche rapide.

Leighton acquiesça d'un signe de tête et disparut dans l'ambulance.

Elle marcha jusqu'à la voiture. Pourquoi continuaient-ils à se croiser sans cesse ? Quand elle avait compris qu'il faisait partie des invités au mariage, elle s'était dit qu'ils se verraient là où tout le monde se réunirait, lors des excursions ou des repas. Or, Leighton avait le chic pour apparaître partout où elle se trouvait.

Elle aimait bien sa compagnie mais elle se sentait un peu trop vulnérable pour ne pas avoir envie de garder ses distances. Ces deux semaines étaient censées être des vacances pour se détendre et s'amuser avec ses amis, pas pour guetter son ex-mari à chaque coin de rue.

J'ai l'impression qu'il m'a manqué plus que je ne le pensais.

Peut-être ne s'en était-elle pas rendu compte parce qu'elle était absorbée par son travail au point de ne pas penser à grand-chose d'autre ? Peut-être était-ce parce que Leighton était là, qu'elle le connaissait déjà, qu'elle était en vacances et avait enfin le temps de penser à autre chose qu'à son métier ?

N'oublie pas qu'il a fini par te décevoir.

Il n'était pas le seul responsable de leur rupture mais cela ne signifiait pas qu'elle pouvait l'absoudre sans se poser de questions. Il lui avait fait du mal en passant sa vie à travailler. Même en sachant qu'il y avait autre chose derrière son attitude de l'époque, elle avait du mal à considérer cela comme une raison suffisante à son mutisme. Sans parler du comportement du père de Leighton, persuadé d'être dans son bon droit quand tout le monde serait coupable sauf lui.

Elle comprenait que la révélation de ces secrets hideux avait été dévastatrice pour Leighton. Il admirait ses parents, et les aimait comme il disait l'aimer, elle. Mais, après avoir découvert leurs vilains secrets, il s'était mis, lui aussi, à lui dissimuler une partie de sa vie. Au lieu de les lui raconter, il avait occulté les faits ainsi que la souffrance qu'ils avaient générée. Il ne lui avait laissé aucune chance de l'aider à surmonter cette épreuve ni de lui prouver à quel point elle l'aimait encore, autant qu'au début de leur relation.

Pendant qu'elle se demandait pourquoi il ne semblait jamais avoir envie de rentrer plus tôt, de passer du temps avec elle ou de sortir avec leurs amis, il l'évitait pour lui épargner ses problèmes.

Ils avaient fini par se persuader que l'autre avait changé, n'était plus la personne désirée.

Après avoir passé des années le nez dans ses cours pour obtenir son diplôme, elle avait voulu rattraper le temps perdu. Et elle voulait que Leighton sorte et fasse la fête avec elle. Elle aurait dû comprendre que s'il s'abstenait, c'était qu'il travaillait dur comme elle auparavant. Que se serait-il passé s'ils avaient pris le temps de se faire part mutuellement de ce qui les préoccupait ? Seraient-ils encore ensemble ? Ou auraient-ils rompu quand même ? La leçon à en tirer pour l'avenir : toujours parler des problèmes.

Elle suivit l'ambulance sur la petite route étroite, sinueuse et bordée d'arbres menant à l'hôpital. Elle avait toujours du mal à imaginer Leighton vivre à Rarotonga, ne serait-ce que temporairement. C'était un endroit merveilleux dans lequel elle reviendrait passer des vacances, dans un futur pas trop lointain, espérait-elle. Pour un homme qui aimait être occupé tout le temps, le mode de vie tranquille et lent des îles devait être stressant, paradoxalement. Mais elle se référait à un homme qu'elle n'avait pas vu depuis quatre ans. C'est vrai qu'il avait l'air plus détendu et plus accommodant que jadis. Comme s'il se fichait de quel côté du lit dormir, tant qu'il pouvait se coucher. Elle soupira.

Oh ! Leighton ! qui es-tu ?

Elle se gara et marcha jusqu'à l'ambulance d'où les ambulanciers sortaient Sarah sur son brancard. Leighton parlait avec un homme en blouse blanche, probablement le chirurgien qu'il avait appelé. Une chance qu'il soit là et disponible, les spécialistes étaient rares sur l'île.

Une autre voiture se gara, et l'amie de Sarah en descendit.

— Comment va-t-elle ? Elle va s'en sortir ? dit-elle, inquiète.

— Je crois que l'homme avec qui parle Leighton est le chirurgien qui va s'occuper d'elle, répondit Alyssa.

— C'est affreux. Je lui avais dit de faire attention. Elle aurait dû rendre le scooter après avoir confondu le frein et l'accélérateur une première fois. Mais elle est têtue.

— Ça arrive. Maintenant, il faut que vous soyez forte pour la soutenir. Venez, les infirmières de l'hôpital vous tiendront au courant de l'évolution de son état.

Elle l'accompagna et lui souhaita bon courage. C'était dur de voir ses proches souffrir.

— Merci Phil, entendit-elle dire Leighton. Si vous n'avez pas besoin de mes services, je vais y aller.

Il se tourna vers elle, l'air soulagé.

— Tiens, dit-elle en lui tendant la clé de sa voiture. Il faut que tu te dépêches.

— Toi aussi, tu es attendue, me semble-t-il.

Elle devait assister au mariage mais en tant qu'amie de Collette, pas en tant que frère et témoin du marié.

La circulation était dense entre les voitures, les scooters et les piétons marchant au bord de la route.

— Tu as eu Jamie ? demanda-t-elle.

— Oui, il m'a dit de ne pas m'inquiéter. Ils nous attendent, tant qu'on n'a pas des heures de retard.

— Je vais lui envoyer un texto pour le prévenir que nous sommes en chemin et qu'il te faudra trente secondes pour prendre une douche et te changer.

— Trente secondes ? C'est trop long ! De combien de temps as-tu besoin pour prendre une douche ?

— Je peux arriver un peu après toi alors je m'accorderai une minute, répondit-elle sur le même ton.

— Je t'attendrai. Collette me fusillera si j'arrive sans toi.

— Mon bungalow est à deux cents mètres de la plage où se tient la cérémonie. Je te suivrai de près.

— Je t'attendrai, et cela ne se discute pas.

Cette fois, elle le reconnaissait. Prévenant, galant. Elle préféra ne pas se demander pourquoi il se comportait ainsi. Peut-être se sentait-il coupable de l'avoir embarquée à l'hôpital avec lui.

Ils étaient en train de se garer sur le parking de l'hôtel quand son téléphone vibra.

— Jamie confirme : pas de souci, tout le monde nous attend, une coupe de champagne à la main. C'est merveilleux.

— Tu n'as pas l'air stressée, dit-il avec un sourire qui fit battre son cœur un peu plus vite.

Il avait raison. Elle se sentait bien avec lui et le fait qu'on les attendait ne la préoccupait pas particulièrement. Pour toute réponse, elle haussa les épaules et se dirigea vers son bungalow. Leighton la suivit. Elle allait devoir partager sa salle de bains, sa chambre et l'air qu'elle respirait. Elle se sentit soudain beaucoup moins détendue.

Leighton sortit de la salle de bains en boutonnant sa chemise blanche. Et s'arrêta net, le souffle coupé par la vision qui s'offrait à lui.

Lyssa portait une robe rouge assez près du corps, avec un empiècement de dentelle sur la poitrine qui lui remémora d'emblée les moments où il tenait ses seins dans les mains. Il déglutit.

— Tu es là ? Je te croyais encore sous la douche.

Il la vit rougir avant de se retourner. La peau satinée de son dos réveilla d'autres souvenirs qu'il avait enfouis avec toute la souffrance du passé. Il dut faire un effort surhumain pour ne pas leur redonner vie sur-le-champ. Et se prendre une gifle bien méritée pour la peine.

— Désolé, je ne voulais pas te stresser.

Il pivota et retourna dans la salle de bains. Il lui faudrait une autre douche – froide, cette fois. Mais le temps pressait.

— Leighton, je vais avoir besoin du miroir, dans la salle de bains, dès que tu auras fini, dit-elle d'une voix presque trop forte, comme si elle cherchait à cacher sa gêne.

— J'ai fini, répondit-il.

Il ne pouvait décemment pas rester dans la salle de bains pendant qu'elle se maquillait, arrangeait ses cheveux ou sa robe. Elle était éblouissante. Ses yeux verts brillaient et elle avait l'air décontractée et heureuse. Son cœur se mit à tambouriner dans sa poitrine.

Par chance, il lui fallait encore mettre ses chaussures.

— Tu as sauté un bouton.

Il eut l'impression qu'elle évitait son regard. Comme s'il ne la laissait pas totalement insensible. De son côté, la présence d'Alyssa lui faisait un peu trop d'effet. Un regard, un sourire suffisaient à le déséquilibrer alors qu'il s'était juré de ne pas retomber sous son charme pendant les quelques jours qu'ils avaient à passer ensemble. De toute évidence, il n'y parvenait pas.

— On y va ? dit-elle en se dirigeant vers la porte, droite comme un i, la tête haute.

Il aimait bien cette version d'elle, plus déterminée. Il finit de lacer ses chaussures et se leva. Une fois la porte fermée, il la prit par le bras et ils marchèrent jusqu'au lieu de la cérémonie. Là, elle s'assit sur le siège qui lui était réservé et il rejoignit Jamie.

— Salut, qu'est-ce que tu es chic ! dit-il.

— Chic ? J'aurais préféré que tu me dises « sexy », répondit Jamie, un peu nerveux.

— Si je t'avais dit ça, tu te serais posé des questions, dit Leighton en riant.

Il ne pouvait détacher les yeux d'Alyssa qui était en train de parler à Andrea. Leurs années de séparation lui avaient fait du bien. Elle semblait plus mûre, plus forte, plus sûre d'elle et cela la rendait encore plus belle que lorsqu'il l'avait connue. À l'époque, elle était déjà très jolie et il était fou d'elle. Pourrait-il retomber amoureux ? Ne l'était-il pas déjà un peu ?

— Content que tu sois là, Leighton, lui dit Jamie en lui donnant un grand coup de coude qui le sortit de ses réflexions.

— Moi aussi, je suis content d'être là, répondit-il, ému.

Clara, l'officiante du mariage, les rejoignit.

— Je pense que nous allons pouvoir commencer.

Collette, radieuse, avançait vers Jamie, au bras de son père.

Leighton éprouva une pointe d'envie et chercha Alyssa du regard. Au même moment, elle jeta un coup d'œil dans sa direction avant de se concentrer de nouveau sur Collette. Se rappelait-elle le jour de leur mariage, elle aussi ? Ou était-il en train de se faire des films parce qu'il avait l'impression d'être passé à côté de l'amour de sa vie ?

— Bienvenue à tous à Rarotonga en cette occasion particulière, dit Clara. J'ai aujourd'hui l'honneur de procéder au mariage de Jamie et Collette.

Au bout de quelques minutes, Jamie et Collette échangèrent leurs consentements. Clara fit un signe à Leighton qui sortit de sa poche l'écrin contenant les alliances. Il l'ouvrit et le tendit vers les jeunes mariés, étonné de voir sa main trembler d'émotion. Et il se dit qu'un jour il se tiendrait à la place de Jamie, face à la femme qu'il aimait.

Comme il l'avait déjà fait une fois. Mais il n'avait pas eu de chance. Pourtant, il était persuadé d'avoir trouvé la femme avec qui il passerait le restant de ses jours. Son grand amour. Peut-être était-ce le cas. Peut-être n'avait-il pas pris soin de la relation autant qu'il aurait dû. Il s'était éloigné d'Alyssa et pas seulement parce que la nouvelle de l'existence de son demi-frère l'avait choqué. En réalité, ses angoisses et sa difficulté à accorder sa confiance s'étaient manifestées dans toute leur splendeur quand il avait découvert quel genre de personnes étaient ses parents. Si seulement il en avait été conscient à l'époque ! La situation aurait été très différente. Et le dénouement certainement plus heureux, en tout cas.

Des applaudissements et des acclamations le tirèrent de ses

pensées. Il s'en félicita. Cette journée était la journée de Jamie et Collette, pas celle de l'apitoiement et des regrets.

Il s'avança vers les tout jeunes mariés et sourit.

— Félicitations à tous les deux. Je vous souhaite tout le bonheur du monde, dit-il en serrant son frère dans ses bras, avant de se tourner vers Collette en ouvrant les bras. Maintenant, j'ai une sœur.

Puis il s'écarta pour laisser la place aux autres invités.

— Désolé, dit-il après avoir bousculé quelqu'un.

Alyssa.

— Ce n'est rien, dit-elle en essuyant une larme qui perlait au coin de ses yeux. C'était très émouvant.

Il hocha la tête, incapable de parler. Il ne voulait pas qu'elle voie à quel point lui aussi était touché.

— Leighton, dit-elle en lui prenant doucement la main. Tu as le droit d'être ému. Ton frère se marie !

Elle se rappelait qu'il avait du mal à montrer ses émotions. Parfois, elle se plaignait de sa froideur et lui disait qu'il n'avait pas besoin de se protéger à ce point, en particulier avec elle. Même le jour de leur mariage, il n'avait laissé libre cours à ses émotions qu'une fois qu'ils s'étaient retrouvés seuls dans leur suite, à l'hôtel. Peut-être qu'au fond de lui il savait que ses parents lui cachaient quelque chose, même si ces derniers faisaient tout pour ne rien laisser filtrer.

Il sentit la chaleur émaner de la main d'Alyssa et se répandre dans tout son corps.

— Tu as raison, dit-il.

Si seulement il ne s'agissait que de cela. Alyssa n'avait deviné que la moitié du problème.

— C'est merveilleux que tu aies un frère. Je me suis souvent demandé quel effet cela faisait, même si je n'ai jamais souffert d'être fille unique.

— C'est merveilleux, comme tu dis.

Il n'avait aucun mal à dire ce qu'il éprouvait à l'égard de Jamie.

Et il avait de plus en plus de certitude quant à ce qu'il éprouvait à l'égard d'Alyssa. Mais le lui dire ne servirait qu'à compliquer la situation.

— Je suis contente pour toi, dit-elle.

— Ton mascara a coulé, dit-il en sortant un mouchoir de sa poche pour essuyer la trace noire sur sa joue. Voilà.

Il pourrait se noyer dans ces yeux verts.

— Merci, dit-elle.

Mais une autre larme perla à ses paupières. Il sentit son cœur se serrer. Qu'est-ce qui leur avait pris de rompre ?

Puis elle se tourna vers son amie.

— Félicitations, Collette. Tu m'as fait pleurer quand tu as prononcé ton serment.

Collette se mit à rire.

— J'ai failli, moi aussi. De bonheur. Je boirais bien quelque chose, maintenant que la tension est retombée. Où est le champagne ?

— Je vais en demander au bar, dit Leighton, content de pouvoir mettre un peu de distance entre Alyssa et lui.

Le moment où elle avait dit « Je le veux » avait été l'un des plus beaux moments de sa vie. Il sentit soudain les larmes lui monter aux yeux. Que donnerait-il pour éprouver de nouveau cet amour !

Alyssa regarda Leighton s'éloigner, le cœur gros. Quand ils s'étaient mariés, elle était vraiment persuadée que rien ne pourrait se mettre en travers de leur chemin. Elle savait que Leighton pensait la même chose. Ce qui était la preuve que même l'amour le plus intense pouvait tourner à l'aigre.

— Qu'est-ce qu'il est beau, avec sa chemise blanche et son pantalon noir ! s'exclama Collette en désignant Leighton.

— Ton mari n'est pas mal non plus, dit Alyssa en riant.

Elle était encore bouleversée. Par la cérémonie, bien sûr, mais aussi par la tendresse du geste de Leighton quand il avait retiré le mascara qui avait coulé sous ses yeux.

— C'est vrai. Vivement ce soir ! dit Collette d'un air entendu.

— Il va falloir que tu patientes encore un peu. Avant ça, il y a le repas, les discours...

— Justement, ce n'en sera que plus excitant. Ah ! voilà exactement ce qu'il me faut !

Collette prit une coupe de champagne sur le plateau que leur présentait un serveur. Alyssa l'imita et fit tinter son verre contre celui de son amie.

— À ta santé ! Tu mérites d'être heureuse.

— À la tienne. Toi aussi tu mérites d'être heureuse.

Elles burent une gorgée.

— Va voir tes invités. Tout le monde a envie de féliciter la mariée.

Collette s'éloigna et Alyssa alla s'appuyer à la rambarde pour scruter la mer à la recherche d'une autre baleine.

Rarotonga était l'endroit rêvé pour se marier. Elle se retourna et s'adossa pour regarder le couple au milieu de leurs amis. Cette vision la réjouit. Et lui donna de l'espoir. Elle se remarierait peut-être, un jour.

Vraiment ? Souhaitait-elle retenter ce pari, au risque de le perdre et de souffrir de nouveau ?

Elle chercha Leighton des yeux. Il était en train de parler avec Dan et deux autres médecins, ainsi que leurs partenaires. Oui, elle serait prête à réitérer l'expérience. Leighton était beau comme un dieu. Et toujours aussi sexy. Au moins une chose qui n'avait pas changé. Jamais aucun autre homme ne l'avait fait se sentir aussi désirable et aussi désirante. Leighton se retourna et la regarda dans les yeux, comme s'il lisait dans ses pensées.

— Viens avec nous ! dit-il de loin.

Bonne idée. Rester seule à contempler la mer n'était pas la meilleure manière de célébrer les mariés. D'autant qu'elle avait des amis avec qui faire la fête. Leighton faisait-il partie de ses amis ? Ou s'était-il écoulé trop de temps pour qu'ils puissent recréer un lien ?

— Je prenais l'air, dit-elle. Après toutes ces émotions.

— Cela fait partie de la célébration, dit Leighton en regardant Jamie et Collette passer de bras en bras sur la terrasse. Je suis content qu'il n'y ait pas deux cents invités sans quoi nous y passerions la nuit.

— Mais le soleil est encore haut dans le ciel, Leight.

— Leight ?

Une émotion qu'elle ne sut identifier traversa le regard de Leighton, et disparut.

Elle se mordit la lèvre en se demandant pourquoi elle venait de l'appeler par le surnom qu'elle employait quand ils étaient ensemble, comme si c'était la chose la plus naturelle du monde.

— Désolée, dit-elle avant de s'écarter un peu de lui.

— Tu n'as aucune raison de l'être. J'aime bien quand tu es spontanée.

Il la regardait avec une intensité qui la fit rougir. Elle eut l'impression que la température était montée de plusieurs degrés.

— Je vais chercher à boire, dit-elle en se dirigeant vers la table où Pepe avait disposé des coupes de champagne et des verres d'eau.

— Du champagne ? demanda ce dernier en regardant son verre vide.

— Non, merci. Je vais prendre de l'eau.

Leighton la perturbait. Et c'était un problème parce qu'elle n'avait aucune intention de reformer un couple avec lui. Ni même d'échanger un baiser – malgré le désir qui la submergeait quand elle en oubliait les conséquences. Il excitait chacune des terminaisons nerveuses de son corps rien que par sa présence. Mais elle ne survivrait pas à une autre rupture. Et elle n'avait aucune envie d'avoir une aventure avec lui et de reprendre ensuite le cours normal de son existence.

— Tu es déshydratée ! s'exclama Andrea en l'observant vider son verre d'eau.

— C'est vrai. Il fait chaud et j'ai soif.

Andrea lui jeta un regard entendu, du genre « on ne me la fait pas ».

— Allons nous asseoir à l'ombre, le temps de la séance photo des mariés, suggéra-t-elle.

— Cet endroit est magnifique ! Tout le monde est détendu, on entend la mer en fond sonore, j'adore ! dit Alyssa sur un ton un peu trop enjoué.

Tu parles trop. Andrea n'est pas idiote. Elle a probablement compris que tu étais perturbée et que c'était à cause de Leighton.

— Tu as raison. Les photos vont être très belles.

Leighton figurerait probablement sur beaucoup d'entre elles. Avec un peu de chance, Collette lui donnerait un cliché, à garder sous son oreiller.

Elle leva les yeux et, comme par hasard, il était là, avec Jamie, souriant à l'objectif du photographe. Son cœur fit un petit bond dans sa poitrine. Il était à croquer. Comment avait-elle pu quitter cet homme et tout ce qu'elle partageait avec lui ? Cela lui paraissait totalement insensé, à présent. Elle but une gorgée d'eau mais le liquide fit fausse route et elle se mit à tousser. Tout le monde se retourna. Quelle honte ! L'embarras redoubla quand Andrea lui donna des tapes dans le dos.

— Ça va, Lyssa ?

Leighton surgit devant elle, comme par un coup de baguette magique.

Elle hocha la tête.

— Ça va, merci. Jamie t'attend. Tu peux retourner faire les photos.

Elle n'avait vraiment pas besoin de sa sollicitude. D'autant que c'était à cause de lui qu'elle avait manqué s'étouffer.

— C'est fait. Le photographe veut faire des photos du couple seul, maintenant. Pepe, je voudrais une coupe de champagne, s'il vous plaît. Tu en prends une ?

Elle hésita puis se rappela qu'elle assistait au mariage de son amie et qu'elle était là aussi pour s'amuser. Elle but la dernière gorgée d'eau et posa son verre vide sur la table.

— Avec plaisir, dit-elle avant d'accepter la coupe que lui tendait Pepe.

Peu importait que Leighton soit là et qu'il fasse accélérer son rythme cardiaque par sa simple présence. Elle en avait assez d'être sur ses gardes, de faire attention à tout. C'était une journée de fête, après tout.

— Alyssa, Leighton, venez ! dit Collette. J'aimerais faire une photo de nous quatre.

Alyssa soupira en pensant que son amie ne lui facilitait pas les choses. Mais elle décida de s'en ficher. Elle était même contente d'avoir une photo de Leighton et elle. Elle glissa son bras sous le sien.

— On y va ?

Il n'hésita pas un instant. Ils rejoignirent les heureux mariés et, au lieu de se coller à son frère, Leighton la prit par la taille et l'attira contre lui.

Le photographe n'eut pas besoin de lui demander de sourire.

5

Alyssa avait posé la main sur le torse de Leighton tandis qu'ils dansaient sur la musique jouée par le guitariste et le pianiste. Au départ, ils avaient investi la piste de danse avec tous leurs amis mais ils s'étaient peu à peu rapprochés l'un de l'autre, comme aimantés. Puis Leighton l'avait prise par la taille et elle n'avait pas été en mesure de résister plus longtemps. Ils dansaient en cadence, comme avant, comme s'ils ne s'étaient jamais quittés. C'était merveilleux. Il y avait longtemps qu'elle ne s'était pas sentie aussi heureuse.

Des effluves de mer et de soleil émanaient de sa peau bronzée, sous sa chemise blanche dont les deux premiers boutons étaient déboutonnés. Sous ses doigts, elle sentait les muscles de son torse et les battements de son cœur. C'était Leighton. Le Leighton qu'elle avait connu, et qui avait changé.

Elle ferma les yeux en s'imprégnant de toutes ces sensations divines et se laissa guider par ses bras tendres et protecteurs.

— Hey, murmura-t-il à son oreille.

— Hey, répondit-il.

C'était ce qu'ils se disaient souvent quand ils se prenaient dans les bras. Elle se réjouit qu'il n'ait pas oublié.

La musique s'arrêta. Leurs pieds s'immobilisèrent mais leurs corps continuèrent à tanguer à leur propre rythme. Ils demeurèrent ainsi jusqu'à ce que Pepe prenne le micro.

— Chers amis, l'heure est venue que Collette et Jamie nous quittent. Je vous demande de leur dire au revoir comme il se doit.

Des applaudissements et des sifflements s'élevèrent dans la nuit tandis que les jeunes mariés saluaient leurs invités. Ils avaient l'air très heureux.

Alyssa les rejoignit et serra son amie dans ses bras.

— Bonne lune de miel, Collette. Profitez-en bien.

— Toi aussi, profite bien de tes vacances à Rarotonga, répondit-elle en lui adressant un clin d'œil entendu.

Elle ne releva pas et se retourna. Leighton était là, juste derrière elle, venu saluer son frère et sa femme.

Puis Jamie et Collette s'en allèrent.

— Cela te dit d'aller marcher un peu sur la plage ? demanda Leighton à la femme magnifique qui se tenait à ses côtés.

— Excellente idée, répondit Alyssa.

Il avait d'autres idées en tête, qui lui paraissaient toutes excellentes mais il savait aussi quand il valait mieux se taire.

Il était presque minuit et les mariés venaient de quitter leurs invités pour aller passer la nuit dans un autre hôtel, avant de prendre un vol pour Aitutaki, le lendemain matin.

— Je vais enfin pouvoir enlever mes chaussures, dit-elle.

Elle retira ses sandales à talon et il eut envie de lui masser les pieds. Il sentait toujours la chaleur qui émanait de son corps quand ils avaient dansé l'un contre l'autre sur la piste.

— Combien de temps restes-tu dans le bungalow ? demanda-t-il alors qu'ils arrivaient sur le sable.

— Jusqu'à mon départ, le week-end prochain. L'hôtel m'a surclassée la première semaine mais j'ai décidé de le garder jusqu'à la fin de mon séjour. Ils ont accepté. Je sais que ce n'est pas très raisonnable mais...

— Il faut savoir se faire plaisir, de temps en temps.

— Oui, mais je suis en train de mettre de l'argent de côté pour acheter une maison. En même temps, cela faisait des années que je n'avais pas pris de vacances. Je suis ravie de voir la piscine et la mer au réveil.

Elle n'était jamais vraiment partie en vacances quand elle était petite. Sa mère n'en avait pas les moyens. Mais jamais il n'avait entendu Alyssa se plaindre. Elle disait toujours qu'elle avait eu une enfance heureuse, qu'elle n'aurait pour rien au monde échangée contre un mode de vie plus confortable.

— Te connaissant, je suis sûr que tu auras ta maison.

— Les prix de l'immobilier ont flambé ces dernières années mais je vais y arriver.

— J'en suis certain. Je crois en toi, dit-il.

Elle trébucha, se redressa et le regarda droit dans les yeux.

— Merci Leighton. J'ai parfois l'impression d'être trop exigeante avec moi-même et puis je me rappelle tout ce que ma mère a fait pour que je ne manque de rien, par amour pour moi. Elle a été un modèle extraordinaire...

Elle cligna des yeux et se remit à marcher.

La journée avait été riche en émotions. Il s'était senti bien, comme cela ne lui était pas arrivé depuis des années.

— Tu n'as toujours dit que du bien d'elle.

Alyssa hocha la tête et sourit.

— Je t'ai déjà raconté comme elle ronchonnait quand je portais des chaussettes dépareillées ? Ou quand je laissais traîner mes élastiques à cheveux dans toute la maison ?

Elle gloussa comme la petite fille qu'elle avait dû être.

Son cœur se serra. Alyssa était vraiment adorable quand elle oubliait de veiller à ce que tout soit parfait.

— Elle m'a l'air d'avoir été une maman tout à fait normale, dit-il.

La sienne piquait des crises s'il n'alignait pas parfaitement ses chaussures dans son armoire.

— Elle serait fière de te voir acheter une maison.

S'ils revivaient un jour ensemble, il ferait attention à ne pas tout faire échouer. Mais cela ne risquait pas de se produire ! Il vacilla. Seraient-ils capables de laisser le passé derrière eux et de réessayer ? Et si cela ne fonctionnait pas ? Il ne supportait pas l'idée qu'Alyssa le quitte de nouveau. Mais il marchait là, sur la plage, avec elle, et il était évident qu'il y avait encore quelque chose entre eux. Il prit une profonde inspiration et lui prit la main. Et expira quand elle resserra ses doigts autour des siens.

— Maman t'aurait beaucoup aimé, dit-elle.

Il se figea. Alyssa ne lui avait jamais dit ce genre de choses.

— J'aurais bien aimé la rencontrer. C'est une partie de toi tellement importante !

Alyssa lui avait beaucoup parlé d'elle, surtout au début, quand ils s'étaient rencontrés. Quand ils avaient envisagé de se marier, il s'était demandé si elle s'attendait à ce que sa mère à lui soit aussi bienveillante envers elle. Cela ne risquait pas. Jean Harrison était déjà très réservée avec les gens qu'elle aimait. Alors quand elle ne les aimait pas... Leighton avait compris bien des choses sur elle, après avoir découvert l'existence de Jamie. Par contre, pourquoi était-elle restée accrochée à son mari infidèle ? Cela dépassait l'entendement.

— Maman a travaillé tant et plus pour pouvoir m'élever dignement. Elle a toujours veillé à ce que je ne manque de rien, dit-elle en regardant la mer.

Il sentit sa main serrer la sienne. Il eut la sensation qu'elle aspirait à se confier alors il demeura silencieux pour lui laisser le temps de trouver les mots.

— J'ai toujours voulu lui ressembler. J'ai essayé d'être aussi centrée, aussi déterminée qu'elle l'avait été. Et m'amuser a longtemps été au bas de la liste de ce que j'avais à faire.

Il eut une révélation.

— Alors quand tu as eu ton diplôme d'infirmière, tu as eu envie de jeter tes cahiers au feu et de faire la fête. Pour la première fois de ta vie.

— Tu as tout compris, dit-elle, l'air surpris.

Puis elle se mit à rire.

— Évidemment que tu as compris, tu es intelligent !

— Je ne l'ai pas toujours été. À l'époque, la seule chose que j'ai comprise, c'était que tu n'aimais pas rester à la maison pendant que je travaillais à l'hôpital et à la fac.

— Tu n'as rien à te reprocher, Leighton. Je n'ai jamais pris le temps de t'expliquer ce que je vivais. Je ne suis pas sûre que je le comprenais moi-même, à l'époque. J'avais toujours été une gentille fille désireuse de faire plaisir à sa mère qui se démenait pour elle. Sa mort ne m'a pas fait changer sur ce point. Je me sentais redevable de tout ce qu'elle avait fait pour moi et, quand elle m'a laissé de l'argent pour que je puisse poursuivre mes études d'infirmière, j'ai fait de mon mieux pour être à la hauteur.

— Mais la bulle devait éclater tôt ou tard.

— Il me semble que c'est ce qui s'est passé quand j'ai eu mon diplôme. Je n'ai rien fait de vraiment extravagant ou répréhensible mais ça me faisait du bien de pouvoir enfin sortir et voir mes amis quand bon me semblait.

De fait, il ne l'avait jamais vue rentrer soûle ni faire n'importe quoi.

— Et maintenant ?

— J'ai repris mes mauvaises habitudes. Je travaille beaucoup et je sors peu.

Il se tourna vers elle et s'efforça d'ignorer ses yeux magnifiques qui la regardaient.

— Je ne t'imagine pas ne pas travailler. D'un autre côté, je te trouve plus sûre de toi et plus détendue.

Elle se mit à rire et il sentit une vague de chaleur l'envahir.

— J'ai grandi, dit-elle.

Il hocha la tête.

— Tu as l'air de savoir qui tu es et ce que tu attends de la vie, maintenant.

Y avait-il eu un autre homme dans sa vie après leur rupture ? Il n'était pas sûr d'avoir envie de connaître la réponse. L'imaginer dans d'autres bras que les siens lui était insupportable. Ce qui était tout à fait déplacé, étant donné qu'ils n'étaient plus ensemble depuis quatre ans. Il fallait croire qu'il n'avait pas totalement tourné la page, contrairement à ce qu'il prétendait.

Lyssa le regardait toujours et il eut l'impression de perdre l'équilibre. Cette bouche. Que leurs baisers lui avaient manqué ! Il se pencha, incapable de résister à la tentation. Éprouverait-il les mêmes sensations s'il l'embrassait ce soir ? Ses souvenirs étaient merveilleux mais les années avaient passé.

Alyssa se rapprocha et se plaqua contre lui. Poitrine contre poitrine. Bouche contre bouche. Les souvenirs se mêlaient à ce baiser nouveau. Intense et excitant.

Elle lui caressait la nuque comme elle le faisait il y a cinq ans, sensuelle, sexy. Il se détacha d'elle.

— Lyssa ?

— Oui, Leighton, répondit-elle avant de l'embrasser de nouveau.

Lorsqu'ils reprirent leur souffle, il la prit dans ses bras et la porta jusqu'à un coin à l'abri des regards, derrière une petite digue. Lyssa déposait des baisers dans son cou à chacun de ses pas. Jamais il n'avait été aussi excité.

— Arrête, Lyssa, je ne vais jamais tenir.

Elle se mit à rire.

— Je suis sérieux. Je n'ai pas de préservatif.

— Ne t'inquiète pas, je prends la pilule.

Il la déposa sur le sable et laissa ses mains glisser sous sa robe. Sa peau était brûlante et douce et, de toute évidence, elle le désirait autant qu'il la désirait. Il cessa de la caresser, il fallait qu'il en ait le cœur net.

— Tu en as envie ?

— Oui, dit-elle en lui caressant le torse. Très envie.

Il se mit à lui effleurer les seins, dont les bouts se dressèrent sous ses doigts. Pendant ce temps, les mains de Lyssa avaient atteint sa ceinture et déboutonnaient son pantalon. Elle le fit glisser le long de ses jambes puis fit de même avec son caleçon. Elle leva une jambe puis l'autre en s'accrochant à ses épaules.

Plus rien ne pouvait le retenir de la pénétrer et de bouger en elle, jusqu'à ce qu'il la sente au bord de l'orgasme. Il attendit qu'elle crie son nom, comme elle l'avait toujours fait à ce moment-là.

— Leighton...

Alors il se laissa aller lui aussi. Rien n'existait plus que Lyssa et lui, en cet endroit, en cet instant. Il était en train de faire l'amour avec la femme de sa vie et ne pouvait pas être plus heureux. Il eut l'impression que tous ses rêves étaient en train de se réaliser en même temps. Une fois encore.

— Viens, on va dans mon bungalow.

Sans attendre la réponse, Alyssa prit Leighton par le bras et l'entraîna vers l'hôtel. Brûlés par le désir, ils ne s'étaient pas beaucoup éloignés sur la plage. Elle avait l'impression d'avoir rêvé. Et pourtant, ses jambes flageolantes lui disaient qu'elle avait vraiment fait l'amour avec lui. Heureusement qu'il lui donnait le bras, sans quoi elle aurait trébuché sur le sable.

— Tu n'as pas envie de te baigner, avant de rentrer ? demanda-t-elle.

— Si, mais il y a des rochers et des coraux. On risque de se couper juste en les effleurant.

— Tu as raison, dit-elle. On pourra toujours se tremper dans le jacuzzi. Et j'ai du champagne au frais.

— C'est tentant. Même si j'ai déjà bu pas mal aujourd'hui.

— Moi aussi.

Mais elle n'était pas contre l'idée d'en boire une dernière coupe, avant de refaire l'amour. Tel était son programme idéal.

— À quelle heure dois-tu amener Collette et Jamie à l'aéroport ? reprit-elle.

Autrement dit, jusqu'à quelle heure pourraient-ils rester au lit ?

— À 10 heures. Mais je dois les appeler une heure plus tôt pour m'assurer qu'ils sont bien réveillés.

Ils gravirent les quelques marches menant à la terrasse du bungalow. Leighton se tourna vers elle et la serra dans ses bras.

— Mais n'y pensons pas. Ce moment est à nous. Rien qu'à nous.

Ils étaient sur la même longueur d'onde. Elle releva la tête et l'embrassa passionnément. C'était leur moment. Un moment merveilleux avec un homme merveilleux. C'était tout ce à quoi elle voulait penser.

Il se détacha d'elle.

— Veux-tu que j'aille chercher le champagne et qu'on le boive ici, sur la terrasse ? demanda-t-il.

— La clé est sous le pot de fleurs, à côté de la porte.

Ce qui signifiait oui.

Il lui sourit et son cœur bondit dans sa poitrine. Leighton était beau mais son sourire était à se damner.

— Veux-tu que j'enlève ta robe ? Elle a l'air serrée.

Elle pouvait très bien la retirer seule mais pourquoi renoncer au contact des mains de Leighton sur son corps ?

Elle se retourna et souleva ses cheveux en retenant son souffle. Quand il fit glisser la fermeture Eclair le long de son dos, lentement, centimètre par centimètre, elle sentit le désir s'emparer d'elle. Elle avait encore envie de lui. Déjà. Cela faisait longtemps qu'elle n'avait pas éprouvé des sensations aussi intenses. Plus de quatre ans, en réalité.

Il fit ensuite glisser ses bretelles sur ses épaules, et tira doucement la robe vers le bas. Elle frissonna de la tête aux pieds.

— Voilà, dit-il.

Elle venait de faire l'amour avec lui et était prête à recommencer sur-le-champ.

— J'ai encore envie de toi, dit-elle.

Il jeta un coup d'œil autour d'eux. La petite terrasse était plongée dans l'obscurité et le jacuzzi, à l'abri des regards. Les architectes avaient bien fait les choses.

Pour toute réponse, il retira son pantalon et jeta sa chemise dans un fauteuil. Puis il la prit dans ses bras et entra dans le jacuzzi.

L'eau était délicieusement rafraîchissante. Elle sentit la peau de Leighton se hérisser sous ses doigts. Elle promena sa main sur son ventre jusqu'à son sexe dressé et se mit à le caresser.

Au bout de quelques secondes, il recula.

— Attends, Lyssa. Pas si vite. On a toute la nuit devant nous.

Ses mots ne pouvaient lui faire plus plaisir. Toute une nuit avec cet homme nu et sexy. Elle continua à le caresser mais il devint difficile de rester concentrée quand elle sentit les doigts de Leighton sur son sexe. Elle se cambra et se mit à gémir en se laissant inonder par les vagues de plaisir.

— Leighton...

Lorsqu'elle ouvrit les yeux, le soleil semblait déjà haut dans le ciel. Elle se retourna et tendit le bras vers Leighton. Mais il n'était pas là.

— Leighton ?

Pas de réponse.

Elle se redressa et scruta la chambre. Ses vêtements avaient disparu. Leighton était censé retrouver Collette et Jamie à 10 heures mais il ne pouvait pas être aussi tard. Alyssa ne se réveillait jamais au-delà de 7 h 30, même le week-end.

9 h 49.

D'accord. Elle était donc capable de dormir le matin, après une nuit de sexe torride. Soit Leighton était parti sans un bruit, soit elle était tellement fatiguée que rien n'aurait pu la réveiller. Elle se cala contre l'oreiller et sourit. Probable. La nuit avait été éreintante.

Elle prit son téléphone pour commander son petit déjeuner.

— Je voudrais des œufs au bacon, s'il vous plaît. Et du café.

Elle était affamée.

Elle se leva et alla prendre une douche. Puis elle enfila un bikini, un T-shirt et un short et alla s'installer sur la terrasse avec ses lunettes de soleil et un livre.

La vie était parfaite, se dit-elle en s'allongeant sur la chaise longue. Le retour à Nelson en hiver serait difficile. D'autant plus en l'absence de l'homme sexy avec qui elle avait passé la nuit. Elle chassa ces pensées de son esprit et ouvrit son livre. Mais elle eut beau lire et relire les mêmes phrases, elle ne retint rien. Son esprit était tout occupé par les images et les sensations de la nuit. Une nuit extraordinaire. Tellement merveilleuse qu'elle avait envie qu'elle se répète. Ce soir, le lendemain, et tous les jours qu'il lui restait encore à passer à Rarotonga.

— Voici le petit déjeuner ! annonça Pepe en montant sur la terrasse. Où est-ce que je le pose ?

— Ici, merci. Vous savez si Jamie et Collette sont partis ?

— Oui, le Dr Leighton les a emmenés à l'aéroport. Ils étaient contents d'aller à Aitutaki. C'est vrai que c'est une très belle île.

— Oui, il paraît.

D'après ce que Collette lui avait dit, c'était une île plus petite que Rarotonga où logeaient surtout des couples d'amoureux ou de jeunes mariés.

Elle aurait pu aller y passer la journée, si ses amis n'y étaient pas déjà. Un jour, peut-être, elle pourrait prendre l'avion, faire du bateau et aller nager avec les poissons, s'offrir un déjeuner gastronomique, se prélasser sur la plage, et rentrer sur le continent le soir. Un jour, peut-être, elle irait avec quelqu'un qu'elle aime.

Elle but une gorgée de café et soupira d'aise. Son corps était endolori et des tas de petits muscles qui n'avaient pas travaillé depuis longtemps se rappelaient à son bon souvenir. Mais cette nuit, elle avait eu le sentiment que tout était à sa place et que rien ne pouvait se mettre en travers de son chemin dans sa relation avec Leighton. Qui l'eût cru ? Certainement pas elle, au moment où elle préparait sa valise. Même si elle avait su qu'il était invité au même mariage qu'elle, il ne lui serait jamais venu à l'idée de passer la nuit avec lui.

Et ensuite ?

Dès qu'ils s'étaient revus, au bar de l'hôtel, le soir de son arrivée, ils avaient été surpris et mal à l'aise. Puis ils avaient brisé la glace mais la tension était remontée. Et quand ils s'étaient embrassés, la veille, ils n'avaient tergiversé ni l'un ni l'autre. Puis quelques minutes plus tard, ils faisaient l'amour comme si leur vie en dépendait. Et, comme si cela ne leur suffisait pas, ils avaient recommencé en rentrant au bungalow.

Le mariage de Collette et Jamie lui avait fait miroiter la possibilité d'un avenir plus radieux. Elle avait recouvré l'espoir en l'amour. Mais ce n'était pas ce qui l'avait poussée à coucher avec Leighton. Leighton n'avait rien à voir avec son avenir. Même si elle se surprenait souvent à penser qu'elle avait encore des sentiments pour lui. Par contre, Leighton n'avait envoyé aucun signal montrant qu'il souhaitait reconstruire quoi que ce soit avec elle. Il avait simplement passé la nuit avec elle sur la plage. Et dans le jacuzzi. Et dans son lit.

Soit.

Elle n'était pas certaine de vouloir renouer avec lui non plus. Elle avait trop souffert quand ils s'étaient séparés. Et elle avait mis du temps à reprendre confiance en elle et en l'avenir. Mais elle y était parvenue et n'avait pas envie de perdre tout ce qu'elle avait si durement acquis.

D'ailleurs, c'était un peu bizarre de penser qu'elle avait couché avec Leighton après tout ce qui s'était passé entre eux. Ils avaient été heureux ensemble, puis malheureux, s'étaient séparés et perdus de vue pendant quatre ans. Leur relation avait-elle un avenir ou cette parenthèse était-elle une forme de conclusion ? Et que préférait-elle ?

Elle réfléchit en mâchant son bacon croustillant. Elle voulait être heureuse et si les quelques aventures qu'elle avait eues ne lui avaient pas apporté grand-chose, le grand amour, lui, n'était pas facile à trouver. Pour elle, le bonheur allait de pair avec l'amour, la confiance et l'engagement. C'est ce qu'elle pensait avoir trouvé quand elle s'était mariée avec Leighton, mais elle avait vite déchanté.

— Au secours !

— Y a-t-il un médecin ?

Elle tendit l'oreille. Les cris provenaient de la plage. Elle bondit, prit son portable, ferma la porte du bungalow et traversa la pelouse de l'hôtel au pas de course. Sur le sable, trois personnes affolées en encerclaient une quatrième allongée sous des cocotiers.

— Que s'est-il passé ? demanda-t-elle en les rejoignant.

— Matilda s'est pris une noix de coco sur la tête.

— Vous êtes médecin ?

— Vous pensez que c'est grave ?

— Elle ne réagit pas quand je l'appelle ou que je la touche, dit un homme en levant les yeux vers Alyssa.

Le cou de la femme allongée était bizarrement incliné et du sang s'écoulait de son crâne.

— Je suis infirmière, dit-elle en s'agenouillant. Est-ce que quelqu'un peut aller à l'hôtel et demander qu'ils appellent un médecin et une ambulance ? Dites que c'est urgent, qu'Alyssa est sur place et qu'elle a besoin du Dr Leighton.

Elle eut du mal à trouver le pouls de la blessée, qui était lent et diminuait progressivement. La blessure devait être grave. L'impact de la chute d'une noix de coco du haut de l'arbre était puissant. Que faire, à part protéger la plaie du sable qui risquait de s'y infiltrer ?

— Il me faudrait une serviette ou une écharpe, quelque chose pour protéger la plaie.

— J'ai des mouchoirs en papier, dit quelqu'un en en tendant un paquet.

Pas idéal mais mieux que rien.

— Vous voulez ma chemise ? proposa un homme. Tenez, elle est propre.

C'était mieux que les mouchoirs en papier qui risquaient de coller à la plaie.

— Merci, dit-elle en plaçant la chemise sur la blessure.

Le pouls s'affaiblissait de minute en minute. Il était difficile de ne pas s'inquiéter, d'autant qu'elle ne pouvait rien faire de plus, à part se préparer à réanimer la patiente si le pire se produisait.

Elle détestait se sentir impuissante et inutile.

— Où en est-elle ?

Elle soupira de soulagement en entendant la voix de Leighton.

— Traumatisme crânien, pouls faible et qui continue de diminuer. Elle est inconsciente et ne réagit pas au toucher.

— Efficace. Merci, dit-il en s'agenouillant à son tour.

Il souleva la chemise pour examiner la plaie.

— Pepe m'a dit que l'ambulance serait là d'ici cinq minutes.

— Tant mieux. La situation est urgente.

— Je confirme, dit Leighton en palpant la tête de la blessée. On ne peut rien faire ici, à part se tenir prêts.

En d'autres termes, que les personnes présentes n'étaient pas censées comprendre, le pronostic vital de cette femme était engagé et il fallait qu'elle soit prise en charge à l'hôpital le plus rapidement possible.

— Je vais appeler l'hôpital, dit-il en se relevant.

— Que se passe-t-il ? Pourquoi Matilda ne bouge-t-elle pas ? demanda la femme qui avait donné le paquet de mouchoirs.

— Elle a perdu connaissance, dit Alyssa. C'est comme si son corps avait débranché tout ce qui n'était pas nécessaire à sa survie afin que les organes vitaux, eux, continuent à fonctionner.

Elle pria pour que le corps ne débranche pas aussi les organes vitaux.

— Elle va s'en sortir ?

La question tant redoutée par tous les soignants.

— Nous faisons notre possible. L'ambulance va arriver et on va s'occuper d'elle à l'hôpital.

Elle serait vraisemblablement transférée en Nouvelle-Zélande en urgence.

— L'ambulance est là, murmura Leighton en posant la main sur son épaule. Est-ce que tu peux monter avec nous dans le véhicule, Lyssa ? Au cas où ?

Elle hocha la tête.

— Est-ce que quelqu'un peut nous suivre ? Nous allons avoir besoin de renseignements sur votre amie.

— J'y vais, dit l'homme qui avait prêté sa chemise. Il faut juste que je passe prendre ma moto à la maison. Elle s'appelle Matilda Maguire.

— D'accord. On se retrouve à l'hôpital.

Deux ambulanciers vinrent hisser Matilda sur un brancard. Ils ne furent pas trop de quatre pour la porter jusqu'à l'ambulance. Marcher dans le sable ne facilitait pas les choses.

Une fois dans l'ambulance, ils roulèrent deux minutes à peine puis Alyssa regarda Leighton avec inquiétude.

— Elle n'a plus de pouls !

Leighton prit le défibrillateur qu'il avait préparé au cas où.

— Arrêtez l'ambulance ! dit-il au chauffeur. Écarte-toi, Lyssa.

Le corps de Matilda sursauta sous l'effet de la décharge électrique. Le tracé plat remonta puis redescendit.

— C'est mieux que rien, murmura-t-elle.

— C'est vrai, dit Leighton.

L'ambulance repartit et le voyage jusqu'au service des urgences de l'hôpital parut interminable. Lorsqu'ils arrivèrent, Leighton sauta de l'ambulance et se retourna vers elle.

— Si un jour il me faut une infirmière pour sauver ma peau, c'est toi que je veux.

Le compliment la toucha droit au cœur. Venant de lui, il était encore plus appréciable.

— Allons prendre un brunch en ville, suggéra Leighton une fois Matilda entre les mains des médecins de l'hôpital. Je n'ai pas déjeuné, ce matin. Je me suis réveillé tard et j'ai dû courir pour que nos jeunes mariés ne ratent pas leur avion.

— J'ai laissé mes œufs au bacon sur la terrasse. Je commençais à manger quand j'ai entendu des cris provenant de la plage. C'était horrible de la voir étendue là.

Elle frissonna. Leighton lui enlaça le cou.

— Ils ont appelé les transports médicaux aériens de Nouvelle-Zélande.

Il s'était senti impuissant à sauver Matilda. Au moins était-elle désormais entre de bonnes mains.

— C'est horrible d'imaginer qu'une balade sur la plage puisse se terminer de cette manière.

— J'aurais dû t'avertir. C'est le deuxième cas de blessure par noix de coco auquel je suis confronté. Les noix de coco sont énormes et dures comme de la pierre. Elles ne pardonnent rien. Ne t'allonge jamais sous un cocotier.

— Je m'en souviendrai. J'espère qu'elle va s'en sortir.

Il lui serra doucement l'épaule.

— C'est dur, dit-il. C'est pour cela qu'il faut se changer les idées, maintenant. Allons prendre un petit déjeuner, et puis cela te dirait d'aller faire un tour au marché ?

— Et si on allait manger directement au marché ? On m'a dit qu'il y avait plein de bonnes choses cuisinées sur place.

— Bonne idée. Je rêve de leurs gaufres.

— J'adore les gaufres ! J'en profiterai pour m'acheter quelques souvenirs, pour faire marcher l'économie locale.

— Des babioles qui vont se retrouver au fond d'un placard ?

— Non, dit-elle en riant. Je vais essayer de trouver des choses qui ont un peu plus de sens.

Il adorait l'entendre rire. Cela lui avait manqué pendant toutes ces années. Ce n'était pas la seule chose qui lui avait manqué chez elle, cela dit. Il était heureux de rattraper un peu du temps perdu. Lui faire l'amour avait été merveilleux, épuisant, bouleversant et apaisant à la fois. En quelques jours, leur circonspection s'était transformée en désir profond d'être ensemble. Il ferait mieux de rester prudent, il le savait. Mais depuis combien de temps ne s'était-il pas senti aussi bien en compagnie d'une femme ?

Depuis leur mariage, en fait. Les femmes qu'il avait fréquentées depuis leur séparation ne lui avaient jamais fait cet effet. Alyssa n'était pas une femme ordinaire. Elle avait déjà volé son cœur une fois. Il ne la laisserait pas faire une deuxième fois, de crainte d'être rejeté, comme il l'avait été quand elle l'avait quitté. Ce qui ne les empêchait pas de prendre du bon temps ensemble, tant qu'ils étaient à Rarotonga. Il aurait tout le temps de penser à la suite plus tard.

— Comment on y va ? Je ne vois pas de taxis.

— Suis-moi, dit-il en lui prenant la main.

Ils contournèrent les urgences et avancèrent jusqu'à un minibus. Le chauffeur était homme de ménage à l'hôpital mais il conduisait aussi tout le personnel qui se retrouvait sans véhicule, pour une raison ou pour une autre, ainsi que les personnes désireuses de se rendre à l'aéroport ou au port de plaisance.

— Tomo, est-ce que vous pourriez nous emmener au marché ? demanda Leighton.

— Bien sûr. Montez !

— Tomo, je vous présente Alyssa. Elle est en vacances ici et elle est infirmière. C'est elle qui a secouru la femme qui a reçu une noix de coco sur la tête.

— J'en ai entendu parler. Ça va ?

— Moi, oui, même si c'est toujours difficile de voir une personne grièvement blessée.

— Je ne pourrais pas être infirmier, dit Tomo. Je pleure quand mon chien se blesse.

— Je comprends, dit-elle en s'installant. Parfois, je rêve moi-même d'être fleuriste ou boulangère.

— Vous avez eu du monde, ce matin ? demanda Leighton à Tomo.

— Non. On est samedi. Encore que ça n'a pas vraiment d'importance, ici. C'est calme tous les jours.

Il se gara près du marché.

Leighton sortit son portefeuille et lui donna de l'argent. Tomo secoua la tête.

— Vous n'avez pas besoin de me payer. Je m'ennuyais.

— Ce n'est pas une raison. Je vous appellerai pour rentrer à l'hôtel et, si vous n'êtes pas dispo, je prendrai un taxi.

— J'attends votre appel, dit Tomo avant de repartir.

Lyssa regarda les étals du marché.

— Ça sent bon ! s'exclama-t-elle.

— Viens, je sais où on va trouver des gaufres.

Il lui prit la main et l'entraîna dans le dédale de stands.

— Tu viens souvent ici ? Moi qui pensais que tu n'aimais pas la foule !

— J'aime bien venir pour le petit déjeuner et regarder les touristes.

Il appréciait de voir les gens en vacances, souriants et détendus, et il aimait bien discuter avec les marchands quand ils avaient un moment de libre. Et qu'il en avait assez d'être seul. Son travail au centre médical ne l'occupait pas autant qu'il l'aurait souhaité. Il avait donc beaucoup de temps libre et pas grand-chose à faire.

— Tu es content de ton travail ici ? demanda Lyssa une fois qu'ils eurent trouvé une table et commandé leurs gaufres.

— C'est une expérience intéressante. Le rythme est plus lent et tout le monde est vraiment sympa mais je me sens parfois un peu désœuvré, dans le travail comme en dehors.

Il se cala dans sa chaise.

— Et le changement des saisons me manque. Ici, les températures varient peu tout au long de l'année. Même quand il pleut, il fait chaud. Je n'aurais jamais cru que le froid me manquerait.

— Qu'est-ce que tu fais en dehors du travail ?

— Pas grand-chose. J'ai visité cette île et quelques autres. J'ai grimpé au sommet du Te Manga, c'était magnifique. Pas facile parce que c'est raide et glissant par endroits. Juste avant d'arriver au sommet, j'ai croisé des poules. C'était très dépaysant.

Lyssa eut l'air pensif.

— Je comprends que tu aies envie d'action. Dans mon souvenir, tu avais du mal à rester tranquille.

— Je n'ai plus la bougeotte comme avant mais je n'aime pas ne rien faire non plus. Cela dit, je ne regrette pas d'être venu. J'en garderai de bons souvenirs.

— Cela va te faire un drôle d'effet de reprendre la vie trépidante d'Auckland. Ah ! voilà les gaufres !

Ce n'étaient que des gaufres, mais elles étaient délicieuses. Et la compagnie d'Alyssa était la partie la plus succulente du petit déjeuner. Ils étaient incroyablement sereins, en dépit de tout ce qu'ils avaient vécu ensemble. C'est vrai qu'ils avaient passé une nuit magique. Faire l'amour avec elle lui avait donné la sensation de renaître. Mais une nuit torride ne présageait pas de la suite. Il avait toujours du mal à faire confiance. Or, il fallait faire confiance à Alyssa s'il avait l'intention de reconstruire quelque chose avec elle.

Es-tu disposé à parler de tout ce qui te touche, au plus profond de ton cœur ?

Il faudrait aussi qu'il cesse d'imaginer qu'elle le quitterait de nouveau au moindre problème entre eux. Mais ils n'en étaient pas là, de toute façon.

— Où es-tu ? demanda-t-elle doucement.

— Je suis là, répondit-il. Tu veux un autre café ?

Elle le regarda avec une intensité qui fit resurgir d'autres souvenirs, moins agréables. Il esquivait sa question et elle n'était pas dupe. De toute évidence, il n'était pas prêt à être tout à fait franc avec elle. Cela impliquait de prendre des risques qu'il n'était pas certain d'assumer.

Mais il ne voulait pas non plus faire les choses dans son dos comme son hypocrite de père. Alors comment exprimer ce qu'on avait gardé en soi pendant des années ?

— Je veux bien un autre café, finit-elle par répondre.

Il se leva pour aller commander et sentit qu'elle le suivait du regard. Qu'allaient-ils faire de leur journée, maintenant ? Il l'avait déçue et elle allait probablement vouloir faire le tour du marché. Seule.

Ils burent leur second café en parlant de choses insignifiantes puis elle se leva.

— Je vais continuer mon tour, dit-elle.

Il prit une grande inspiration.

— Je viens avec toi, dit-il. Je n'ai jamais vraiment pris le temps de faire le tour du marché en détail.

Les souvenirs pour les touristes ne l'intéressaient pas vraiment mais il avait envie d'être avec elle, de profiter du temps qu'il lui restait sur l'île. La nuit qu'ils avaient passée ensemble avait été merveilleuse, et pas seulement sous un aspect physique. Plutôt grâce à la personnalité de celle avec qui il l'avait passée. Alyssa avait toujours un effet incroyable sur lui et, pour l'instant, il savourait ce qu'ils avaient partagé, quoi qu'ils aient vécu auparavant. Il n'était pas prêt pour la vie de couple et ne le serait peut-être jamais plus, mais il était content d'être de nouveau en bons termes avec celle qui, curieusement, était encore sa femme.

— Tu risques de t'ennuyer, dit-elle alors qu'ils se dirigeaient vers une petite boutique de sarongs à fleurs multicolores.

— Ça m'étonnerait, répondit-il sur un ton léger. Je vais peut-être trouver la chemise à fleurs de mes rêves !

Elle le regarda, les yeux rieurs.

— Chiche !

Leighton se détendit.

— Ça t'irait bien, ça, dit-il en lui indiquant un sarong rouge et blanc. Ou tu préfères le jaune ?

— Tais-toi donc. Je ne porte pas de jaune. Et si tu allais te chercher une chemise dans la boutique d'à côté ?

— Bien, madame.

Il sortit de la boutique et regarda les passants déambuler, des sacs dans les mains, contents de leurs achats. Le beau temps semblait mettre tout le monde de bonne humeur. C'était ce qu'il appréciait tout particulièrement sur ces îles : une ambiance décontractée au milieu d'une nature exubérante et magnifique.

Cela dit, il serait content de changer d'endroit. Depuis qu'Alyssa était réapparue dans sa vie, il n'éprouvait plus l'enthousiasme qui lui avait fait accepter ce remplacement. Elle lui inspirait le désir d'un avenir plus stable, même s'il ignorait pour l'instant où il travaillerait une fois rentré en Nouvelle-Zélande. Auckland ne l'attirait plus. Nelson était une alternative tentante mais qui posait désormais problème, car c'était là que vivait Lyssa. Leurs vies seraient alors de nouveau liées, même s'ils décidaient de ne pas donner suite à leur aventure. C'était une amie proche de Collette et Jamie, ils graviteraient au moins en partie dans le même cercle.

Il n'avait aucune envie de l'esquiver. Mais était-il prêt à affronter ses peurs et à être honnête ? C'était une question majeure à laquelle il n'avait pas de réponse définie. De toute façon, il n'avait pas à y répondre urgemment. Si tant était qu'il ait à y répondre un jour.

— J'aimerais bien me trouver un chapeau, maintenant, dit Lyssa, un sac à la main. Et peut-être aussi une petite sculpture, pour décorer ma nouvelle maison.

Sa maison. Elle avait su tourner la page mieux que lui.

— Tu comptes vraiment te poser à Nelson et y rester ?

Pour toute réponse, elle lui jeta un regard méfiant.

— Je suis content que tu aies trouvé un endroit qui te plaît et où tu as envie de t'installer.

— C'est ce que j'ai toujours souhaité, Leighton, dit-elle un peu sèchement.

— Je me souviens de la manière dont tu avais arrangé notre appartement. C'était joli, accueillant.

Elle avait repeint les pièces qu'elle avait meublées avec des objets chinés. Il avait protesté en disant qu'ils avaient les moyens d'acheter des affaires neuves mais elle avait rétorqué qu'elle ne pouvait pas se le permettre et que, tant qu'*elle* faisait les courses, elle achetait des affaires d'occasion.

— J'ai pris beaucoup de plaisir à le faire, dit-elle d'un air mélancolique.

— Tu as fait la même chose là où tu vis actuellement ?

Il ne savait même pas si elle vivait seule ou en colocation.

— Pas vraiment. J'ai peu de temps et l'appartement me plaît tel qu'il est. Je suis locataire, de toute façon.

Elle s'arrêta devant un stand qui vendait des tableaux de céramique colorés dépeignant les habitants de l'île dans leur vie quotidienne.

— Oh ! regarde ! C'est incroyable. J'adore celui-là.

On y voyait trois femmes en sarong, assises dans l'herbe, des fleurs d'hibiscus dans les cheveux, riant et bavardant.

— C'est l'un de ceux qui ont le plus de succès, dit la femme derrière la table.

— Je le prends. Et ces deux-là aussi, dit Lyssa. Et celui-ci, derrière vous, sur le mur, avec les pêcheurs. Et j'aime bien aussi la baleine, là-bas.

Leighton sourit.

— Tu aurais dû apporter ton sac à dos.

Puis il se tourna vers la vendeuse.

— Je vais prendre un sac de jute, pour mettre tout ça.

— Tu n'es pas obligé, dit Lyssa.

— Je sais.

— Et je ne sais pas si on a le droit de faire entrer du jute en Nouvelle-Zélande.

— Ne vous inquiétez pas, dit la vendeuse. Les touristes en achètent tout le temps.

Lyssa paya ses céramiques et ils saluèrent la vendeuse.

— Et maintenant ? Est-ce que tu as envie de te balader en ville ou tu préfères rentrer à l'hôtel ?

Ils pourraient s'asseoir sur la terrasse et admirer la mer. Ou rentrer dans le bungalow et faire l'amour.

— Les deux, répondit-elle avec un grand sourire.

Avait-elle lu dans ses pensées ?

— Donne-moi ça, dit-il en lui prenant des mains le sac de jute.

— Je repense à Matilda. J'espère qu'elle va bien.

— J'étais aussi en train de penser à elle. Pas de nouvelles, bonnes nouvelles ?

Mais vu la gravité de son état, il n'osait pas être optimiste. Deux minutes plus tard, son téléphone vibra dans sa poche. C'était l'hôpital.

— Leighton ? C'est Phil. Je t'appelle au sujet de la femme qui s'est fait assommer par la noix de coco. Elle a succombé à ses blessures.

— Je suis désolé, Phil, dit-il, compatissant.

— Moi aussi. On se rappelle.

Lyssa le regardait.

— Matilda ?

Il hocha la tête.

— Elle est morte.

Lyssa prit une profonde inspiration et regarda au loin.

— C'est terrible. Ils étaient là en vacances en famille... La vie est parfois injuste.

— Viens, on rentre. Je n'ai plus tellement envie de faire du shopping.

— Moi non plus.

Il jeta un coup d'œil autour d'eux. Aucun taxi en vue.

— Je rappelle Tomo.

Une fois dans le minibus, ils prirent le chemin en sens inverse, le cœur lourd.

6

— Je n'arrive plus à regarder les cocotiers comme avant, maintenant, dit Alyssa en fixant la mer. Je pense à Matilda qui n'est plus là pour voir ces paysages somptueux.

Il la rejoignit sur la terrasse de l'hôtel.

— C'est triste, je sais. Cela fait aussi partie de notre métier, malheureusement.

— On ne s'y habitue pas, pourtant.

— Non, jamais. Si c'était le cas, ce serait le signe qu'il est temps de changer de métier.

Elle hocha la tête.

— Dans quel quartier vis-tu ? demanda-t-elle dans l'espoir qu'ils aillent chez lui plutôt que dans son bungalow.

Il ne lui avait pas dit précisément où il habitait. Typique. Encore un élément de sa vie qu'il ne partageait pas.

— J'habite dans une petite maison, pas loin de l'hôpital. Elle appartient aux parents du médecin que je remplace. La nuit, j'entends le bruit des vagues.

— Je ne me suis pas encore aventurée en dehors de la route principale, dit-elle. La vue doit être magnifique depuis les collines.

— Tu as été bien occupée depuis que tu es arrivée. Ta jolie petite voiture n'a pas beaucoup roulé.

— Je vais me rattraper dans les prochains jours.

Andrea et Gina repartaient à Nelson le soir même parce qu'elles reprenaient le travail le lundi. Une fois seule, elle aurait tout le loisir d'explorer l'île.

— Tu reprends le travail lundi ?

— Oui. Je vais être assez occupé parce qu'ils ouvrent un centre de mammographie la semaine prochaine. La radiologue devrait arriver demain pour interpréter les clichés. Il n'y a pas de radiologue titulaire ici. Les radiographies sont généralement interprétées en ligne. Ce centre devrait encourager les femmes à se faire suivre. Le centre médical a un pôle où les femmes peuvent venir faire un bilan médical complet. Beaucoup d'entre elles ne vont chez le médecin que quand la situation est déjà grave.

— Quand vous avez besoin de spécialistes, les patients sont transférés par avion à Auckland ?

Il hocha la tête.

— Le système local fonctionne bien tant que les problèmes sont mineurs.

Une fois qu'ils furent arrivés devant le bungalow, il s'arrêta et contempla la plage et le lagon.

— Tu veux boire un verre ? demanda-t-il.

— J'en rêve. Mais mon frigo est vide.

— Je vais chercher ce qu'il faut au bar. Va te poser, je reviens tout de suite.

Elle s'installa sur la terrasse. La vue était toujours aussi éblouissante, il faisait chaud et elle était épuisée. Ils n'avaient pas beaucoup dormi la nuit précédente et la mort d'un patient était toujours un choc. Elle ne tenait plus debout.

— J'ai pris de la bière. J'espère que cela te convient.

— Je n'en bois pas souvent mais j'aime bien. Merci.

Elle prit une gorgée de bière fraîche.

— Quelle journée ! J'ai besoin de me changer les idées.

— J'ai ce qu'il te faut, dit-il en posant un jeu d'échecs sur la table. Tu te souviens ?

— Bien sûr que je me souviens des parties que nous faisions quand nous avions perdu un patient.

Cela les aidait à surmonter le choc et la douleur.

— Mais je n'ai pratiquement pas joué depuis.

— Il m'est arrivé de jouer en ligne mais ce n'est pas la même chose. Une partie peut durer des semaines et je n'éprouve pas la même excitation.

Elle se sentit déjà mieux. En réalité, elle avait joué avec un patient qui avait séjourné à l'hôpital pendant presque un mois et qui s'ennuyait. Avec un peu de chance, elle avait fait suffisamment de progrès pour battre Leighton, pour une fois.

— Pile ou face ? dit-il avant de jeter une pièce en l'air.

— Face.

C'était toujours ce qu'elle choisissait.

— Gagné. Mais tu n'as pas encore gagné la partie, dit-il en riant.

— On verra...

Elle bougea son premier pion et se cala dans son fauteuil en attendant que Leighton joue. Une brise légère lui caressait le visage.

Au bout d'une heure, elle se redressa, un sourire satisfait sur le visage.

— Et voilà.

Leighton scruta le jeu puis leva les yeux.

— Tu as raison. Tu as gagné. Bien joué.

— Allez, avoue que cela t'agace.

— Je n'aime pas perdre, c'est vrai. Et c'est la première fois que cela m'arrive contre toi, je crois. Il était temps.

— C'est toi qui m'invites à dîner, dit-elle en riant.

Puis elle se fit plus sérieuse.

— Merci Leighton. C'est exactement ce dont j'avais besoin.

— Moi aussi. Cela te dit d'aller piquer une tête dans la mer ?

— Bonne idée. Je vais me changer, répondit-elle en se levant. Tu as des vêtements de rechange dans la voiture ?

— Toujours. Il m'arrive souvent de me salir avec les patients.

— Cela m'est arrivé trois fois depuis que je suis arrivée, dit-elle.

Quel maillot de bain ? Le bikini rouge était son préféré mais le blanc lui allait bien aussi. Non, le rouge était mieux, tant qu'elle n'était pas encore bronzée.

Leighton la regarda avec admiration quand elle sortit de sa chambre. Ce qui confirma que le bikini rouge était parfait.

— Tu aimes ?

— Si j'aime ? Tu n'as pas idée des efforts que je déploie pour ne pas te porter jusqu'à ton lit.

— Qu'est-ce qui t'en empêche ?

— La femme de ménage, dans le bungalow d'à côté. Je présume que le prochain sur sa liste sera celui-ci.

— Merci d'être aussi observateur.

— Je n'ai pas le choix, vu l'état d'excitation dans lequel tu me mets.

L'eau fraîche leur ferait du bien à tous les deux.

— Allons-y, dit-elle.

— Tu as de la crème solaire ?

— Oui, sur la table.

— Tu en as mis ?

— Non, je suis partie en courant avant d'avoir eu le temps.

— Tourne-toi.

Le contact de ses mains sur ses épaules et dans son dos ne fit pas diminuer la température. Elle avait l'impression de rattraper en vingt-quatre heures ses quatre années de quasi-chasteté. Depuis leur rupture, aucun homme ne lui avait paru intéressant. Aucun ne lui faisait l'effet de Leighton, en tout cas. C'était comme si son corps se réveillait d'un long sommeil.

Il passa devant elle et appliqua la crème sur son cou, ses bras, son torse. Elle gémit.

— Arrête ça, sans quoi, femme de ménage ou pas, je ne réponds plus de rien.

Il se mit à rire.

— Aller nager nous fera du bien. Ce bikini devrait être vendu avec une étiquette de mise en garde. Tu es trop sexy, Alyssa Harrison.

Harrison ? Elle avait repris son nom de jeune fille.

— Je m'appelle Alyssa Cook, tu sais ?

Leighton se figea puis reposa le tube de crème sur la table. Il avait l'air à la fois dérouté et peiné.

— Tu croyais que j'avais gardé ton nom, après tout ce temps ?

— Non. Je savais que tu avais repris ton nom de jeune fille.

— Alors, où est le problème ?

— Il n'y a pas de problème.

— Ton corps est en train de dire tout à fait autre chose.

— J'ai été surpris, c'est tout. Vu ce qui se passe entre nous depuis hier, ça m'a fait l'effet d'un seau d'eau froide sur la tête. Même si j'ai conscience que nous sommes séparés depuis longtemps.

Ce fut son tour de se figer. Elle n'avait pas l'habitude de l'entendre parler aussi franchement. Mais il avait raison. La nuit avait été torride et merveilleuse, mais ils n'avaient aucune idée de ce qui se passerait ensuite.

— Leighton, on passe du bon temps ensemble, voilà tout.

« Voilà tout » ? N'attendait-elle rien de plus de ce rapprochement ?

Ce serait prendre un risque qu'elle n'était pas sûre d'assumer, vu ce qu'ils avaient déjà vécu ensemble. Leighton lui avait raconté l'arrivée de Jamie dans sa vie et l'état dans lequel cette révélation l'avait mis, au point qu'il ne l'avait pas retenue de partir. Mais il ne lui avait fait qu'un compte rendu succinct des événements

Elle ne savait pas grand-chose des conséquences que ce choc avait eues sur sa vie actuelle et à venir.

— C'est vrai. C'était bien, dit-il en s'écartant d'elle.

C'était ? Allaient-ils en rester là ? Ne comptait-il pas la revoir dans les jours qui suivraient, avant qu'elle reparte à Nelson ?

— Mais cela s'arrête là ? Tu ne veux pas qu'on se revoie d'ici mon départ ?

— Je ne serais pas aussi radical.

— Qu'est-ce que ça veut dire ?

Il la regarda.

— Tu sais bien ce que cela veut dire, Alyssa.

Allait-il continuer à noyer le poisson longtemps ? Serait-il capable de dire franchement ce qu'il avait en tête ?

— Je sais que nous nous sommes séparés, Leighton.

Il ne dit rien. Elle poursuivit.

— Mais j'ai l'impression qu'il y a encore un lien fort entre nous, quand nous sommes détendus et que nous ne ressassons pas le passé.

— Ce n'est pas le moment de parler de ça, Alyssa. Allons nous baigner.

Il descendit les marches de la terrasse.

— En fait, rien n'a changé, dit-elle tristement. Et c'est peut-être mieux pour tout le monde, cela dit.

Leighton n'aimait pas aborder les sujets personnels. Si elle s'impliquait trop dans cette histoire, cela risquait de mal finir encore une fois. Mieux valait qu'elle se protège.

Alyssa avait raison. Rien n'avait changé. Il détestait toujours autant parler de lui. Dès que la conversation le concernait, il fermait la porte. À double tour.

Mais que faire ? Il n'était pas sûr de pouvoir – peut-être même pas de vouloir – lui faire confiance. Leur relation s'était soldée par une séparation, alors à quoi bon renouer ?

Pourtant, les moments qu'ils avaient passés ensemble depuis leurs retrouvailles avaient été merveilleux. Sa poitrine se serra à l'idée de ne plus passer de temps avec elle. Il fallait qu'il surmonte la douleur lancinante qu'il éprouvait depuis qu'elle avait dit, non sans fierté, qu'elle s'appelait Alyssa Cook et non plus Alyssa Harrison. Il avait été tellement heureux qu'elle accepte de porter son nom, quand ils s'étaient mariés. Ce qui ne l'avait pas empêché de l'encourager à être elle-même et à faire ce qui la rendait heureuse. Elle venait de lui rappeler qu'ils avaient beau passer du bon temps ensemble, ils ne formaient plus un couple.

Il appuya sur l'accélérateur et tourna sur la route menant à la maison dans laquelle il logeait pour quelques mois. Il devait des excuses à Alyssa pour avoir été aussi abrupt et avoir déguerpi dans la foulée. Il lui devait aussi une explication. Mais il lui fallait d'abord cerner son besoin de se rapprocher d'elle ainsi que tout ce qui l'empêchait de franchir le pas. Il était bien avec elle et faire l'amour avec elle avait été extraordinaire. Tous ces moments lui rappelaient qu'il n'était pas destiné à rester seul pour peu qu'il ouvre son cœur.

Pourtant, bien qu'il lui ait enfin raconté comment il avait fait la connaissance de son demi-frère, il redoutait encore de lui révéler ses peurs et ses inquiétudes.

Retourne la voir et présente-lui tes excuses.

Le pépiement d'un oiseau interrompit ses réflexions maussades. Il regarda l'écran de son portable. C'était Amalie, l'une des sages-femmes du centre médical. Il mit son clignotant et se gara sur le bas-côté.

— Amalie ? Qu'est-ce que je peux faire pour vous ?

— Je suis à l'hôpital. Mere Aro est en travail depuis dix heures et le bébé se présente par le siège.

— J'arrive.

Il fut presque reconnaissant à Mere de lui donner un autre sujet de préoccupation que ses relations avec son ex-femme. Presque, parce qu'elle était en plein travail et que le bébé ne se présentait pas bien. Il fallait donc qu'il reprenne son rôle de médecin calme et confiant et cesse de penser à Alyssa en boucle.

Il finit par rire de lui-même. Comme le disait Jamie, les choses se passaient rarement comme on l'avait prévu. Même s'il n'avait rien prévu avec Alyssa, à part passer de bons moments avec elle, sans s'impliquer outre mesure. Ce qui était déjà un peu raté, si l'on considérait ce qui s'était passé la veille et le tourbillon émotionnel dans lequel il se retrouvait en sa présence.

— Je suis contente que vous soyez là, dit Amalie quand il entra dans la salle de naissance. Je crois que le bébé est impatient de sortir.

Plus vite le bébé serait sorti, plus vite Mere pourrait se reposer après tous ses efforts.

— Bonjour Mere. Il paraît que vous avez besoin d'aide, dit-il sur un ton léger.

— Oh oui ! Je commence à en avoir assez.

— Je m'en doute.

Encore que, comme lui avaient dit plusieurs infirmières dans sa carrière, il ne savait pas de quoi il parlait.

— Je me change et nous allons faire naître ce beau bébé.

Deux heures plus tard, Leighton était rentré chez lui. Il se mit à tondre la pelouse, pour s'occuper. Le petit Tepi pesait quatre kilos et demi et était plutôt bruyant. Il était également adorable et Leighton avait senti son cœur se serrer quand Amalie l'avait déposé sur le sein de sa mère. Si Alyssa et lui étaient restés ensemble, ils auraient peut-être des enfants, à l'heure qu'il était.

Une fois la pelouse tondue, il alla piquer une tête dans le lagon pour se rafraîchir. Il nagea puis fit la planche en contemplant l'immensité du ciel bleu. Quel endroit magique ! Il trouvait ces îles merveilleuses mais n'avait pas pour autant envie d'y vivre en permanence. Il avait besoin de plus d'animation autour de lui. Bien que la semaine qui venait de s'écouler ait été riche en événements.

Où était Alyssa en cet instant ? Était-elle en train de se faire bronzer dans l'un de ses bikinis excitants ?

Depuis qu'il l'avait revue, il s'était remis à penser à l'avenir et à l'idée de partager sa vie avec quelqu'un. Et, pourquoi pas, avoir des enfants. Il suffisait qu'Alyssa entre dans son champ de vision pour qu'il s'embrase. Comme à l'époque où ils s'étaient rencontrés.

Il sortit de l'eau et se mit à marcher sur la plage en essayant de ne pas penser à elle. Puis il rentra chez lui et prit une douche. Mais Alyssa n'avait pas quitté ses pensées un seul instant.

Il sortit de la salle de bains, enfila une chemise blanche et un bermuda, prit ses clés de voiture et sortit. Il n'y avait qu'un moyen de gérer les émotions qui se livraient bataille entre sa tête et son cœur. Il fallait qu'il la voie.

Alyssa s'allongea sur la chaise longue, tartinée d'écran solaire, et ferma les yeux.

Elle venait d'accompagner Andrea et Gina à l'aéroport. Pour elles, les vacances étaient terminées. Sur le chemin, elles s'étaient arrêtées pour boire un dernier verre dans un bar sur la plage.

Elle avait encore une semaine de vacances dont elle comptait bien profiter pleinement. Pour l'heure, elle avait envie de se détendre et de poursuivre la lecture du livre qu'elle avait commencé dans l'avion. Cela faisait du bien de ne rien faire. Idéalement, elle aurait aimé aussi pouvoir ne *penser* à rien, et surtout pas à sa relation avec Leighton et à sa réaction quand elle lui avait dit qu'elle avait repris son nom de jeune fille. Elle ne comprenait pas en quoi cela le dérangeait à ce point, puisqu'ils n'étaient plus ensemble depuis des années. Quelle raison aurait-elle eu de garder le nom d'un homme avec qui elle avait rompu ?

Elle n'avait fait que dire les choses telles qu'elles étaient. Pourtant, Leighton avait été secoué, après les bons moments qu'ils avaient passés ensemble. Elle-même s'était demandé s'il ne serait pas possible de reconstruire quelque chose avec lui, au moins une amitié profonde et sincère. Quelle idiote ! Qu'est-ce que cela leur apporterait ? Ils ne pouvaient pas reprendre les choses là où ils les avaient laissées quatre ans auparavant. Elle ne pouvait pas être en couple avec un homme qui ne lui parlait pas parce qu'il n'avait pas confiance en elle. Car, tant qu'il ne serait pas capable d'être tout à fait honnête avec elle, c'est elle qui aurait du mal à lui faire confiance.

Le portail ouvrant sur le bungalow grinça.

— Alyssa, tu te souviens que je te dois une invitation à dîner ? Mets ta plus belle robe et viens avec moi.

Leighton se tenait devant elle, grand et fier, sans avoir l'air d'éprouver l'ombre d'un remords pour la manière dont il s'était comporté.

— Quelle idée ? Après m'avoir plantée là comme tu l'as fait ce matin ?

— Justement parce que je t'ai plantée là ce matin. Je venais te présenter mes excuses pour m'être comporté comme un sale gosse.

Ses pensées se mirent à tourbillonner dans son esprit. Devait-elle tirer un trait sur le fait qu'il ait tourné les talons, et décider de passer une bonne soirée avec lui ? Ou préférait-elle ne pas céder et exiger des réponses ?

Le choix était simple. Elle se leva.

— Je vais me préparer, dit-elle. Il y a de la bière dans le frigo, si tu veux.

Se préparer pour un rendez-vous galant prenait un peu de temps. Elle n'avait aucune envie de sortir en robe de plage.

Elle vit la tension dans ses épaules se dissiper et l'expression de son visage s'adoucit.

— Avec plaisir. Tu veux un verre de vin ?

— Je préfère attendre qu'on soit là où tu as l'intention de m'emmener.

Elle prit une douche en souriant. Elle allait sortir avec Leighton. Et il l'avait appelée Alyssa. C'était certainement bon signe, sans quoi il ne se serait pas donné la peine de venir jusque-là.

Quelle robe mettre ? Il en restait une qu'elle n'avait pas encore portée, bleu ciel, près du corps, qui irait parfaitement bien avec les sandales à talon qu'elle s'était achetées à l'aéroport en attendant son vol. Elles lui avaient coûté les yeux de la tête mais elle ne regrettait pas son achat. Elle aurait peut-être des remords une fois rentrée chez elle, quand elle ferait ses comptes mais, pour l'instant, elle savourait ses vacances.

— C'est très beau, dit-elle lorsqu'ils entrèrent dans le restaurant de bord de mer choisi par Leighton.

On les conduisit à une table sous les arbres, entre la pelouse et la plage. Les sternes volaient dans le ciel, à l'affût de miettes à picorer. Les arbres étaient décorés de guirlandes lumineuses.

— Tu viens souvent ici ?

Leighton secoua la tête.

— J'y ai pensé plusieurs fois mais ce n'est pas le genre d'endroit où j'ai envie de venir seul. De toute façon, je n'aime pas beaucoup aller seul au restaurant. Et les locaux que j'ai connus ici ne sortent pas souvent.

— Il n'y a pas beaucoup d'expatriés, par ici ?

D'après ce qu'elle avait lu, de nombreux cafés et restaurants étaient tenus par des Néo-Zélandais et des Australiens.

— J'en ai rencontré quelques-uns mais nos horaires de travail divergent. Ils travaillent souvent au moment où je suis libre.

La serveuse déposa leurs verres de vin sur la table.

— Est-ce que vous avez choisi ?

— Oh non ! dit Alyssa en prenant le menu. Je n'ai même pas regardé la carte. J'étais trop occupée à admirer le paysage.

— Je reviens dans un moment, ne vous inquiétez pas. Prenez votre temps.

Leighton tendit son verre pour trinquer.

— Pour me faire pardonner, dit-il.

Elle ne comptait pas esquiver les sujets délicats.

— Parce que tu crois t'en tirer comme ça ?

— Non.

— Pourquoi est-ce si difficile de me parler ?

La serveuse revint et ils commandèrent.

Puis Alyssa se tourna vers Leighton, attendant sa réponse. Il tapotait des doigts sur la table. Elle décela de la crainte dans son regard, aussitôt dissimulée par l'entêtement puis le repli sur soi.

Elle eut soudain de la compassion pour lui, le seul homme qu'elle ait jamais aimé. Il souffrait et elle avait envie de l'aider. Mais elle ne voulait pas pousser la conversation plus loin, avec le risque qu'elle dégénère en public. Leighton détestait être au centre de l'attention. Mieux valait ne pas le presser. Une fois encore. Elle se sentit lâche. Mais ce qu'elle vit au fond de ses yeux lui fit comprendre qu'elle ne gagnerait rien à approfondir cette discussion. Alors elle préféra lui montrer à quel point elle tenait à lui. Elle lui prit la main et s'efforça de sourire.

— Qu'est-ce que tu as fait ce matin, quand tu es parti ?

— J'ai tondu la pelouse après avoir fait naître un enfant par le siège. Un petit gars costaud.

Elle se détendit. Quels que soient les problèmes qu'ils avaient à affronter, elle aimait sa compagnie.

— Il va bien ? Sa maman aussi ?

— Oui. Tout s'est passé vite et bien. J'ai eu l'impression que le voir naître m'aidait à mieux encaisser la mort de Matilda. Je ne veux pas dire que le bébé l'a remplacée, mais ça m'a consolé, dans un sens.

— Je crois que c'est normal. Et rien que t'entendre en parler me fait du bien, à moi aussi.

Elle regretta presque de ne pas avoir assisté à l'accouchement.

Leighton regardait la mer, au loin.

— Je crois que Jamie et Collette ne vont pas tarder à fonder une famille.

— Collette ne m'en a pas parlé, mais je ne sais pas tout sur sa vie privée.

— Je vais être tonton, dit-il avec joie.

Était-il impatient d'avoir des enfants, lui aussi ? Elle n'en savait rien. Ils avaient évoqué l'idée de fonder une famille une fois qu'il aurait terminé ses études et aurait plus de temps libre, mais n'avaient pas eu le temps de la concrétiser.

— Tonton Leighton. Ça sonne bien.

La serveuse revint déposer leurs assiettes devant eux.

Avait-il connu beaucoup d'autres femmes depuis leur séparation ? Il devait être célibataire, en ce moment, sans quoi il n'aurait probablement pas couché avec elle. C'était un homme loyal et fidèle, elle le savait. Contrairement à son père. Mais elle préféra changer totalement de sujet.

— Tu joues toujours au golf ?

— Pas beaucoup. Tous mes amis sont pris par leurs obligations familiales, maintenant. Jacky et Cain ont deux enfants, Jordan et Maggie en ont un et en attendent un deuxième, et les ados de Chris et Vicky leur demandent pas mal d'attention.

— Ados ? Déjà ?

Il leur était arrivé de garder les enfants de Chris et Vicky quand ils voulaient sortir.

— Déjà, oui.

Elle posa la main sur son ventre. Aurait-elle un jour la chance d'avoir des enfants ? Il fallait commencer par trouver l'homme avec qui les faire et, jusque-là, elle ne s'était pas très bien débrouillée. Les chances d'une nouvelle histoire d'amour entre Leighton et elle étaient minces, voire inexistantes.

— Tu as dit, l'autre jour, que tu pourrais venir t'installer à Nelson. Est-ce que le fait que j'y vive te pose problème ?

— Cela te dérangerait ?

— Leighton, tu réponds à ma question par une autre question. Tu ne pourrais pas simplement dire ce que tu en penses ?

Il grimaça.

— Tu as raison.

Il marqua une pause. Elle commençait à s'impatienter. C'était à lui de s'exprimer cette fois. Et, s'il ne le faisait pas, elle se lèverait et quitterait le restaurant.

— Je ne veux pas que nous soyons amenés à nous croiser en permanence si nous ne nous entendons pas, dit-il. Or comme nous sommes tous les deux des proches de Jamie et Collette, ça risque d'arriver souvent.

— Il nous faut bien nous entendre, alors.

— Es-tu en train de dire que je peux envisager de m'installer là-bas ?

— Nelson n'est pas un village. Nous n'allons pas tomber l'un sur l'autre chaque fois que nous sortirons de chez nous.

— Bien, dit-il en reposant son verre vide. Tu as envie d'aller marcher un peu ?

Cette conversation ne menait nulle part.

— Non merci.

— Dans ce cas, je te ramène à l'hôtel.

Il se leva et lui prit la main.

— Merci d'avoir accepté mon invitation.

— Je t'en prie.

Mais elle en avait assez de tourner en rond. Et elle était épuisée. Leighton lui pompait toute son énergie, physiquement et psychologiquement. Elle rêvait d'aller se coucher. Seule. Elle ne ferait pas l'amour avec Leighton ce soir. Elle ignorait ce qu'elle souhaitait faire avec lui alors elle resterait prudente. Personne ne la protégerait aussi bien qu'elle-même.

Leighton se gara devant l'hôtel, sortit de la voiture pour ouvrir la portière d'Alyssa. La tête lui tournait. Ils ne s'étaient pas raconté grand-chose de plus mais il était content d'en apprendre chaque jour un peu plus sur Alyssa. Elle était plus forte et plus indépendante et semblait mieux savoir ce qui était bon pour elle et ce qui ne l'était pas.

De son côté, il avait toujours tendance à garder ses états

d'âme pour lui et il lui était difficile de se montrer vulnérable. Or, si une personne pouvait lui faire du mal, c'était bien Alyssa. Pourtant, il avait envie de passer plus de temps avec elle et de s'expliquer. Si seulement il savait s'y prendre sans avoir l'air de manquer d'affection !

Il la prit par la taille et entra dans le jardin de l'hôtel.

— Tu peux me laisser ici, dit-elle en se dégageant. Je connais le chemin.

— Je raccompagne toujours les femmes à leur porte, dit-il.

Non pas qu'il ait eu beaucoup d'occasions de le faire depuis leur rupture.

— D'accord.

Mais elle s'écarta lorsqu'il la chercha à la prendre par le bras. Une fois qu'ils furent arrivés au bungalow, elle glissa la clé magnétique dans le lecteur et ouvrit la porte mais, au lieu d'entrer, elle demeura sur la terrasse et leva les yeux vers le ciel empli d'étoiles.

— Quelle belle nuit ! dit-elle.

Il leva la tête à son tour.

— C'est vrai, c'est magique.

Magique comme l'étaient les effluves d'agrume émanant d'elle et qui le rendaient fou. Ils pourraient être si bien ensemble ! Et il désirait cela tellement fort que c'en était douloureux.

Il se rapprocha d'elle et lui enlaça la taille.

— Alyssa, je suis content que nous nous soyons retrouvés. Et que nous recommencions à faire connaissance.

Elle avait changé mais il appréciait sa nouvelle manière d'être. Elle semblait s'être acceptée pleinement et savoir ce qu'elle voulait dans la vie.

Lorsqu'ils s'étaient rencontrés, elle était sous le choc de la mort de sa mère et se demandait ce qu'elle allait devenir.

— Ai-je changé au point qu'il faille repartir à zéro ?

Un sourire timide apparut sur ses lèvres.

Ce n'était pas le moment de flancher. C'était même l'occasion idéale pour lui parler. C'était ce qu'il voulait faire et peut-être aussi ce qu'elle attendait de lui.

— Oui et non. Tu es toujours la même Alyssa, souriante, enthousiaste, désireuse de suivre ses rêves. Mais je crois que tu sais mieux de quoi ces rêves sont faits, aujourd'hui, et tu as la force et la détermination qui te permettent de les réaliser.

Elle le regarda, intriguée.

— C'est profond.

— J'essaie de répondre à la question que tu m'as posée.

— Merci. Et tu as sans doute raison. Je sais désormais ce que je veux faire de ma vie, dans certains domaines, et j'y travaille sérieusement.

— Et dans les autres domaines ?

— J'attends de voir.

Elle se remit à contempler le ciel.

— C'est magnifique.

Toi aussi, tu es magnifique.

Il la prit dans ses bras et l'attira à lui. Leurs deux corps s'épousaient parfaitement, comme s'ils avaient été faits l'un pour l'autre. Avec elle, il se sentait à sa place.

Il pencha la tête et leurs lèvres s'effleurèrent.

— Lyssa...

Puis il l'embrassa.

Elle répondit à son baiser mais se détacha rapidement de lui.

— Alyssa..., dit-il en la regardant dans les yeux.

Elle s'écarta de nouveau et secoua la tête.

— Pas ce soir, Leighton. Je préfère rester seule.

Son cœur dégringola dans sa poitrine. Elle n'avait pas envie de lui ?

— D'accord, mentit-il.

Il souhaitait tout sauf de rentrer chez lui mais il se tut. Lyssa n'avait probablement pas conscience de l'effet qu'elle produisait sur lui. Elle lui rendait probablement service en mettant de la distance entre eux. Le problème était qu'il avait du mal à l'accepter. Il avait envie de passer la nuit avec elle et de se réveiller à ses côtés le lendemain matin.

— Il faut que je dorme.

Il n'était pas persuadé que ce soit tout à fait vrai mais il ne releva pas. Il fallait seulement qu'il accepte l'idée qu'elle n'ait pas envie de passer la nuit avec lui.

— Je comprends.

Il descendit les marches de la terrasse puis se retourna. Il se sentait vulnérable mais l'envie de passer plus de temps avec elle prenait le pas sur ses peurs.

— Est-ce que tu voudrais qu'on se voie demain matin ? avant que je passe au centre médical pour préparer ma reprise, lundi. J'aimerais te montrer quelque chose.

Elle hésita puis hocha lentement la tête.

— D'accord. Tu sais où tu veux m'amener ?

Il éprouva un immense soulagement. Et, oui, il avait une idée en tête.

— C'est une surprise. Je t'appelle demain matin, pas trop tôt pour te laisser dormir.

Quand ils vivaient ensemble, elle n'avait jamais fait la grasse matinée mais elle avait peut-être changé. Et il était impatient de connaître tout ce qu'il ignorait encore de cette femme.

— Merci pour le dîner, Leighton, dit-elle avant de déposer un baiser sur sa joue. On se voit demain.

Son cœur se serra et il dut déployer des efforts surhumains pour ne pas la prendre dans ses bras et l'embrasser à en perdre haleine. Ce n'était pas une bonne idée. Alyssa avait été claire sur le fait qu'elle avait besoin de passer sa soirée tranquille sans lui.

— Bonne nuit, Lyssa, dit-il, conscient d'employer le diminutif datant de leur vie commune, parce qu'il éprouvait encore beaucoup de sentiments – cela, au moins, n'avait pas changé.

7

Alors qu'elle pensait voir du mal à trouver le sommeil, Alyssa s'était endormie comme un bébé dès l'instant où elle avait éteint la lumière.

Le soleil filtrait à travers les persiennes. Elle s'étira comme un félin et sourit. Les vacances avaient un effet positif sur son sommeil. Quant à Leighton, elle ne savait pas s'il était bon ou néfaste pour elle. Elle se demandait encore comment elle avait pu trouver la force de se détacher de lui quand il l'avait embrassée et de résister à la tentation de l'attirer dans son lit. Elle était fière d'y être parvenue.

La veille, elle avait eu une preuve supplémentaire de son incapacité à s'exprimer sur ce qu'il ressentait. Elle en avait assez de lui tirer les vers du nez et avait préféré battre en retraite. Plus elle cherchait à savoir, plus il esquivait le sujet. D'un autre côté, si elle n'essayait pas, rien ne changerait. Or, elle n'avait pas envie de renoncer totalement au lien qu'elle avait avec lui.

C'était difficile. Leighton n'avait jamais eu de mal à lui dire qu'il l'aimait, à partager sa peine quand il perdait un patient, à parler des familles en général. C'était un aspect de lui qu'elle adorait, à l'époque.

Mais elle avait du mal à supporter qu'il n'évoque jamais leur relation. Cela condamnait leur histoire à terme. S'il voulait qu'elle fasse partie de sa vie, du moins.

Elle commanda un café puis fila sous la douche en chantonnant. Elle enfila une robe de plage par-dessus un bikini en se demandant où Leighton comptait l'emmener. Elle ne s'attendait pas à cette proposition de sa part. Elle s'imaginait plutôt qu'il mettrait de la distance entre eux quand elle lui avait dit qu'elle préférait passer la nuit seule.

Elle sentit son cœur fondre. Leighton était le seul homme qu'elle ait jamais aimé. Pourrait-elle cesser de l'aimer ? Elle se sentait bien avec lui, sans qu'il ait à faire quoi que ce soit de particulier, simplement en étant lui-même. Gentil, drôle, généreux, intelligent et fort.

Et angoissé, aussi. Il avait le pouvoir de lui briser le cœur une fois encore.

Dans ce cas, bats-toi pour cette relation. Pose des questions et exige des réponses. Refuse ses esquives, tout en lui montrant que tu tiens à lui et que tu n'as pas l'intention de lui faire du mal.

Ni de souffrir en retour.

Pepe frappa à la porte, un plateau à la main.

— Vous ne vous arrêtez donc jamais, Pepe ?

Il sourit.

— C'est une affaire de famille et je suis fils unique.

— Je n'ai commandé qu'un café.

— Oh... C'est pour le Dr Leighton.

— Euh... Il n'est pas là.

Incroyable ! Le personnel de l'hôtel savait-il tout de leur vie privée ?

— Il arrive, dit Pepe. Il a appelé pour commander un café pour vous et un café pour lui.

Alyssa fronça les sourcils mais n'eut pas le temps de réfléchir plus avant.

— Tu es levée ? dit l'homme qui la mettait dans tous ses états en gravissant les marches de la terrasse. Tu as bien dormi ?

— Comme un bébé. J'ai bien récupéré.

Elle but une gorgée de café.

— Prends tes affaires de baignade. J'ai commandé un brunch à l'hôtel, qu'on nous livrera sur la plage, une fois que nous reviendrons de notre excursion.

Il avait l'air satisfait. Durant leur vie commune, il avait toujours aimé lui faire plaisir.

Ce n'est que lorsqu'elle aperçut la pancarte sur une plage située à quelques kilomètres de l'hôtel qu'elle comprit ce qu'il avait en tête.

PLONGEZ AVEC LES TORTUES

— C'est sur la liste des choses que j'avais envie de faire ! s'exclama-t-elle.

Partager cette expérience avec Leighton la rendait encore plus excitante.

— C'est super. Merci beaucoup ! s'exclama-t-elle.

— Je suis content que cela te plaise.

— On y va tous les deux seuls ou avec un groupe ?

— J'ai réservé deux places dans un groupe. Ils nous prêtent le matériel. L'eau est chaude mais il serait peut-être plus confortable de nager en combinaison, vu que le détroit d'Avaavaroa est assez profond.

— Merci. Tu es un amour.

Elle était contente d'être accompagnée, au cas où elle aurait une nouvelle attaque de panique comme lors de l'excursion en bateau à fond de verre. Leighton veillerait sur elle, comme il le faisait toujours. Depuis qu'elle l'avait quitté, elle n'avait jamais eu d'autre homme à ses côtés. Aucun ne lui arrivait à la cheville.

Elle était tellement absorbée par ses pensées au sujet de leur relation qu'elle n'écouta les instructions que d'une oreille distraite. Par contre, une fois qu'elle eut mis ses palmes, son masque et son tuba, elle oublia tout le reste et se concentra sur ce qu'elle était en train de faire.

Sous l'eau, Leighton lui tapota l'épaule et lui indiqua une tortue qui nageait à côté d'eux.

— C'est merveilleux ! dit-elle même si personne ne pouvait l'entendre.

Elle était subjuguée. Elle regarda autour d'eux. Quatre tortues nageaient, agiles malgré leur apparente lourdeur. Le plus étonnant était qu'elles avaient l'air indifférentes à la présence humaine. Une tortue vint se cogner doucement contre son dos. Elles étaient tellement habituées à partager leur habitat qu'elles ne fuyaient pas en présence des humains.

Leighton prit des photos d'Alyssa au milieu d'elles. Ces clichés pourraient témoigner de vacances idéales si elle acceptait que Leighton fasse de nouveau partie de sa vie.

Lorsque l'animateur du groupe les prévint qu'il était temps de sortir de l'eau, elle n'en revint pas qu'une heure se soit déjà écoulée.

Elle s'approcha de Leighton et l'embrassa sur la joue.

— C'était fantastique, merci.

— Tu pourras revenir la semaine prochaine, si tu veux. Je voulais juste être avec toi pour ton premier contact avec les tortues.

— C'est gentil. Je me suis dit, au début, que je serais plus à l'aise en te sachant près de moi mais une fois que j'ai vu les tortues, je n'ai plus pensé à rien d'autre. C'était une expérience méditative.

— Je suis content que ça t'ait plu. Regarde, on nous a apporté le brunch. Je vois la fourgonnette de l'hôtel là-bas.

Ils nagèrent jusqu'au rivage. Alyssa était plus heureuse qu'elle ne l'avait jamais été depuis leur séparation et tous ses problèmes semblaient s'être évanouis après cette parenthèse en apesanteur avec les tortues. Ils reviendraient probablement dès le lendemain matin mais elle n'avait pas envie d'y penser. La journée était idyllique. Elle avait oublié toutes les occasions où il l'emmenait dans un endroit spécial et la traitait comme une princesse.

D'ici une semaine, elle serait dans l'avion pour Nelson. Leur histoire était-elle censée s'arrêter là ? N'étaient-ils pas plus mûrs, plus sages, capables de surmonter les problèmes quand ils se présentaient ?

Elle entrevit une lueur d'espoir. En marchant sur la plage, elle eut envie de lui prendre la main mais elle se retint, ne voulant pas ajouter de la confusion à une situation déjà peu claire. Elle n'était toujours pas disposée à refaire l'amour. Il fallait d'abord qu'ils assainissent les fondations de leur relation.

Leighton sortit le pique-nique de la glacière.

— Ces croissants ont l'air délicieux.

— J'ai aussi pris des fruits : papayes, mangues, bananes.

— Tu me gâtes, dit-elle, consciente des efforts qu'il avait faits pour elle en cette journée.

— J'adore les fruits. Surtout quand ils viennent d'être cueillis. Les bananes ne sont pas belles mais, crois-moi, elles sont meilleures que la plupart des variétés qu'on mange chez nous.

Elle se cala sur la chaise de plage.

— C'est la première fois que je prends des vacances de ce genre. Je comprends maintenant les gens qui vont se détendre dans les îles.

Reviendrait-elle ? Seule ? Probablement pas.

De retour à Nelson, elle passerait ses journées à penser à Leighton et à le chercher du regard en se demandant quand il rentrerait en Nouvelle-Zélande.

— C'est pas mal, n'est-ce pas ? Je peux venir lézarder sur la plage quand j'en ai envie.

— Le fais-tu ?

Parle-moi de toi, pour une fois.

— Je préfère marcher, en fait.

Alyssa regarda deux personnes passer sur des planches de paddle.

— J'ai envie d'essayer, dit-elle. Il y a des paddles à l'hôtel.

— Il faut avoir un bon équilibre.

— Je vais certainement tomber à l'eau mais ce n'est pas grave. Tant que je ne navigue pas trop près des rochers et des coraux.

— Tu as prévu autre chose cette semaine ?

— Pas grand-chose, à vrai dire. J'aimerais aller voir la cascade de Wigmore, faire les boutiques en ville, nager, lire et me la couler douce.

Autant d'activités dont elle n'avait pas l'habitude. Curieusement, elle était fatiguée, probablement parce qu'elle réfléchissait trop à Leighton et à l'avenir.

— J'ai beaucoup travaillé, ces derniers temps, et c'est difficile de lâcher prise et de ne rien faire.

— Pourquoi travailles-tu autant ?

— Comme dans tous les hôpitaux de Nouvelle-Zélande, nous manquons de personnel. Je suis infirmière en chef et me sens obligée d'assumer les heures que personne ne peut faire. Je veux que les patients de mon service reçoivent les soins dont ils ont besoin.

Leighton tourna la tête vers elle.

— Mais ce n'est pas à toi de régler tous les problèmes. Il faut que tu prennes soin de toi aussi. Sans quoi tu finiras par ne plus pouvoir travailler du tout, parce que tu seras épuisée physiquement et psychologiquement.

Il la regardait d'un air inquiet qui fit vaciller sa détermination à garder ses distances.

— Je sais, mais ce n'est pas facile de ne pas venir en aide aux gens qui en ont besoin.

Leighton ne dit rien alors elle ferma les yeux et offrit son visage au soleil.

— Mais je risque de m'habituer à ça.

— Je n'en suis pas si sûr. Tu tiendrais quinze jours et puis tu tournerais en rond.

Il s'assit et étira ses bras au-dessus de la tête.

— Dans mon souvenir, tu faisais toujours au minimum deux choses à la fois.

— C'est toujours le cas.

Elle lui jeta un coup d'œil et se retint de lui sauter dessus. Faire l'amour avec lui avait été une expérience merveilleuse. Cela lui avait beaucoup manqué, quand ils s'étaient séparés. Elle avait eu quelques aventures mais jamais elle n'avait éprouvé le plaisir que lui donnait Leighton à l'époque.

Et qu'il lui donnait toujours, de toute évidence.

— Il faut trouver un équilibre. Il faut que tu prennes plus de vacances.

Le sourire qu'il lui adressa fit pétiller son corps comme une coupe de champagne.

— Ces vacances m'ont donné envie de faire d'autres voyages.

Veux-tu venir avec moi ?

— Je suis content que tu passes de bonnes vacances. Et que nous nous soyons retrouvés, dit-il en posant la main sur la sienne.

Puis il se pencha et l'embrassa doucement.

Leighton, avec toi, je me sens plus vivante que jamais.

Il s'écarta et la regarda dans les yeux.

— Merci d'avoir accepté cette invitation, dit-il.

— Merci de m'avoir invitée.

— Il faut que j'aille au centre médical, maintenant.

Elle se leva et frotta ses jambes pour faire tomber le sable.

— Je comprends.

Heureusement que l'un des deux avait encore sa raison.

En entrant dans sa salle de consultation, Leighton mit le ventilateur en marche et s'assit à son bureau. Il soupira en tirant à lui la pile de dossiers médicaux. Il avait dû se faire violence pour laisser Alyssa et venir travailler. S'il était resté, il aurait été tenté de lui poser des questions et notamment de lui demander si elle avait quelqu'un dans sa vie.

Il était tombé fou amoureux d'elle dès qu'il l'avait vue. Il avait su, en cet instant, que c'était la femme de sa vie. D'ailleurs, aucune des femmes qu'il avait connues depuis leur séparation ne lui arrivait à la cheville. Elles ne riaient pas comme Lyssa. Elles n'avaient pas son enthousiasme. Faire l'amour avec elles ne lui procurait ni la même extase ni la même tendresse. La liste était sans fin. Personne ne pouvait remplacer Alyssa et, maintenant qu'ils avaient renoué, il doutait de pouvoir autant aimer une femme à nouveau. Il éprouvait en sa présence une sensation de bien-être, nouvelle et bienfaisante.

Il conservait un sentiment de honte à la pensée de tout ce que son père avait fait. S'il voulait reconstruire quelque chose avec Alyssa, il fallait qu'il guérisse de ses blessures du passé et en accepte les conséquences, quelles qu'elles soient.

L'amour qu'il éprouvait pour elle n'avait pas diminué et il avait désormais besoin de savoir s'ils avaient un avenir ensemble. Ce qui ne l'empêchait pas d'avoir peur.

— Qu'est-ce que tu fais ici un dimanche ? Il n'y a rien qui ne puisse attendre demain.

Il sursauta. Henri, un autre médecin du centre, se tenait dans l'embrasure de la porte.

— Tu as raison, dit-il en posant son stylo.

— Bien. Alors lève-toi et viens manger à la maison. J'ai du thon frais pêché de ce matin et Mela va faire une salade et je ne sais quelle recette avec des pommes de terre.

Un peu de compagnie lui changerait les idées.

— D'accord. Je passe prendre à boire sur la route. Qu'est-ce que vous aimez ?

— Mela adore le chardonnay. Et d'ailleurs, tu peux venir avec ton amie. Je l'ai vue près de l'hôtel, tout à l'heure.

Comment Henri savait-il qu'il passait du temps avec Alyssa ?

— Je vais l'appeler mais elle est sûrement déjà prise.

— Appelle-la, Leighton !

Il prit son téléphone et tomba sur la messagerie. Était-ce une bonne ou une mauvaise chose ?

Alyssa vacilla sur sa planche de paddle.

— Oh ! ce n'est pas aussi facile que ça en a l'air !

— Non, ce n'est vraiment pas facile, dit la femme à sa droite.

Alyssa avait rencontré Karin et son compagnon Jarrod quand elle était allée chercher sa planche à l'hôtel et ils avaient décidé de se tenir compagnie pendant leurs premières tentatives.

Plouf. Karin était tombée à l'eau.

Alyssa rit et perdit l'équilibre à son tour.

— Allez les filles, remontez sur vos planches ! dit Jarrod en riant.

Alyssa avait prévu de pagayer jusqu'au bord du lagon, mais pour l'heure elle n'avait avancé que de quelques mètres. Elle se hissa sur la planche.

— Je vais y arriver, même si je dois y passer la journée, dit-elle en se redressant lentement jusqu'à être tout à fait debout. Elle se mit à pagayer doucement, les jambes flageolantes, en retenant son souffle.

— Ça y est, j'y arrive !

Plouf.

— En tout cas, je fais des progrès, dit-elle en ressortant la tête de l'eau.

Lorsqu'elle retourna au bungalow, elle avait mal partout, y compris à des muscles dont elle ignorait l'existence. Mais elle se sentait bien. Elle avait rendez-vous avec Karin et Jarrod pour boire un verre et grignoter au bord de la piscine.

Elle sortit son téléphone de son sac. Leighton l'avait appelée. Elle était contente d'être allée se changer les idées mais elle eut une petite pointe de regret à l'idée d'avoir manqué son appel. Sa voix sexy lui manquait. Entre autres.

Était-elle retombée amoureuse de lui ?

Pourtant, cette fois, elle avait peur. Il y avait des antécédents et la situation actuelle était précaire. Il fallait qu'elle protège son cœur à tout prix.

Elle rejoignit ses nouveaux amis au bord de la piscine. Quelques minutes plus tard, son téléphone se remit à sonner.

— Allô, Leighton ? Tout va bien ?

— Oui, et toi ? Tu as réussi à naviguer comme tu voulais ?

— Je suis beaucoup tombée à l'eau mais j'ai réussi à aller jusqu'au bord du lagon et à revenir.

— Tu peux être fière de toi. Je suis chez Henri, l'un des médecins du centre, et tu es également invitée. Est-ce que tu aurais envie de te joindre à nous ?

Elle aurait adoré. Mais elle se souvint de sa résolution de garder les distances.

— Je suis avec des personnes avec qui j'ai fait du paddle et nous nous apprêtons à déjeuner ensemble.

— Je vois. On pourrait dîner ensemble demain soir ?

— D'accord, dit-elle, soulagée en dépit de ses inquiétudes.

Mais justement, ce serait peut-être l'occasion de trouver des réponses et de se tranquilliser.

— Tu as bien travaillé ? demanda-t-elle, pour retarder le moment où ils raccrocheraient.

— Pas vraiment. Henri est passé et m'a débauché. D'ailleurs, il faut que j'y aille. On se voit demain ?

— D'accord. À demain.

Pourquoi le simple son de sa voix lui donnait-il aussi chaud ? Elle rangea son téléphone et but une gorgée de bière fraîche.

Elle était très détendue lorsqu'elle regagna le bungalow, une tasse de thé à la main, après avoir passé une bonne partie de l'après-midi avec Karin et Jarrod. La perspective de dîner avec Leighton le lendemain l'enchantait. Elle avait accepté l'invitation parce qu'elle en avait assez d'esquiver les problèmes.

Elle gravit les marches de la terrasse et sursauta en voyant Leighton allongé dans l'une des chaises longues.

— Lyssa, je suis juste passé pour te dire bonsoir, dit-il en se levant.

Rien ne l'avait préparée à cela et elle ne sut comment réagir.

— Tu aurais pu passer à la piscine.

— C'est toi que j'avais envie de voir, pas tes amis.

Il lui prit la tasse des mains et la posa sur la table. Puis il ouvrit les bras et la serra contre lui.

— J'ai besoin de te sentir près de moi. Cela ne te dérange pas ?

Si. Enfin non. Enfin je ne sais pas.

Mais comment résister ?

— C'est parfait, répondit-elle en humant les effluves de mer et de soleil qui émanaient de sa peau.

Pour quelles raisons l'avait-elle quitté, déjà ?

Ah oui ! parce qu'il n'avait pas été honnête avec elle.

Elle leva la tête vers lui, prête à lui demander de rentrer chez lui mais leurs lèvres s'effleurèrent. Elle hésita, redoutant qu'un baiser les entraîne trop loin. Mais il était déjà trop tard. Leighton la regardait avec une intensité croissant à chaque seconde, à chaque battement de son cœur.

Au diable ses résolutions ! Elle se hissa sur la pointe des pieds et l'embrassa.

Leighton répondit à son baiser avec fougue tout en plaquant son corps contre le sien.

C'était Leighton. C'étaient eux. Une vague de soulagement et de bien-être l'envahit à l'idée que leur histoire ne soit pas terminée, qu'ils aient peut-être encore une chance.

Mais Leighton se dégagea.

— Bonne soirée, Lyssa, dit-il de sa voix grave et chaude. À demain.

Deux secondes plus tard, il n'était plus là.

Elle toucha ses lèvres comme pour se convaincre qu'elle n'avait pas rêvé et s'allongea sur la chaise longue en souriant, le corps tremblant de désir, le cœur empli d'amour.

Cela lui rappela le premier jour de leur relation, où il était parti après l'avoir embrassée passionnément, comme pour lui laisser un souvenir de lui – inoubliable.

Elle regarda le ciel étoilé et sourit. C'était peut-être la bonne manière de procéder. C'était excitant, intéressant, et leur donnait le temps de refaire connaissance, après ces années de séparation. Et peut-être qu'en passant du temps avec elle, il finirait par lui ouvrir son cœur. Avec un peu de chance.

Laisser Alyssa après l'avoir embrassée avait été une véritable épreuve. S'approcher de sa bouche était comme approcher une allumette d'un bidon d'essence. Il s'embrasait en un instant. Leighton n'avait pas pu résister à la tentation de l'embrasser et se demandait encore où il avait trouvé le courage de ne pas aller plus loin.

Pour être honnête, il ne se sentait toujours pas prêt à avoir la conversation qu'elle attendait de lui. Il avait envie de profiter de chaque instant passé avec elle, avant que tout vole en éclats.

Le soir du mariage de Collette et Jamie, tout était allé très vite. S'ils voulaient reconstruire une relation, il fallait qu'ils prennent leur temps et en consolident les fondations. Ce qui impliquait aussi qu'il lui parle, qu'il lui explique sa peur qu'elle le croie aussi cachottier et malhonnête que son père et qu'elle le rejette.

Faire l'amour avec elle était merveilleux, mais il avait envie de plus. Le baiser qu'ils venaient d'échanger était un mélange de désir et d'amour. L'amour était un enjeu autrement plus important que le désir. Un risque aussi. C'est pourquoi il valait mieux qu'ils prennent leur temps afin de comprendre s'ils étaient compatibles sur tous les plans et pas seulement physiquement.

Le problème, c'était qu'ils manquaient de temps. Samedi, Alyssa serait dans l'avion. Lui ne rentrerait en Nouvelle-Zélande qu'un mois plus tard. Et il n'avait encore aucune idée de ce qu'il ferait ensuite.

Une fois chez lui, il se prépara un thé et s'assit sur la terrasse pour admirer le ciel et écouter la mer. Il avait une belle vie. Qui pourrait être encore plus belle si Alyssa en faisait tout à fait partie.

Comment y parvenir autrement qu'en lui disant à quel point elle était importante pour lui, à l'époque, et à quel point elle l'était encore aujourd'hui ? Mais cela ne lui suffirait pas et il le comprenait. Alyssa avait besoin de réponses. Il devait lui avouer que, comme par le passé, il redoutait qu'elle le quitte parce qu'il ressemblait trop à son père. Et parce qu'elle s'imaginait qu'il ne tenait pas à elle.

C'était le scénario le plus difficile mais c'était le seul. Il fallait qu'il soit franc et honnête avec elle, mais il craignait sa réaction. Elle ne voudrait peut-être pas de lui.

Il exhala un long soupir. Il pouvait y arriver. De toute façon, quelle alternative avait-il ?

Il fallait espérer qu'ils aient suffisamment mûri l'un et l'autre pour affronter les problèmes non résolus à l'époque. S'ils décidaient de se remettre en couple, seraient-ils capables de gérer les crises qui surviendraient inévitablement ? Le seul moyen était de communiquer. Sans quoi il la perdrait à tout jamais.

Ses parents avaient ébranlé sa capacité à faire confiance aux autres. S'ils lui avaient menti toute sa vie, d'autres pouvaient le faire, non ?

Il avait confiance en Jamie mais ils n'avaient toujours pas beaucoup parlé de leur père.

Avait-il confiance en Alyssa ? Il le voulait de tout son cœur. Sinon, à quoi bon ? En fait, il perdait confiance quand il se mettait à ressasser et à imaginer le pire.

Alors arrête de réfléchir et de procrastiner.

Et, pour le reste, mieux valait prendre son temps. Un baiser à la fois.

Il se sentit plus léger. Et heureux que Lyssa ait accepté de dîner avec lui le lendemain. Il commencerait par faire de petits pas dans la bonne direction, pour qu'elle se rende compte qu'elle pouvait lui faire confiance. Avec un peu de chance.

8

— Qu'est-ce que tu as fait de beau, aujourd'hui ? demanda Leighton alors qu'ils étaient installés à une table sur la terrasse d'un restaurant surplombant le port.

— Je suis retournée faire du paddle avec mes amis d'hier. Quand est-ce que tu viens essayer ?

— Probablement jamais. Sur l'eau, je préfère être en bateau. Je viendrai faire du paddle avec toi le jour où tu viendras pêcher avec moi.

Elle frissonna. Elle avait horreur de l'odeur du poisson et de l'idée d'avoir à retirer un crochet planté dans la bouche d'un animal. Mais un défi était un défi. Et Leighton travaillait toute la semaine. Ils pourraient aller faire du paddle et, avec un peu de chance, il n'aurait pas le temps d'aller pêcher.

— D'accord. On commence par le paddle.

— Bien. Et on ira pêcher vendredi. J'ai l'après-midi de libre.

Elle avait tenté et cela n'avait pas fonctionné. Elle allait probablement sentir le poisson dans l'avion le lendemain.

À la fin du dîner, elle se cala dans son siège pour observer son ex-mari. Enfin, pas tout à fait ex, puisqu'ils étaient toujours liés par un contrat de mariage. Mais ce qui comptait, c'était le cœur et non pas les papiers. Or, le sien disait clairement qu'elle était retombée amoureuse de Leighton.

— Tu te souviens quand nous sommes allés pêcher avec ton

père ? Il s'était énervé quand je m'étais mise dans tous mes états parce qu'une raie s'était prise dans le filet.

John Harrison ne supportait pas qu'on le contredise.

— Oui, je me souviens, dit Leighton en se levant.

Il sortit son portefeuille et se dirigea vers le comptoir pour payer.

Fin de la conversation. L'évocation de son père avait jeté un froid mais elle ne s'avoua pas vaincue.

— Il savait que je n'aimais pas la pêche. Mais j'y étais allée pour être avec toi.

— J'avais compris.

— Leighton, détends-toi. J'essaie simplement de te dire que j'ai eu du mal à comprendre ce qui se passait et que tu ne m'as pas aidée.

— J'ai compris, dit-il sur un ton anxieux, le visage fermé.

Lorsqu'ils sortirent du restaurant, elle glissa sa main dans la sienne pour ne pas trébucher dans l'obscurité.

— Le dîner était délicieux, merci.

Il s'arrêta et la regarda dans les yeux avant de se pencher pour l'embrasser doucement.

— Veux-tu que nous remettions ça demain soir ?

— Avec plaisir.

Il l'attira à lui et aussitôt son corps s'embrasa.

— Veux-tu venir boire un dernier verre au bungalow ? proposa-t-elle.

— Avec plaisir.

Elle s'attendait à ce qu'il la dépose chez elle et rentre chez lui, comme la veille. Comment allait-elle pouvoir mettre de la distance entre eux jusqu'à ce qu'ils aient fait le point sur leur situation ? Leighton était l'homme de sa vie, son grand amour. Elle l'aimait tellement qu'elle ne se voyait pas passer le restant de ses jours sans lui. Et, quoi que leur réserve l'avenir, elle se sentait incapable, en cet instant, de résister à la tentation.

Une fois sur la terrasse, elle se déchaussa et se laissa tomber dans un fauteuil. Leighton s'assit à côté d'elle et lui prit la main.

Ils sirotèrent leur verre en silence. Alyssa leva les yeux vers le ciel et sourit, en dépit du poids sur sa poitrine. Tout était magnifique, magique. Mais elle avait le sentiment que c'était la fin et non le début d'une relation plus forte et plus profonde. Alors autant en profiter tant que c'était encore là. Au moins lui resterait-il de bons souvenirs quand elle rentrerait à Nelson.

Au bout d'un moment, Leighton ouvrit les bras et la serra contre lui. Puis il l'embrassa.

— Bonne nuit, Lyssa.

Mais elle resta collée contre lui. Elle ne voulait pas le voir partir, même si elle était consciente que c'était la meilleure chose à faire pour que toute cette histoire ne se termine pas dans les larmes.

— Bonne nuit, Leighton, dit-elle dans un filet de voix.

Elle tourna légèrement la tête, leurs lèvres s'effleurèrent et, avant qu'elle comprenne ce qui leur arrivait, ils s'embrassaient comme si leur vie en dépendait. Et elle s'agrippa à lui, incapable de le laisser partir, bien que ce soit la solution la plus sensée.

— Lyssa, dit-il d'une voix grave qui n'apaisa pas son excitation. Il faut qu'on arrête.

C'était la voix de la raison mais Alyssa était désormais incapable d'être raisonnable.

— Leighton, entrons et faisons l'amour.

Ce serait peut-être la dernière fois.

Il s'écarta et la regarda dans les yeux.

Son cœur battait à se décrocher dans sa poitrine. Elle pria pour qu'il ne la rejette pas. Ce soir, elle voulait être avec lui. Demain serait un autre jour.

Leighton se remit à l'embrasser et, sans se détacher d'elle une seconde, l'entraîna à l'intérieur du bungalow et jusqu'au lit. Elle déboutonna sa chemise, un bouton, une caresse, un bouton, une caresse...

Il déposa une ribambelle de baisers dans son cou puis descendit sur son décolleté et s'approcha de ses seins. Elle gémit.

Ils se retrouvèrent nus, enlacés, incandescents de désir, se donnant mutuellement du plaisir. Lorsqu'elle jouit, elle eut l'impression d'une grande explosion. Elle demeura un long moment immobile, accrochée à lui, consciente qu'il faudrait qu'elle le laisse partir à un moment donné, et que le plus tôt serait le mieux.

— Lyssa, ma chérie, il faut que j'y aille, dit Leighton en se penchant pour déposer un baiser sur sa tempe.

Elle était tellement belle qu'il dut lutter contre la tentation de se recoucher à ses côtés. Il fallait qu'il rentre chez lui et qu'il dorme un peu avant le lever du soleil, sans quoi il aurait du mal à tenir la journée au centre médical.

— Leighton ? dit Lyssa en clignant des yeux.

— Je rentre.

— D'accord, dit-elle d'une voix endormie.

Il résista à la tentation d'un autre baiser et se dirigea vers la porte.

Il s'était promis de mettre de la distance entre eux mais cela s'avérait impossible. Lyssa faisait partie de sa vie. Elle n'en était jamais vraiment partie, du moins dans son esprit et dans son cœur. Pas étonnant qu'il n'ait rencontré aucune femme avec qui il ait envie de construire quelque chose. Son cœur était déjà pris et n'avait jamais cessé de l'être, y compris quand ils s'étaient séparés. Il était temps qu'il prenne le risque qui lui faisait si peur, en espérant qu'Alyssa accepte de lui donner une seconde chance. Si on lui avait dit, dix jours auparavant, qu'il ferait de nouveau l'amour avec son ex-femme, il ne l'aurait pas cru.

Une partie de lui avait toujours du mal à y croire.

Quelques jours plus tard, Alyssa aurait quitté l'île. Cela ne lui laissait pas beaucoup de temps pour régler la situation.

Alors, dépêche-toi !

Alyssa s'étira de tout son long en bâillant. Son corps était repu et épuisé. Elle avait couché deux fois avec Leighton mais ne pouvait pas imaginer que cela s'arrête là. C'était si merveilleux – plus merveilleux encore que dans son souvenir – qu'elle était incapable de résister à la tentation et continuait à craquer au lieu d'insister pour qu'ils discutent.

Mais faire l'amour ne résolvait rien. Leighton évitait toujours de parler du passé et elle le laissait faire, incapable de tenir ses résolutions de maintenir ses distances. Un regard, un effleurement la faisaient flancher. Alors elle se fabriquait des souvenirs qui lui mettraient du baume au cœur quand elle se retrouverait seule à Nelson.

Ressaisis-toi, Alyssa.

Il y avait une alternative.

Tiens bon. Exige des réponses.

Mais que faire de plus ? Qu'est-ce qui pourrait donner envie à Leighton de lui parler ?

Elle prit son téléphone pour regarder l'heure. Il était déjà 9 h 10 et elle avait rendez-vous avec Karin et Jarrod pour faire du paddle à 10 heures. Elle fonça sous la douche, enfila un bikini, un T-shirt et un short et commanda son petit déjeuner.

— Où est-ce qu'on va, aujourd'hui ? demanda Alyssa en entrant dans l'eau avec sa planche de paddle.

— On pourrait aller vers l'endroit où se trouvent les tortues, suggéra Karin. Dans cette direction, du moins.

Elle monta sur la planche et s'éloigna du rivage en pagayant. Elle avait fait des progrès et adorait la sensation de flotter sur l'eau tout en admirant le paysage sur et sous la surface de l'eau. Cela lui donnait envie de s'acheter une planche. Elle voyait beaucoup de personnes en faire, à Nelson, mais il ne lui était jamais venu à l'esprit d'essayer.

Elles pagayèrent jusqu'aux abords de la zone des tortues puis vers le récif, où Jarrod les rejoignit.

— J'ai acheté des billets pour le dîner-spectacle, dit-il à Karin. J'espère que tu as quelque chose d'élégant à te mettre.

— Je devrais pouvoir trouver ça, répondit-elle en souriant.

Alyssa sentit son cœur se serrer. Si seulement elle avait ce genre de relation avec Leighton, simple et spontanée ! Mais elle avait appris la leçon.

Elle entendit quelqu'un tomber à l'eau. C'était Karin. Mais, pour une fois, elle ne riait pas.

— Ça va ? demanda Alyssa.

— Non, je suis tombée sur des rochers, répondit Karin en s'accrochant à sa planche d'une main. Je me suis fait mal au bras. Et je saigne.

Jarrod se mit à pagayer furieusement dans sa direction.

— Va doucement, ma chérie. Je te tiens la planche pendant que tu montes dessus.

— Je ne sais pas si je vais pouvoir remonter dessus.

Alyssa les rejoignit du plus vite qu'elle put sans perdre l'équilibre.

— Fais-moi voir ton bras avant de monter sur la planche.

Elle descendit de la planche et fut rassurée en constatant qu'elle avait pied.

— Karin, j'ai pied. Tu peux lâcher la planche, si tu veux. Ce sera plus facile pour t'examiner.

— D'accord.

Karin prit une profonde inspiration avant de se laisser glisser lentement dans l'eau jusqu'à ce que ses pieds touchent le fond.

— Dis-moi où tu as mal, dit Alyssa en découvrant une entaille profonde dans le biceps d'où le sang s'écoulait rapidement.

— Je me suis aussi éraflé la cuisse.

Alyssa palpa délicatement la zone autour de l'entaille du bras et remarqua que Karin grimaçait quand elle touchait l'os.

— Tu t'es peut-être cassé le bras, dit-elle.

Ce qui allait compliquer le retour à la plage.

— Jarrod, penses-tu qu'on puisse asseoir Karin sur sa planche et la tracter jusqu'à l'hôtel ?

— Je ne peux pas monter sur la planche, dit Karin. J'ai trop mal. Je peux la pousser avec un bras et en battant des pieds, avec votre aide.

— Tu as une entaille au-dessus du sourcil, fit remarquer Alyssa. Ça te lance ?

— Un peu mais c'est surtout le bras qui me fait mal.

— On peut te tracter jusqu'à ce que tu aies de l'eau à la taille et là, tu pourras marcher, suggéra Jarrod. Tiens bon, ma chérie. Je vais remonter sur ma planche puis ce sera le tour d'Alyssa. Et nous pagaierons assis, en tenant ta planche de part et d'autre.

Ils mirent une éternité à regagner le rivage. Ils récupérèrent leurs vêtements sur la plage et aidèrent Karin à enfiler les siens avant de retourner à l'hôtel. Alyssa alla chercher son téléphone et ses clés de voiture dans son bungalow, ainsi qu'une boîte de mouchoirs en papier. Puis elle chercha du regard un objet qui pourrait faire office d'attelle.

— J'ai besoin de quelque chose pour maintenir ton bras en place, il ne faut pas que tu te fasses encore plus mal pendant le trajet jusqu'au centre médical.

— Prends ma chemise, di Jarrod en se déshabillant.

Pendant que Jarrod aidait Karin à s'asseoir dans ma voiture, Alyssa appela Leighton et lui raconta ce qui s'était passé.

— Est-ce qu'il vaut mieux l'emmener au centre médical ou à l'hôpital ? demanda-t-elle en se souvenant du commentaire de Leighton sur les protocoles hospitaliers pour les touristes.

— Amène-la ici, je vais l'examiner. Et elle pourra passer une radio et se faire plâtrer, si besoin est. Avec un peu de chance, elle n'aura pas besoin d'aller à l'hôpital.

— D'accord. À tout de suite.

Au centre médical, la réceptionniste les attendait.

— Bonjour, je suis Charlotte, dit-elle avant de les conduire dans une salle. Le Dr Leighton va arriver.

Karin grelottait. C'était sans doute le contrecoup de sa chute.

— Charlotte, est-ce que vous pourriez trouver des vêtements secs pour Karin, s'il vous plaît ? demanda Leighton en entrant dans la salle. Karin, mieux vaut que vous enleviez vos vêtements mouillés. Dites-moi, vous êtes tombée sur le bras ?

— Et sur la cuisse.

— D'accord. nous allons vous allonger sur la table pour que je vous examine de la tête aux pieds.

Il commença par lui palper le crâne et elle grimaça.

— Je n'ai pas l'impression qu'il y ait de fracture mais je ferai un radio du crâne pour en avoir le cœur net.

— Son bras et sa cuisse ont pratiquement arrêté de saigner dès qu'on l'a sortie de l'eau, précisa Alyssa.

Elle alla chercher les lingettes stériles et commença à nettoyer la plaie sur la cuisse de Karin.

— C'est plus profond que je ne pensais.

— Et c'est irrégulier, aussi, à cause du corail. La chose la plus importante, c'est de désinfecter. Surtout quand il fait chaud. Venez, on va faire une radio. Alyssa, tu peux nous accompagner ? Tu pourras nous aider à maintenir son bras dans la bonne position.

Elle était persuadée qu'il pouvait très bien se débrouiller tout seul mais elle n'avait aucune envie de renoncer à une occasion de travailler avec lui, même si elle consistait à tenir un bras pour une radiographie.

Après la radiographie, Leighton leur donna la marche à suivre.

— Je dois vous laisser pour aller m'occuper des patients qui attendent. On va vous plâtrer et vous pourrez rentrer à l'hôtel. Je vais vous prescrire des antibiotiques et des antalgiques que vous prendrez dès à présent pour qu'ils aient le temps de faire de l'effet. Ainsi, quand vous prendrez l'avion, demain, la douleur sera moins forte si jamais il y a des turbulences pendant le vol de retour.

— Merci docteur, dit Karin qui sourit pour la première fois depuis sa chute.

— Merci, docteur, répéta Jarrod en lui serrant la main. Je suis content qu'Alyssa nous ait emmenés ici. Cela nous a fait gagner beaucoup de temps et nous a épargné les tracas.

— C'est elle qu'il faut remercier, dit Leighton en décochant à Alyssa un sourire qui l'emplit de lumière.

Elle sortit de la salle avant de faire fi de la sonnette d'alarme qui s'était déclenchée dans sa tête et de faire n'importe quoi. Plus rien ne devait se passer entre eux tant qu'ils n'auraient pas défini la nature de leur relation.

— Je n'en reviens pas de la vitesse à laquelle le temps passe. Dire que d'ici quelques jours je serai à Nelson ! dit Alyssa à Leighton alors qu'ils rentraient à l'hôtel par la plage.

— C'est vrai que ces deux semaines sont passées vite.

— On se verra, quand tu rentreras en Nouvelle-Zélande ? demanda-t-elle en retenant son souffle.

— Tu as envie qu'on se voie ?

Elle tourna la tête vers lui, surprise.

— Évidemment que j'ai envie qu'on se voie ! Quelle question !

— Je sais que je n'ai pas été honnête avec toi.

Ce qui était une déclaration honnête.

— Occupons-nous du présent, pas du passé, dit-elle en sentant la tension monter en elle.

— Lyssa, les moments que nous avons passés ensemble ont été merveilleux, dit-il.

Il s'interrompit. Elle attendit le « mais ».

— Et j'ai envie de passer encore du temps avec toi.

— Mais ?

— Mais rien. Je réponds simplement à ta question. Ce que

nous avons partagé ici m'a donné envie d'être encore plus proche de toi. Je me sens bien avec toi.

— Peut-être mais nous avons déjà été bien ensemble et cela n'a pas empêché notre couple d'éclater. Et j'aimerais savoir pourquoi nous n'en avons jamais parlé.

— Ce n'est pas si simple, Lyssa, dit-il en se passant la main dans les cheveux.

— Essaie.

Il regarda la mer.

À quoi pensait-il ? Était-il en train de chercher des excuses pour ne pas évoquer la vérité ?

Elle lui prit la main.

— Tu peux me faire confiance, Leighton.

Il hocha lentement la tête.

— J'aimerais bien.

— Tu aimerais bien ? Cela signifie que tu n'as toujours pas confiance en moi ?

— Oui.

Elle sentit sa gorge se serrer.

— Tu m'embrasses à en perdre haleine, tu fais l'amour avec moi, tu me racontes que tu as un frère et que ton père t'a trahi mais tu n'as pas confiance en moi ?

Il y avait vraiment un problème s'il ne comprenait pas qu'elle était là pour lui, avec lui.

— Je suis désolé, dit-il en l'attirant contre lui. J'y pense depuis l'instant où je t'ai vue au bar de l'hôtel, le soir où tu es arrivée, et je n'ai toujours pas trouvé les mots pour te le dire.

Elle se dégagea et le regarda dans les yeux.

— Commence par m'expliquer ce qui s'est passé entre ton père et toi quand tu as appris l'existence de Jamie.

— Je te l'ai déjà dit.

Elle prit une profonde inspiration.

— Leighton, j'ai besoin de comprendre pourquoi tu ne m'en

as pas parlé à l'époque. Je conçois que tu souffrais beaucoup mais pourquoi ne m'as-tu rien dit ?

— Je n'y arrivais pas. Je ne sais pas pourquoi c'était si dur ni pourquoi c'est encore si dur aujourd'hui.

Son cœur tambourinait dans sa poitrine. Il la regardait, les yeux emplis de tristesse. Elle avait déjà vu cette expression sur son visage et se rappelait ce qui s'était ensuivi. Elle lui prit la main et se remit à marcher. Les mots viendraient peut-être plus facilement s'ils n'étaient pas l'un face à l'autre.

— Viens, Leighton. Je t'aime, tu sais. Il faut qu'on mette les choses à plat.

Ils avancèrent en silence un moment puis Leighton se mit à parler.

— J'étais sous le choc. J'avais appris non seulement que j'avais un demi-frère mais aussi que mon père avait trompé ma mère avec sa meilleure amie, dont il avait acheté le silence en lui versant une pension, dit-il d'une traite. Jamie et moi sommes passés à côté d'une partie de notre jeunesse. Tout cela est immonde, mais ce qui m'a fait le plus de mal, ça a été de prendre conscience que je ne connaissais pas l'homme qu'était mon père.

Il marqua une pause, haletant, le regard perdu dans le lointain.

Vu l'estime et l'admiration que Leighton avait eues toute son enfance pour son père, cette découverte avait dû l'anéantir.

Il se remit à marcher sur le sable.

— Toute ma vie, j'ai entendu les gens plaisanter sur le fait qu'on se ressemblait comme deux gouttes d'eau.

Il le lui avait déjà dit mais elle n'était pas d'accord. Leighton était bienveillant, attentionné, prévenant, qualités que John n'avait jamais eues.

— J'étais fier quand je les entendais dire ça. Mais quand j'ai appris l'existence de Jamie, j'ai eu honte. Vraiment honte. Le soir, je te retrouvais à la maison mais j'étais bloqué. Je n'arrivais pas à en parler. J'avais peur que tu me quittes en pensant que j'étais le même genre d'homme que lui. Que j'allais te tromper comme il avait trompé ma mère. J'étais terrorisé. Tu étais l'amour de ma vie mais j'avais déjà perdu les deux autres personnes que j'aimais. Je ne pouvais pas supporter l'idée que tu me quittes aussi ou que tu penses que je pouvais t'être infidèle. Et, au lieu de ça, c'est moi qui t'ai rejetée.

— C'est ridicule ! dit-elle, blessée.

Comment pouvait-il penser une chose pareille ?

— Leighton, je t'aimais de tout mon cœur. J'avais confiance en toi, je croyais en toi, en nous.

Elle s'arrêta et le regarda.

— Et tu n'as rien à voir avec ton père. Je n'ai jamais trouvé que vous vous ressembliez.

— Je suis désolé. À l'époque, j'étais vraiment dévasté. Jamie et moi nous sommes d'emblée bien entendus mais j'ai mis du temps à accepter qu'il existait vraiment, qu'il faisait partie de ma vie. Je suis même allé voir un thérapeute.

Il soupira.

— Mon père est allé jusqu'à me demander de ne pas fréquenter Jamie et de faire preuve de loyauté envers *lui*, l'homme qui avait trahi tout le monde. J'étais perdu. Et terrorisé à l'idée que tu apprennes tout cela et que tu me quittes. Et, comme si cela ne suffisait pas, j'ai ensuite appris que mon père avait essayé de t'acheter aussi. Là, j'ai vraiment été fier de toi quand j'ai su que tu l'avais envoyé promener. Mais tu étais déjà partie. Et j'étais persuadé que tu ne pourrais jamais avoir confiance en moi.

— Tu plaisantes ?

Calme-toi. Ne t'emballe pas.

— J'avais confiance en toi, et si tu m'avais raconté tout cela, je t'aurais apporté mon soutien. Mais si tu n'as pas confiance en moi, je ne peux rien faire pour toi. Sans confiance, on ne peut pas bâtir une relation.

Elle frissonna.

— Je vais rentrer. J'ai besoin d'être seule.

— Lyssa, je suis désolé, sincèrement désolé. J'espère simplement qu'un jour tu pourras me pardonner et que nous pourrons au moins être amis.

Elle prit la direction de son bungalow.

Être amie avec Leighton ? Certainement pas. Avec lui, elle voulait tout ou rien. Son cœur n'accepterait pas autre chose. Et, pour l'heure, elle avait besoin de réfléchir à tout ce qu'il avait dit et quelles conséquences cela avait pour elle au présent.

9

Alyssa se laissa tomber sur l'un des fauteuils de la terrasse, se prit les bras et laissa les larmes couler enfin. À quoi bon se retenir ? Elle avait le cœur brisé et rien ne pourrait en recoller les morceaux. Leighton n'avait pas eu suffisamment confiance en elle pour lui parler. Et, de toute évidence, c'était toujours le cas, vu le mal qu'il avait à s'ouvrir à elle après toutes ces années.

Elle l'aimait, au moins autant, si ce n'était plus que quand ils s'étaient rencontrés. Comment avait-elle pu imaginer qu'elle pourrait cesser de l'aimer un jour ? Dès qu'ils s'étaient revus, elle avait compris que c'était toujours l'homme de sa vie. Elle avait essayé de se persuader du contraire afin de protéger son cœur. En vain.

L'idée qu'il ait eu peur de lui parler la dépassait totalement. Que lui avaient fait ses parents pour le traumatiser à ce point ? Il disait qu'il avait eu une enfance heureuse et qu'il avait été aimé. Il les aimait et était fier d'eux. Le choc n'en avait été que plus violent. Pas étonnant qu'il ait eu besoin d'aller voir un thérapeute. Pas étonnant qu'il ait même eu envie de quitter Auckland et de changer d'air. Et de faire des remplacements. Pas de liens pérennes. Pas d'engagement. À part avec Jamie, qui, ironie de l'histoire, était la seule personne dont il se sentait proche.

Si seulement elle avait été au courant, il n'aurait pas eu à affronter cela tout seul. Les larmes jaillirent de nouveau.

Lorsqu'elle se décida enfin à aller se coucher, les lueurs de l'aube commençaient à éclairer le ciel. Elle s'allongea, ferma les yeux.

Un coup à la porte la réveilla. Il faisait jour. Elle se leva et fonça ouvrir, le cœur battant.

Mais ce n'était pas Leighton.

— Karin ?

— Bonjour Alyssa. Tu as l'air lessivée. La nuit a été mouvementée ?

— Si on veut. Comment ça va, aujourd'hui ?

— J'ai mal mais peu importe. Je suis venue te dire au revoir et te remercier pour tout ce que tu as fait pour nous hier.

Hier ? C'était une autre vie. Une vie dans laquelle elle travaillait avec Leighton, ils se souriaient, allaient dîner ensemble. Une vie révolue.

— Alyssa, tout va bien ?

Elle chassa l'image de Leighton de son esprit.

— Oui, ça va. Et je suis contente d'avoir pu vous aider, répondit-elle en plaquant un sourire sur ses lèvres.

— Il faut que j'y aille. C'est l'heure d'aller prendre l'avion. On viendra peut-être te voir à Nelson.

— Oui, on reste en contact. Bon voyage !

Elle referma la porte et alla prendre une douche en réfléchissant à la suite de sa journée. Et de sa vie.

La meilleure chose à faire était de rentrer à Nelson. Une fois habillée, elle alla sur le site de la compagnie aérienne pour changer son billet. Mais le premier siège disponible se trouvait sur le vol qu'elle avait réservé samedi. Elle était donc contrainte de rester à Rarotonga. Il allait falloir trouver un moyen de cesser de penser à Leighton et de profiter des deux jours de vacances qui lui restaient.

Cela dit, partir sans lui dire au revoir serait lui donner raison. Ce serait lui tourner le dos alors qu'il avait enfin fait l'effort de tout lui raconter. C'était à elle de lui parler maintenant, de lui faire comprendre qu'elle serait restée si elle avait su.

Elle prit son téléphone et hésita. Puis elle le reposa sur la table et sortit sur la terrasse. Elle lui avait dit qu'elle l'aimait, il n'y avait rien à ajouter. Restait à savoir s'ils pouvaient reconstruire quelque chose ou si leur relation était vouée à l'échec. En attendant, il lui restait deux jours pour profiter de l'île et de ses vacances.

Elle décida d'aller boire son café au bord de la piscine, où se prélassaient déjà d'autres clients de l'hôtel. Puis elle prit la direction de la cascade de Wigmore. Elle se gara et emprunta un petit sentier qui montait au sommet de la colline. Lorsque la pente devint très raide, elle redescendit jusqu'à la voiture. Ensuite, elle alla se garer en ville pour faire les boutiques et acheter des T-shirts dont elle n'avait pas vraiment besoin. L'après-midi, elle prit l'une des planches de paddle de l'hôtel et pagaya sur le lagon, même si, maintenant que Karin et Jarrod étaient partis, elle n'avait pas vraiment le cœur à cela. De retour dans son bungalow, elle dîna tôt et s'allongea sur la terrasse pour lire. Après avoir lu et relu la même page, elle referma le livre et réfléchit à la question qui la taraudait : existait-il un moyen de rétablir la confiance entre Leighton et elle, et de former un couple avec lui ?

— Les résultats de la mammographie sont bons, et votre tension aussi, dit Leighton à sa patiente. Nous allons faire une prise de sang pour vérifier le taux d'hémoglobine, le foie et les reins, puis vous pourrez rentrer chez vous.

Malheureusement, c'était la dernière patiente de la journée et il lui faudrait rentrer chez lui, lui aussi. Pour quoi faire ? La pelouse était tondue à ras, la maison était impeccable et il avait même nettoyé sa voiture. Il fallait qu'il se crée une vie épanouissante, pas ce simulacre de vie, solitaire et vide.

Alors que Lyssa pourrait faire partie de ta vie.

Si elle n'avait pas pris ses jambes à son cou en entendant la vérité. Elle n'avait jamais apprécié son père et ce n'était pas seulement à cause de sa tentative de corruption. Elle était intuitive. Elle avait dû sentir que John Harrison n'était pas la personne qu'il prétendait être.

« Je suis un bon gars qui veille sur ses proches », répétait-il à qui voulait l'entendre.

Quelle mascarade !

Comment n'ai-je pas été capable de voir la vérité ?

Une question qu'il s'était déjà posée des milliers de fois. Et la réponse était toujours la même : il aimait ses parents et avait confiance en eux.

Alyssa avait découvert la vilenie de son père avant lui, quand il avait voulu la soudoyer pour qu'elle rompe avec lui. Elle avait envoyé promener son père mais n'avait pas rejeté Leighton pour autant. La veille, elle lui avait dit clairement qu'elle l'aimait, qu'elle avait confiance en lui.

Son cœur s'arrêta de battre.

Était-il trop tard ?

Pouvait-il la convaincre qu'il avait confiance en elle et qu'il ne lui tournerait plus jamais le dos par peur, pour se protéger ?

Il avait mûri. Et il fallait qu'il lui demande de lui accorder une seconde chance. Dans le fond, il était persuadé qu'ils avaient un avenir ensemble et seraient capables, ensemble, de surmonter les épreuves que la vie leur présenterait. L'enjeu valait la peine qu'il prenne le risque de se voir rejeté.

Au pire, il se retrouverait dans la situation dans laquelle il était une semaine plus tôt.

Et au mieux ? Ils s'aimeraient et partageraient autant de moments qu'ils le voudraient.

Soudain, tout lui parut clair. Et simple. Il était prêt à affronter la situation, quelle qu'elle soit. À se battre pour Alyssa, pour leur histoire. L'espoir de la reconquérir l'emporta sur ses doutes. Avec un peu de chance, elle lui dirait qu'elle l'aimait encore. Si ce n'était pas le cas, il ne renoncerait pas, cette fois. Il lui ferait la cour, coûte que coûte, parce qu'ils étaient faits l'un pour l'autre. Et qu'il n'avait plus l'intention de vivre dans l'ombre de son père une minute de plus.

Les mains dans les poches, Alyssa marchait dans le sable en direction de l'hôtel. C'était sa dernière soirée à Rarotonga. Mais pas celle qu'elle avait espérée. Dîner seule à l'hôtel et aller lire sur sa terrasse n'était pas le programme le plus excitant du monde. Le seul point positif était qu'elle avait réussi à lire plus de la moitié de son roman.

Elle gravit les marches de la terrasse et s'arrêta net.

— Leighton ?

Il vint à sa rencontre.

— Je suis désolé, Lyssa. Pour tout.

Elle ignora l'accélération de son rythme cardiaque.

— Moi aussi, je suis désolée. Je n'aurais pas dû partir. J'étais tendue et déroutée par la conversation que nous avons eue mais j'aurais dû rester avec toi. Je suis vraiment désolée de t'avoir lâché.

— Merci, dit Leighton avec un sourire chaleureux.

Il tira une chaise et l'invita à s'asseoir. Puis s'attabla face à elle.

— Alyssa, est-ce que tu serais prête à laisser le passé derrière nous et à aller de l'avant avec moi ?

Elle hocha lentement la tête.

— Je crois que c'est le seul moyen si nous voulons continuer à nous voir une fois rentrés en Nouvelle-Zélande.

— Je sais que je m'y suis mal pris, à l'époque. Mais j'étais sous le choc.

— Je me demande encore comment tu as pu rentrer à la maison tous les soirs et ne rien me dire.

Ils étaient mariés et amoureux. Ils partageaient tout. C'était du moins ce qu'elle croyait.

— C'était dur. J'avais envie de tout déballer et de t'entendre dire que ce n'était pas vrai. Or, je savais que c'était la vérité. C'est là que j'ai commencé à déprimer et à perdre pied, incapable d'accepter le fait que ma vie ait reposé sur un mensonge. Tout m'a paru faux, tout à coup. Je doutais même de nous. J'avais peur que tu me quittes alors que je n'avais jamais eu autant besoin de toi qu'à ce moment-là. Mais j'ai moi-même creusé le fossé qui nous a séparés et qui t'a fait partir.

— J'aurais pu rester, dit-elle.

— Nous ne saurons jamais si cela aurait amélioré ou fait empirer la situation.

— Tu as raison. Nous ne pouvons pas réécrire le passé. À quel moment as-tu appris que ton père voulait me donner de l'argent pour que je ne t'épouse pas ?

— Tu étais déjà partie. Je suis allé voir ma mère, en pensant naïvement qu'elle répondrait à mes questions. Mon père a débarqué en disant que tu devais regretter de ne pas avoir accepté son argent puisque tu m'avais quitté de toute manière.

— Tu as dû être choqué, puisque je ne t'en avais pas parlé. Je me disais que cela ne servait à rien de te le dire, puisque d'une certaine manière j'avais réglé le problème en n'acceptant pas son marché. Et tu admirais tellement ton père ! Je ne voulais pas que tu aies à choisir entre tes parents et moi. Je me disais que, si tu ne savais rien, nous pourrions simplement nous marier et être heureux.

— Je comprends, Lyssa. Cela n'a pas dû être facile pour toi. Mon père est un grand manipulateur.

— Mais tu n'es pas ton père, dit-elle en prenant ses mains dans les siennes. Tu es un homme bon et généreux, bienveillant et prévenant. Tu n'as jamais cherché à te mettre en avant. Et, pendant tout ce temps, tu n'as jamais rien fait d'autre que de m'aimer. Tu es une belle personne, Leighton. Tu l'as toujours été.

— J'ai encore du mal à le croire.

— Tu sais, je n'étais pas parfaite non plus. J'avais envie de sortir et de m'amuser, et tu n'étais pas disponible. Je me dis aujourd'hui que, au lieu de sortir avec mes copines, j'aurais dû creuser un peu pour savoir pourquoi tu te comportais de cette manière. Mais j'étais trop contente de me défouler et de profiter enfin de ma liberté pour m'intéresser vraiment à ce que toi tu traversais.

— En fait, je crois que cela m'arrangeait que tu sortes et que tu n'aies pas besoin que je m'occupe de toi.

Le silence s'installa. Alyssa éprouva une immense tendresse pour Leighton. C'était l'amour de sa vie et c'était avec lui qu'elle avait envie d'envisager l'avenir. Si toutefois il en avait envie aussi.

Il se leva et vint se poster devant elle. Puis il s'agenouilla et lui prit la main.

— Je t'aime, Lyssa. Je n'ai jamais cessé de t'aimer, toutes ces années. Est-ce que tu veux rester mariée avec moi, vivre avec moi et, qui sait, avoir des enfants avec moi ?

Elle hocha la tête, les larmes aux yeux, la gorge serrée. Puis elle se pencha pour l'embrasser.

— Oui, dit-elle. Je le veux.

Il se releva et la prit dans ses bras pour l'emmener dans le bungalow, où il l'embrassa avec une telle passion qu'elle dut se pincer pour s'assurer qu'elle ne rêvait pas.

— Lyssa, renouvelons nos vœux. Faisons une fête ici, dans un mois, avant que je reparte en Nouvelle-Zélande. Et nous pourrions partir à Aitutaki en lune de miel. Qu'en penses-tu ?

— J'en pense que c'est parfait.

Les baisers et ce qui s'ensuivit furent tout aussi parfaits.

Épilogue

Quatre semaines plus tard

Clara, l'officiante de cérémonie, se tenait devant Alyssa et Leighton. À leurs côtés, Jamie et Collette, venus de Nelson pour l'occasion par le même vol qu'Alyssa.

— Prêts ? demanda-t-elle.

— Tout à fait prêts, répondit Leighton.

Clara s'éclaircit la gorge.

— Alyssa Harrison, voulez-vous rester mariée à Leighton Harrison et l'aimer fidèlement dans le bonheur ou dans les épreuves, tout au long de votre vie ?

— Oh oui ! je le veux ! Leighton, je vais faire mon possible pour être une bonne épouse. Il y aura forcément des moments difficiles mais rappelle-toi que je t'aime de tout mon cœur et ce, depuis le jour de notre première rencontre.

Les yeux de Leighton parurent plus bleus que jamais. Une larme s'en échappa et coula sur sa joue.

— Leighton Harrison, voulez-vous rester marié à Alyssa et l'aimer dans le bonheur ou les épreuves, tout au long de votre vie ?

— Oui, je le veux vraiment. Je t'aime, Lyssa. Je t'ai toujours aimée. Je m'engage à ne plus esquiver les problèmes et à faire de mon mieux à chaque instant de ma vie avec toi. Tu es la femme de ma vie.

Clara regarda Jamie.

— Vous vouliez dire quelque chose ?

Alyssa regarda Collette d'un air interrogateur, laquelle lui répondit par un grand sourire.

Jamie s'éclaircit la gorge.

— Alyssa, je te connais depuis un petit moment maintenant, en tant qu'infirmière consciencieuse et amie de Collette, et j'ai découvert en toi une personne incroyable. Ce que j'ignorais, jusqu'à notre mariage, c'était que tu étais ma belle-sœur. Dès l'instant où tu es arrivée à l'hôtel, ce soir-là, j'ai compris que Leighton était fou de toi, même si lui ne le savait pas encore. Collette et moi sommes très heureux que vous vous soyez retrouvés et que nous fassions partie de la même famille.

Alyssa sourit.

— Merci à tous les deux.

Leighton plongea la main dans sa poche, dont il sortit un petit écrin.

— Lyssa, tu m'as dit que tu voulais porter l'alliance que je t'avais offerte le jour de notre mariage. La voici, dit-il avant de la glisser à son doigt.

Alyssa déposa un baiser sur ses lèvres.

— Mais j'aimerais aussi que tu portes ceci. C'est une bague d'éternité.

— Oh ! elle est magnifique ! dit-elle en découvrant l'anneau en or orné d'un gros saphir bleu pâle.

Elle tendit la main.

— Merci Leighton.

Jamie se mit à distribuer des coupes de champagne.

— À l'avenir radieux, à M. et Mme Harrison ! dit-il en levant la sienne. À l'amour !

— À l'amour ! dit Alyssa avant de boire une gorgée.

C'était le plus beau jour de sa vie – plus beau encore que la première fois qu'ils avaient prononcé leurs vœux. Car ils étaient plus mûrs, plus réfléchis… et plus amoureux que jamais.